वैज्ञानिक भौतिकवाद

वैज्ञानिक भौतिकवाद

राहुल सांकृत्यायन

लोकभारती प्रकाशन

लोकभारती प्रकाशन
पहली मंज़िल, दरबारी बिल्डिंग, महात्मा गाँधी मार्ग
प्रयागराज-211 001

वेबसाइट : www.lokbhartiprakashan.com
ईमेल : info@lokbhartiprakashan.com

शाखाएँ : 1-बी, नेताजी सुभाष मार्ग, दरियागंज
नयी दिल्ली-110 002
अशोक राजपथ, साइंस कॉलेज के सामने
पटना-800 006
1, अनमोल सोराबजी संतुक लेन, मरीन लाइंस
मुम्बई-400002

संस्करण : 2024

जे.के. आर्ट प्रेस
प्रयागराज द्वारा मुद्रित

VAIGYANIK BHAUTIKVAD
by Rahul Sankrityayan

ISBN : 978-81-8031-863-4

मूल्य : ₹ 110

मानवता की एकमात्र आशा संसार के
लाखों कम्यूनिस्त शहीदों की
स्मृति में

प्राक्कथन

आज हम साइंस के युग में हैं, किन्तु तब भी शिक्षित लोगों में भी बहुत से साइंस-युग के पहले के मृत विचार ही चल रहे हैं। इसमें एक कारण यह भी है कि जिज्ञासुओं के पास उसके जानने के लिए हिन्दी में पुस्तकें मौजूद नहीं हैं। इस कमी को पूरा करने का इरादा, दो वर्ष पहले जब मैं हजारीबाग जेल में नजरबन्द होकर आया, तभी हुआ; और काम भी शुरू कर दिया। सामग्री जमा करते वक्त पता लगा कि ऐसी पुस्तक लिखना हिन्दी में बेकार है, जब तक कि साइंस, समाजशास्त्र और दर्शन की सामग्री भी पाठकों के लिए जुटा न दी जाये। जब मैंने हजारीबाग में लिखे सौ पृष्ठों को बेकार समझ देवली (२१-७-४१) में वैज्ञानिक भौतिकवाद पर साइंस से लिखाई शुरू की, उस समय तक यही खयाल था कि एक ही पुस्तक में सब चीजें आ जायेंगी; किन्तु पता लगा कि अलग-अलग विषयों पर डेढ़-पौने दो हजार पृष्ठ का एक पोथा लिखने की जगह सबको अलग-अलग पुस्तक मान लेना ही अच्छा है; इस प्रकार एक पुस्तक की जगह चार पुस्तकें लिखनी पड़ीं—

(१) विश्व की रूपरेखा (साइंस)

(२) मानव-समाज (समाजशास्त्र)

(३) दर्शन-दिग्दर्शन (दर्शन)

(४) वैज्ञानिक भौतिकवाद

इसमें वैज्ञानिक भौतिकवाद सबसे छोटी पुस्तक है, जिसका कारण एक यह भी है कि इसमें आने वाले कितने ही विषय दूसरे ग्रन्थों में आ गये हैं; बाकी तीनों 'वैज्ञानिक भौतिकवाद' के ही परिवार ग्रन्थ हैं।

पुस्तक के गहन विषय को सरल और स्पष्ट करने की मैंने भरसक कोशिश की है, किन्तु उसमें कितनी सफलता हुई है इसके प्रमाण पाठक ही हो सकते हैं।

अपने विषय के प्रतिपादन में मुझे दूसरे विरोधी मतों की आलोचना करनी पड़ी है; जिसके लिए मैं मजबूर था; सम्भव है किसी को इससे दुःख हो, जिसके लिए मुझे खेद होगा; मैंने तो 'वादे-वादे जायते तत्त्वबोध:' की उक्ति को सामने रखकर वैसा किया है।

जिन ग्रन्थों से मैंने सहायता ली, उनकी सूची मैं अलग दे रहा हूँ; लेकिन इतना ही कर देने से मैं अपना कर्त्तव्य पूरा नहीं समझता। मैं समझता हूँ, इस पुस्तक के लिखने का सारा श्रेय इन्हीं ग्रन्थकारों को मिलना चाहिए, मैंने तो मधुमक्खी की भाँति मधुसंग्रह मात्र किया है; असली धन तो उन्हीं का है।

मुझे एक बार विश्वास होने लगा था कि तीसरा ग्रन्थ (दर्शन-दिग्दर्शन) ही यदि समाप्त हो जाय तो गनीमत समझनी चाहिए, किन्तु उसके समाप्त करते ही (११-३-४२) मैंने तय कर लिया कि वर्त्तमान ग्रन्थ को लिखना शुरू कर देना होगा और अपने को 'गृहीत इव केशेषु मृत्युना' समझते इसे आज समाप्त कर सका हूँ।

सेन्ट्रल जेल हजारीबाग
१४-३-४२

—राहुल सांकृत्यायन

भूमिका

'वैज्ञानिक भौतिकवाद' का पिछला मुद्रण बीस वर्षों के बाद १९७४ में हुआ था। यह फिर प्रकाशित हो रही है, बड़ी प्रसन्नता की बात है। बीस साल से ऊपर अप्राप्य 'मानव समाज' १९७७ में प्रकाशित हुआ था। अपने पुराने मित्र और सहकर्मी की इस पुस्तक के इस संस्करण को इन पंक्तियों के लेखक ने संशोधित कर अपनी ओर से 'दो शब्द' लिख दिया था। प्रकाशक के अनुरोध पर 'वैज्ञानिक भौतिकवाद' के लिए भूमिका के नाम पर कुछ लिखने की चेष्टा कर रहा हूँ।

साथी राहुल सांकृत्यायन १९४० के अखिल भारतीय किसान सभा के पलासा (आन्ध्र प्रदेश) अधिवेशन के सभापति चुने गये। इलाहाबाद में अपने पुराने मित्र डॉ० उदय नारायण तिवारी के घर पर बैठकर वे अपना सभापति का भाषण लिख रहे थे। वहीं भारत सुरक्षा कानून में उन्हें गिरफ्तार किया गया। वहाँ से उन्हें हजारीबाग जेल में पहुँचाया गया। यहीं उन्होंने समझ लिया कि वर्षों जेल में रहना पड़ेगा। मार्क्सवादी दृष्टिकोण से लिखी विज्ञान, समाजशास्त्र, दर्शन, भौतिकवाद की पुस्तकों की बड़ी कमी है। लिखने के लिए उन्होंने सामग्री भी एकत्र करना शुरू कर दिया। पहले एक ही बड़ी पुस्तक में ऊपर के विषयों पर लिखने का विचार दिया, लेकिन जब देखा कि पुस्तक बहुत बड़ी हो जायेगी तो उन्होंने अलग-अलग पुस्तकें लिखने की सोची।

हजारीबाग जेल से राहुल का तबादला देवली कैम्प (अस्थायी) जेल में कर दिया गया। यहाँ बम्बई, पंजाब, उत्तर प्रदेश तथा बिहार के राजनीतिक बंदियों को लाकर रखा गया था। इनमें से अधिकांश कम्युनिस्ट थे। सभी के पास थोड़ी-बहुत भिन्न-भिन्न विषयों की किताबें थीं; राहुल ने इनका सर्वेक्षण किया। अपने काम के साहित्य का अध्ययन किया और अब लिखना शुरू किया।

कुछ पुस्तकें लिख लेने के बाद उनका तबादला फिर हजारीबाग जेल में कर दिया गया। यहीं दो हफ़्तों में उन्होंने 'वैज्ञानिक भौतिकवाद' का लिखना समाप्त

किया। इसके बाद उन्होंने भोजपुरी में 'ई हमार लड़ाई, जपनिया, राछछ, जरमनवा के हार निहिचय, ढुनमुन नेता, नइको दुनिया, मेहरारुन के दुरदशा आदि छोटे-छोटे आठ नाटक लिखे। इसके कुछ दिनों बाद जेल से छूटकर बिहार में पार्टी का काम करने लगे। १९४२ में उन्हें पार्टी कार्यकर्त्ताओं के लिए हिन्दी में मार्क्सवादी पाठ्य पुस्तकें लिखने और मार्क्सवादी साहित्य के तर्जुमे के लिए पार्टी के केन्द्रीय कार्यालय बम्बई बुलाया गया। यह काम बहुत आगे नहीं बढ़ा। इसी बीच उन्हें सोवियत संघ जाने के लिए पासपोर्ट मिल गया और स्त्री-पुत्र से मिलने के लिए वे लेनिनग्राद रवाना हो गये।

इधर उनकी जेल में लिखी पुस्तकों की छपायी शुरू हो गयी। प्रेस में देने के पहले या प्रूफ पढ़ते वक्त यत्र-तत्र कुछ जोड़ने-घटाने का काम नहीं कर सके। यह काम इन पंक्तियों के लेखक ने किया।

'मानव समाज' के पिछले मुद्रण के पहले उसने इसे संशोधित किया था। 'वैज्ञानिक भौतिकवाद' के लिए इस तरह के काम की उतनी आवश्यकता नहीं है, फिर भी यह जिस विषय की पुस्तक है वह बहुत सहज नहीं है, पुस्तक को अच्छी तरह समझने के लिए कितने ही विषयों पर टिप्पणियाँ लिख देना चाहता था। पुस्तक छप गयी है इसलिये यह काम अगले मुद्रण तक के लिए स्थगित करना पड़ रहा है।

पुस्तक के द्वितीय अध्याय में मित्रवर काशी प्रसाद जायसवाल (१८८१-१९३७) से सुनी जो कथा दी गयी है, जिस वैदिक विद्वान का उल्लेख किया गया है उनके बारे में कुछ लिखना आवश्यक है।

रामदास चट्टोपाध्याय के पुत्र कालिदास का जन्म २८ मई, १८४६ में हुआ था। पुत्र की सत्यनिष्ठा देखकर पिता ने बाद में उनका नाम सत्यव्रत रखा। प्राचीन परम्परा के अनुसार सत्यव्रत ने आठ साल की उम्र में गोड स्वामी से काशी के सरस्वती मठ में वेदों का अध्ययन शुरू किया। १८६६ में कुछ सहपाठियों के साथ काश्मीर, राजस्थान और उत्तर भारत के बहुतेरे पंडितों से शास्त्रार्थ किया। बूँदी के राजा ने उसके पाण्डित्य पर मुग्ध होकर उन्हें 'सामश्रमी' (सामाश्रमी नहीं) की उपाधि दी, भ्रमण से लौटकर वे काशी में बिना वेतन के विद्यार्थियों को पढ़ाते रहे। १८६८ में उन्होंने नवद्वीप के स्मार्त ब्रजरत्न विद्यारत्न की पौत्री से ब्याह किया।

वैदिक साहित्य के प्रचारार्थ आठ वर्षों तक सामश्रमी ने बनारस के 'प्रत्नकम्रनन्दिनी' नामक संस्कृत पत्रिका प्रकाशित की। राजेन्द्रलाल मित्र के अनुरोध पर उन्होंने एशियाटिक सोसाइटी की 'बिबलियोथेका इन्डिका' पुस्तकमाला के लिए सामवेद का सम्पादन किया। इसी ग्रंथमाला के लिए उन्होंने सायण भाष्य सहित ऐतरेय ब्राह्मण, सायण भाष्य सहित शतपथ ब्राह्मण और यास्क का निरुक्त सम्पादित किया। १८५७ में वे सपरिवार कलकत्ता चले आये और अपने प्रेस में अपने लिखित और सम्पादित ग्रंथ छापने लगे। उन्होंने बंगला लिपि में सामवेद, यजुर्वेद, ब्राह्मण और अन्य ग्रन्थों को प्रकाशित किया। इसके अलावा उन्होंने 'कारण्ड व्यूह' नामक संस्कृत के बौद्ध ग्रंथ का बँगला में तर्जुमा किया। कलकत्ते से उन्होंने 'ऊषा' नामक पत्रिका निकाली थी। अपने एक निबन्ध में उन्होंने सिद्ध किया था कि वैदिक मतानुसार बाल-विवाह अपराध है, अपने एक निबन्ध में उन्होंने स्त्रियों के वेदपाठ के अधिकार का समर्थन किया। लेकिन आशुतोष मुखर्जी के अनुरोध करने पर भी इन्होंने मुहम्मद शाहीदुल्लाह को वेद पढ़ाने से इनकार कर दिया था। १ जून, १९११ कोसामश्रमी की मृत्यु हो गयी।

वैज्ञानिक भौतिकवाद में लिखी गयी घटना के बारे में सामश्रमी के साथ कलकत्ता जाने वाले गुरुकुल काँगड़ी के मान्यतम विद्यार्थी नरदेव शास्त्री ने अपने आत्मचरित में लिखा है।

प्रोफेसर सर्वपल्ली राधाकृष्णन् के बारे में 'वैज्ञानिक भौतिकवाद' में काफी लिखा गया है। उसमें डॉ० यदुनाथ सिंह (मेरठ कालेज के प्रोफेसर और दर्शन के विख्यात विद्वान्) की घटना को भी जोड़ लेना चाहिए। अनुसन्धित्सु पाठक इसे १९२५-२६ के 'माडर्न रिव्यू' नामक अँगरेजी के मासिक में देख सकते हैं।

मार्क्सवादी दर्शन को लेकर १९३० के जमाने में देश की जेलों में राष्ट्रीयतावादी क्रान्तिकारियों में जो संघर्ष दिखायी पड़ा था उसके बारे में कुछ लिख देना अप्रासंगिक न होगा।

१९३०-३८ में बंगाल के कई हजार राष्ट्रीयतावादी क्रान्तिकारी नौजवान बिना मुकदमा चलाये जेलों में नजरबन्द कर दिये गये थे। इनमें से अधिकांश 'अनुशीलन', 'युगान्तर' आदि के सदस्य या हमदर्द थे। इनमें इक्के-दुक्के ऐसे भी थे जिन्होंने समाजवाद की एक-दो किताबें पढ़ी थीं, कुछ ऐसे भी थे जो आतंकवाद को काम का रास्ता और समाजवाद को पढ़ने की चीज समझते थे,

बंदियों में दो-चार ऐसे भी थे जो कम्युनिस्ट पार्टी के सदस्य न होने पर भी विचारों से कम्युनिस्ट थे।

इन नजरबन्दों के अन्दर कितनों ने ही समाजवादी साहित्य से परिचित तथा कम्युनिस्ट विचार रखने वालों की सहायता से मार्क्सवादी साहित्य का अध्ययन करना शुरू किया। कालक्रम में उनमें से कितनों ही ने मार्क्सवाद को अपनाया। जेल में रहते हुए कोई कम्युनिस्ट पार्टी का सदस्य नहीं बन सकता है। इसलिए वे जेलों में कम्युनिस्ट विचारों वालों के संगठन 'कम्युनिस्ट कानसालिडेशन' के सदस्य बने। 'अनुशीलन', 'युगान्तर' के नेताओं ने जब देखा कि उनकी पार्टी टूट रही है तो उन्होंने मजबूर होकर एक-दो सदस्यों को मार्क्सवाद का अध्ययन करने की अनुमति दी ताकि वे इसका जोरदार खंडन कर सकें। लेकिन उनके लिए यह घाटे का सौदा साबित हुआ। अण्डमन के सेलूलर जेल में जिस आदमी को यह काम सौंपा गया था तीन महीने के अध्ययन के बाद वह कम्युनिस्ट विचारों का कायल हो गया। उसे कानसालिडेशन की सदस्यता भी मिल गयी।

१९३० के जमाने में देवली कैम्प जेल पहले पहल बंगाल के नजरबन्दों को रखने के लिए बनाया गया था। वहाँ 'अनुशीलन' वालों ने जब देखा कि उनके आदमी कम्युनिस्ट होते जा रहे हैं तो उन्होंने वहीं अपनी क्रान्तिकारी सोशलिस्ट पार्टी (ए०एस०पी०) बना डाली ताकि उनके आदमी कम्युनिस्टों से जा न मिलें।

नजरबन्दों में जो लोग कम्युनिस्ट विरोधी विचार के थे उनमें से ढाका के एक ग्रुप-श्री संघ-ने खुल्लम खुल्ला कम्युनिस्टों को उखाड़ फेंकने का बीड़ा उठाया। वैचारिक दृष्टि से मार्क्सवाद का खंडन करना चाहा था। काफी धन देकर उसने यह काम राधाकृष्णन् से कराना चाहा मगर वे इसके लिए तैयार नहीं हुए।

हमारे विश्वविद्यालयों में दुनिया भर के विषय पढ़ाये जाते हैं। दर्शन भी पढ़ाया जाता है। मार्क्सवादी दर्शन के नाम पर इसके विरोधियों की किताबें पढ़ायी जाती हैं। मार्क्स-एंगेल्स-लेनिन-स्तालिन की दर्शन की किताबें नहीं पढ़ायी जाती हैं। दुनिया को बदलने वाले इस दर्शन के अध्ययन-अध्यापन की विधिवत् व्यवस्था अभी तक विश्वविद्यालयों में नहीं हुई है। हाल के वर्षों में हमारे मित्र और मार्क्सवादी दर्शन के अधिकारी विद्वान् डॉ० देवीप्रसाद चट्टोपाध्याय ने कुछ विश्वविद्यालयों में महीनों इस विषय को सफलतापूर्वक पढ़ाया है। मार्क्सवादी दर्शन के विद्यार्थियों को देवीप्रसाद के ग्रन्थों का अध्ययन करना चाहिए। हमारे लिये यह प्रसन्नता की बात है। आशा है प्रगतिशील विद्यार्थी इस दर्शन के

अध्यापन की समुचित व्यवस्था करायेंगे।

वैज्ञानिक भौतिकवाद हमारे देश में लिखी गयी अपने विषय की पहली पुस्तक है। इसकी उपयोगिता का पता इसके मुद्रणों और अनुवादों से चल जाता है।

दूसरे दर्शन तरह-तरह से दुनिया की व्याख्या करते हैं, मार्क्सवाद दुनिया को बदलने का वैज्ञानिक रास्ता बताता है। मजदूर, किसान, बुद्धिजीवियों को इस दर्शन का अध्ययन करना अपना अवश्य कर्तव्य समझना चाहिए। इस काम में 'वैज्ञानिक भौतिकवाद' उनका पथ-प्रदर्शन करेगा।

—महादेव साहा

एशियाटिक सोसाइटी,
कलकत्ता—१६
१ मई, १९८१

अनुक्रमणिका

क्रम | पेज

तृतीय अध्याय
भूत और द्वन्द्ववाद

वैज्ञानिक भौतिकवाद

प्रथम अध्याय

कार्य-कारण (हेतुवाद)

द्वन्द्वात्मक भौतिकवाद दर्शन नहीं, बल्कि साइंस का अधिनायकत्व है, इसीलिये वह जो भी शक्ति रखता है, वह उसे साइंस से मिली है—यह हम पहले कह चुके। किन्तु, प्रचलित दर्शनवालों के मुकाबिले में हम इसे दर्शन और उनसे कहीं बढ़-चढ़कर दर्शन—भी कह सकते हैं। द्वन्द्वात्मक भौतिकवाद अपने को प्रचलित तर्कशास्त्र की कोटि में रखने के लिये तैयार नहीं है, क्योंकि वह दिमागी कसरत को नहीं बल्कि प्रयोग (भौतिक जगत में प्राप्त वस्तुस्थिति) को परम प्रमाण मानता है, यही उसके लिये सत्य की सर्वश्रेष्ठ कसौटी है। तो भी जिस तरह प्रचलित दर्शन से लोहा लेने के लिये उसे दर्शन बनकर दर्शन की भाषा में जवाब देना पड़ता है, उसी तरह तर्क के शस्त्र को कुंठित करने के लिये उसे तर्क के जनक प्रयोग जैसे महाशस्त्र वाले तर्क को भी इस्तेमाल करना पड़ता है। ऐसो अवस्था में वैज्ञानिक भौतिकवाद को कार्य-कारण (हेतु)-वाद के बारे में अपनी स्थिति को साफ कर देना जरूरी है।

(क) कार्य-कारण या हेतु

१. व्याख्या

कार्य-कारण नियम क्या है? इसे जानने के लिये पहले कारण को जानना जरूरी है। कारण का जो लक्षण अभी हम दे रहे हैं, उसके बारे में यह जान लेना जरूरी है : प्रकृति को यह बिलकुल मंजूर नहीं है कि उसकी वास्तविकता को परमार्थ तौर पर चित्रित या भाषित किया जाये।—वस्तुत: दार्शनिकों और तार्किकों के अर्थ में **परमार्थ** नाम का जो शब्द है, वह प्रकृति के कोश में मौजूद ही नहीं है। वास्तविकता के लिये प्रयोग की कसौटी हाथ में ले कैसे आइन्स्टाइन[१] **सापेक्षतावाद** पर पहुँचे, इसे आपने पढ़ा होगा; उससे हमारी बात समझने में न

---

१. देखिये "विश्व की रूपरेखा"।

दिक्कत होगी, न उसमें रहस्यवादी अर्थ खोजने की आप कोशिश करेंगे।

अच्छा तो **कारण** क्या है? यहाँ फिर स्मरण रखना होगा कि जब हम कहते हैं—कुछ कारण हैं, तो अमुक परिवर्त्तन को ला रहे हैं; तो परिवर्त्तन लाने में वहाँ हम देश और **काल** को नहीं गिनते, गोया देश-काल किसी चीज के कारण नहीं हैं। आप प्रश्न कर उठेंगे—क्या देश-काल का अस्तित्व ही नहीं है? क्या आप भी वेदान्ती हो गये? नहीं, इन दोनों बातों की शंका आपके मन में नहीं होनी चाहिये। हम देश-काल से इनकार नहीं करते, हम इनकार करते हैं, उनके दार्शनिक अर्थ में **परमार्थ** होने से। देश-काल वस्तुतः भूत भौतिकतत्त्व के अस्तित्व के ही—उससे कभी अलग नहीं रहने वाले—पहलू हैं। जैसे गिनती प्रकृति के यहाँ उस तरह नहीं मिलती, जैसी कि हमारी गणित की पुस्तकों में, उसी तरह देश-काल भी द्वन्द्वात्मक प्रकृति (भूत, गति) से अलग कोई हस्ती नहीं रखते। कारण का काम है क्रिया करना। क्रिया बिना अपने या दूसरे में कोई परिवर्त्तन किये नहीं हो सकती। दार्शनिकों का देश-काल-आकाश, आत्मा (ईश्वर को भी ले लीजिये) कोई काम नहीं करते, वह निष्क्रियतत्त्व हैं। निष्क्रिय होने पर भी यह निराकार पदार्थ हैं—यह संध्या भाषा है, जिसका समझना मर्त्यों की शक्ति से बाहर है; शायद इसे भाँग का गोला चढ़ाये भोला बाबा या उनका नाँदिया ही समझ पाये।

फिर यह भी स्मरण रखना है कि कारण भी कोई परमार्थ के अर्थ में नहीं होता—एक बार कारण है तो वह सदा कारण रहेगा, ऐसा प्रकृति में नहीं मिलता। जिस तरह हर एक पिता किसी का पुत्र भी है, उसी तरह हर एक कारण किसी (नहीं किन्हीं कहना अच्छा है, क्योंकि प्रकृति बहुपति विवाह—यूथ-विवाह—को बहुत पसन्द करती है! एक कारण नहीं कारण-सामग्री[१]—कारण-समुदाय—कार्य को अस्तित्व में लाने में समर्थ होते हैं) किन्हीं पहले कारण-समुदायों की प्रसूति—कार्य होता है। यह खयाल में रखते हुए आप कारण की परिभाषा कर सकते हैं—कारण वह वस्तु (घटना-प्रवाह) है, जो कि नियमपूर्वक किसी परिवर्त्तन के तुरन्त पूर्व मौजूद (कार्य-नियत-पूर्व वृत्ति) था और यदि उन्हीं परिस्थितियों में वैसा कारण (समुदाय) फिर मौजूद हुआ, तो उसी तरह के कार्य्य (घटना-प्रवाह) अस्तित्व में आयेंगे।

तब कार्य-कारण नियम होगा—यदि एक खास घटना-प्रवाह (आसानी के लिये वस्तु कह लीजिये) वस्तुतः मौजूद है, तो उससे पहले एक दूसरा अनुकूल

---

१. 'संहतौ हेतुता तेषाम्'—धर्मकीर्ति (प्रमाणवार्तिक २।२८)

घटना-प्रवाह वहाँ अवश्य मौजूद रहा होगा। अवश्य मौजूदगी कारण होने के लिये जरूरी है।

२. नियतिवाद

कार्य-कारण-नियत में नियम—नियति—अवश्यंभाविता—दुबक के बैठा हुआ है, जिससे नियतिवाद का प्रसव बिलकुल आसानी से हो सकता है। प्रकृति में कार्य-कारण-नियम हर जगह बराबर दिखाई पड़ता है। किन्तु इस तरह के कड़े नियम को जब हम एक मनुष्य या अनेक मनुष्यों पर लागू करना चाहते हैं, तो भारी दिक्कत ही का सामना नहीं करना पड़ता, बल्कि कितनी ही बार वह व्यक्ति या व्यक्ति-समूह उसे लागू होने नहीं देता; यही वजह है, जो कि हम प्रकृति के बारे में जितने इतमीनान के साथ भविष्य-कथन कर सकते हैं, मनुष्य के बारे में उतना नहीं कर सकते। आप इससे खुश न होइये—अच्छा हुआ जो मनुष्य की (इच्छा या कर्म में) स्वतंत्रता सुरक्षित रह गई और वह नियति के पाश में बँधा 'मदारी' का भालू नहीं बन गया। नियतिवाद और स्वातंत्र्यवाद की समस्या काफी गहन है—खासकर जब कि प्रकृति (प्रयोग) का सहारा छोड़ लोग इससे आकाश के सितारे तोड़ने लगते हैं।

हाँ, तो प्रश्न है—जब प्रकृति में सर्वत्र कार्य-कारण-नियम व्यापा हुआ है (इसे माने बिना कोई साइंस-संबंधी गवेषणा संभव नहीं, तो मनुष्य को 'स्वतन्त्र कर्त्ता' कैसे कह सकते हैं? कार्य-कारण-नियम एक जबर्दस्त नियति (भाग्य) है जिसके द्वारा विश्व की प्रत्येक वस्तु (घटना-प्रवाह) नियत है; तभी तो हम प्रयोगशाला या वेधशाला में कार्य के कारण तक पहुँचने का प्रयत्न करते हैं, अथवा कारण से कार्य के **सम्भव** होने का खयाल कर उसके पाने के लिए परिश्रम करते हैं। फिर तो बेचारा मनुष्य हाथ-पैर से बँधा है, उसकी तो साँस भी इसी कार्य-कारण-नियम के अधीन है। इसका अर्थ दूसरे शब्दों में यह हुआ कि हमारी इच्छा, हमारे अन्तस्तम विचार सभी नियति—भाग्य के हाथ में हैं। फिर तो यह भी मानना पड़ेगा कि विश्व के भीतर एक खास प्रयोजन छिपा मालूम होता है और उसका संचालक 'ईश्वर' यह सब कुछ एक खास प्रयोजन से करता है। किन्तु अभी इतनी दूर तक जाने की जरूरत नहीं, क्योंकि नियतिवाद दुधारी तलवार है, यदि वह मानव को हाथ-पैर बाँधकर छोड़ देगा तो ईश्वर की दशा भी उससे बेहतर न होगी वह भी नियति के हाथ की कठपुतली मात्र रह जायेगा।

देखना है—क्या कार्य-कारण नियम सचमुच ही इतना प्रबल है। यदि ऐसा होता तो कार्य-कारण को एक तल पर ठीक चक्कर काटते देखते और कारण के बाद कार्य, उस कार्य के कारण बन जाने पर भी वही कार्य...फिर वही कारण... इस तरह एक-सी आवृत्ति चलती रहती है। किन्तु इतिहास में हम कभी इस तरह की पूर्ण आवृत्ति नहीं देखते, यद्यपि ऐसा साबित करने के लिये पूरी कोशिश की जाती है। अंग्रेजी कहावत है—"(आकाश) के नीचे कोई नई चीज नहीं", जो कि सोलहो आने गलत है और उसकी जगह कहना चाहिये—"आकाश के नीचे कोई चीज पुरानी नहीं है।" हर एक चीज हर क्षण नई है, इसे हम पहले बतला आये हैं। अंग्रेजी की कहावत की भाँति ही भारत को भी पुरानी गलत कहावत है—"सूर्याचन्द्रमसौ धाता यथापूर्वमकल्पयत्"[१] और इसके ऊपर जो तूफाने-बदतमीजी बाँधा गया, वह तो "पत्ता भी हिलाती नहीं (बिना उसकी मर्जी के)" जैसी सस्ती हजारों कहावतों में देखा जाता है। इसका निदर्शन राम-रावण से संबंध रखने वाली हनूमान की कहानी से है।

हिन्दुओं के परम देवता बानर हनूमान, जो-है-सो रामजी की कृपा से, जगत-माता जनकनन्दिनी सीताजी के पास जब जा रहे थे, तो उनके मन में संदेह होता भया—यदि कहीं घट-घट की बात जाननहारी जनकदुलारी सीता महारानी के मन में शंका उत्पन्न होती भई कि कौन जाने यह कलमुँहा बानर त्रैलोक्य के विधाता दाशरथी राम के पास से आया है या और कहीं से, तो कैसे करके विश्वास दिला सकूँगा। निदान, यह सोच श्री हनूमानजी महाराज रामजी से बोलते भये—"हे त्रिलोक के त्राता! हमारे मन में यह सन्देह होती भई है, सो कृपा करके हमको कोई चीह्ना दीजिये।"

रामजी ने रामनाम-अंकित मुद्रा को अपनी अँगुली से निकालकर श्री हनूमानजी को प्रदान कर दिया। बेचारे हनूमानजी रास्ते में कालनेमि से कम न परेशान करने वाले एक बूढ़े के फेर में पड़ गये। उसने धीरे से हनूमान की अँगूठी उड़ाई और उसे अपने कमंडलू में डाल दीनी। हनूमानजी की अकल गुम हो गई। कौन मुख लेके राम के पास लौटें और कौन मुख लेके सीता-माता के पास जायें—मुँह पर भारी कालिख-सी पुतन लगी। बूढ़े को दया आई उसने कमंडलू सामने रखकर कहा—इसके भीतर से अपनी अँगूठी निकाल ले। हनूमान ने झाँककर

---

१. सूर्य और चन्द्रमा को विधाता ने पूर्व की तरह ही बनाया—यजुर्वेद।

देखा, तो वहाँ अगूँठियों का ठिकाना न था, और सभी एक ही तरह की, मानो बूढ़े ने अँगूठी की एक टकसार ही खोल रखी हुती। बूढ़े ने थोड़ी ही देर बाद नगर जला, स्त्री-बच्चों के करुण क्रंदन कराने में कलियुग के हिटलर को भी मात करने वाले बानर-पुंगव की पीठ पर हाथ फेरते हुए कहा—"किस राम की अँगूठी चाहता है रे!"

"दशरथ के पुत्र राम की।"

"ये सभी दशरथ के पुत्र थे, जिनकी अँगूठियाँ यहाँ पड़ी हैं।"

"पुराना नाम साकेत और हाल नाम अयोध्या के राजा की— ।"

"ये सभी अयोध्या के राजा थे।"

"रघुपति राघव राजाराम। पतित पावन सीताराम की।" बेचारे हनूमान ने समझा—इस बूढ़े ने भी गीता प्रेस कल्याण बंक लिमिटेड में बाबा राघवदास की सिफारिश पर कुछ रामनाम की रकम डिपाजिट की होगी और अब मेरा काम बन जायेगा। लेकिन बूढ़े ने हनूमान की पीठ से हाथ हटा सिर को नीचा रखे कहा—

"यह सभी रघुपति...सीताराम' की अँगूठियाँ हैं।"

"अरे जिसे कलियुग के नारद विष्णु दिगंबर तंबूरे पर गाने वाले हैं, उस "रघुपति...सीताराम की।"

"कह दिया यह सभी वही अँगूठियाँ हैं, जिन्हें विष्णु दिगंबर के 'रघुपति...सीताराम' और सेवाग्राम में गाये जाने वाले 'रघुपति...सीताराम' नामक व्यक्तियों ने एक बार पहिना था। तू इस चक्कर में मत पड़, तेरे जैसे हनूमानों तथा तेरे मालिक जैसे राम को एक नहीं छः सौ छप्पन गंडे मैंने देखे हैं। मैंने ये केश धूप में नहीं सुखाये हैं। इनमें से एक अँगूठी ले और अपना रास्ता नाप।"

बूढ़े की बात सुनकर हनूमान के उत्साह पर हजार घड़ा पानी पड़ गया! वहाँ अशोक वन में नजरबन्द सीता के अंक में अँगूठी फेंकी गई और जगन्माता ने जो रोना-धोना शुरू किया उसे जानना चाहते हैं तो संकटमोचन वाले पुराने बाबा के पास चले जाएँ।

खैर! यह तो मालूम हुआ न कि बूढ़े—हिन्दू-धर्म—के कहने के अनुसार "सूर्य के नीचे कोई चीज नई नहीं।"—मालवीयजीओं ने करोड़ों बार ऐसे हिन्दू विश्वविद्यालय बनाये हैं, सर राधाकृष्णन् ने अनगिनत बार उसमें सोलहो आना गलत-सलत गीतोपदेश किये हैं और सबसे बढ़कर तो यह बात है कि

राहुलों ने भी अरबों...नीलों...संखों...महासंखों...बार 'वैज्ञानिक भौतिकवाद' ठीक इन्हीं पंक्तियों, इन्हीं वर्णानुपूर्वों, इसी हिन्दी भाषा में ऐसे ही मीठ..कड़वे शब्दों में लिखे हैं। जहाँ, तब तौं यह 'वैज्ञानिक भौतिकवाद' उतना ही नित्य अपौरुषेय है, जितना कि जैमिनी शबर-कुमारिल-रामानुज चौकड़ी का अपौरुषेय वेद। मैं तो पैगम्बरों की भाँति 'लौहे महफूज' पर उत्कीर्ण 'वैज्ञानिक भौतिकवाद' का सिर्फ पैगाम भर आपके सामने पहुँचा रहा हूँ, जैसा कि हर कलियुग के ईसवी १९४२ ई० में हिटलर-मुसोलिनी के रण-तांडव के समय मुझमें पहिलेवाले राहुलों ने किया था। यदि आप हनूमानवाले बूढ़े, जैमिनी, कुमारिल....के सच्चे अनुयायी हैं, तो ईमान लायेंगे कि यह 'वैज्ञानिक भौतिकवाद' प्राचीनता अतएव पवित्रता में वेद, बाइबल, जिन्दावस्ता, ''इंजील कुरान किसी से कम नहीं है और यदि इसमें कुछ और भी बुद्धि की बात पाते हैं, तो ''आम के आम और गुठली के दाम।''

यह बात न समझिये कि यह पाप सिर्फ हिन्दुओं ने ही किया है। यूनानी और इस्लामिक दार्शनिकों में चोटी के विचारक नित्य-ईश्वर को सिद्ध करने के लिए जगत की नित्यता (कदामत-आलम) को मानना बहुत जरूरी समझते थे और अपनी बुद्धिवादिता साबित करने के लिये कार्य-कारण के नियम को विश्व में सर्वदा से अटल मानते थे। ''नदिया एक घाट बहुतेरे'' की कहावत के अनुसार इस रास्ते से भी हम सीधे नियतिवाद के उसी दलदल में पहुँच जायेंगे। हाँ, इन लोगों को दलदल में पहुँच कर ही नहीं, कंठ तक गड़प हो जाने पर अरस्तू ने एक तिनके का सहारा थमाना चाहा—ईश्वर सामान्य का ज्ञान रखता है, विशेष का नहीं; जाति का ज्ञान रखता है व्यक्ति का नहीं। और इस पर भजनाश्रम के भगवद्भक्तों ने अरस्तू की जो गति बनाई जो थुक्कम-फजीहत की, उसे कहने के लिये, उम्मीद है, आप मुझसे आग्रह नहीं करेंगे। भगवद्भक्तों ने कान में उँगली डाली और अरस्तू की बात मानने की जगह चुल्लू भर पानी में डूब मरना पसन्द किया।

खैरियत यही है कि यह सभी बातें गलत हैं। इतिहास के पन्नों को देखने से मालूम होता है कि उसका कोई व्यक्ति कोई घटना वही नहीं होती। कारण का अस्तित्व जिस वक्त हम स्वीकार करते हैं उसी वक्त कारण की परिभाषा (परिवर्तन उपस्थित करने वाले) भी कबूल करते हैं और परिवर्त्तन के बाद फिर वही है, यदि कहते हैं, तो गोया परिवर्त्तन से इनकार करना चाहते हैं। फिर सिरे

से कहिये, कारण ही नहीं है—'न रहे बाँस न बजै बाँसुरी।'

३. साइंस के नियम

आप फिर सवाल करेंगे—जब हम प्राकृतिक घटना-प्रवाह पर गौर करते हैं, अपने आस-पास के वातावरण परिस्थिति तथा सामाजिक जीवन पर विचार करते हैं, तो इन घटनाओं में एक खास तौर की नियमबद्धता देखते हैं—दिन, रात, वर्षा, वसन्त..। प्रकृति के भीतर जो कुछ है—तारा-ग्रह-उपग्रह से ले, क्षुद्रतम कण तक, सब में एक नियमबद्धता पाई जाती है, जिसे कि **प्राकृतिक** नियम कहते हैं। इन्हीं नियमों का पता लगाना साइंस का काम है, यही कार्य-कारण नियम है जो कि प्रकृति और समाज में हर जगह कल्पना के तौर पर नहीं, वस्तुस्थिति के तौर पर पाया जाता है, साइंस इस कार्य-कारण नियम का पता लगाकर प्राकृतिक घटनाओं को आकस्मिकता से हटा नियम-नियंत्रित साबित करता है और उन पर विश्वास कर साइंस की देन-रेल, तार, हवाई जहाज—को मनुष्य के उपयोग और उपभोग के लिये बनाता-चलाता है। प्रकृति की हर एक चीज में नियम है। छछून्दर धरती के भीतर रहती है, जहाँ उसे अच्छी आँख की उतनी आवश्यकता नहीं, जितनी कि अच्छी श्रवणशक्ति की और इसीलिये छछून्दर दिव्य-श्रोत होने का दावा कर सकती है। इसी तरह बहुत भारी गहराई में रहने वाली सामुद्रिक मछलियों के शरीर पर अपार-जल-राशि का जितना भार रहता है, उससे बचने के लिए उनके शरीर के भीतर से जितना दबाव बाहर की ओर पड़ रहा है, वह इतना अधिक है कि मछली पानी से निकलते ही भीतरी दबाव के कारण फट जाती है। इस तरह हम फिर कहते हैं—प्रकृति और समाज दोनों में ऐसा प्राकृतिक नियम मौजूद है, जिसे हम चाहे जानें या न जानें, यह अपना काम किये जाता है जिसका अर्थ है प्राकृतिक घटनाओं की भाँति सामाजिक घटनाएँ भी नियम से बद्ध हैं।

और? उपरोक्त प्राकृतिक नियम अथवा उनमें से ज्ञात वैज्ञानिक नियम कार्य-कारण-नियम हैं। उनका काम है, अतीत का अनागत (भविष्य) से सम्बन्ध जोड़ना। इसी अतीत अनागत के अटल सम्बन्ध के भरोसे हो किसान कार्तिक में घर की अन्नपूर्णा को खेत की माटी में गाड़ आता है और महान् समाजवादी सोवियत सरकार पंचवार्षिक योजना बनाती है। यह कहने का हमारा यह मतलब नहीं कि वैज्ञानिक नियम 'जो चाहो सो पूछ लो' वाले जोतिषी बाबा की अर्दली में हाजिर रहने के लिये बनाया गया है।

उसका काम आने वाली घटनाओं का सिर्फ भविष्य-कथन ही नहीं है, बल्कि घटना को वैसा होने के लिये भौतिक परिस्थिति को भी बनाना है, लेकिन, भौतिक परिस्थिति के बनाने में कार्य-कारण नियम ने जहाँ हाथ डाला, वहीं वह नियति (भाग्य)-वाद के चंगुल से निकला। कारण कहते हैं परिवर्त्तन-कारक को; परिवर्त्तन नये के पैदा होने को कहते हैं। फिर कार्य-कारण से नियतिवाद का कोई सम्बन्ध नहीं। साथ ही कार्य-कारण के अटूट सम्बन्धों की सहायता से हम किसी काम के करने में हाथ लगा सकते हैं, यह भी ठीक है। यह दोनों परस्पर विरोधी बातें कैसे मानी जा सकती हैं इसका उत्तर इस वक्त के लिये इतना ही है कि प्रकृति विरोध-समागम को प्राणों से प्यारा मानती है।

४. मनुष्य की स्वतन्त्रता

कार्य-कारण-नियम का नियतिवाद, ईश्वरवाद से कितना सम्बन्ध है, इसका जिक्र हो चुका है। ईश्वरवादियों में कुछ भगवानदास तो आत्मसमर्पण करने के लिये तैयार हैं—ईश्वर के हाथ की कठपुतली बनने को वह दूषण नहीं भूषण मानते हैं—और, दुनिया के दुःख, अन्याय को उसका 'भेद' कहकर भुलावा देने की कोशिश करते हैं। यद्यपि इसका उद्देश्य कितनों के मन में यही होता है कि वह खुद अपने शासन-क्षेत्र में उसी तरह के अनुत्तरदायी भगवान बन सके किन्तु, सभी ईश्वरवादी इस तरह अक्ल के पीछे लाठी लेकर फिरने वाले नहीं हैं। यह ईश्वर की वस्तु ईश्वर को और जीव की वस्तु जीव को देने की कोशिश करते हैं अथवा दोनों पर सोचने के लिये अपने मस्तिष्क में काफी फासिले के साथ उन्होंने दो कोठरियाँ बना रखी हैं और एक समय दोनों बातों को लेकर वह अपने तथा अपने मित्रों के दिमाग को परेशान नहीं करना चाहते। वह कहते हैं—ईश्वर सबका प्रथम कारण है, साथ ही जीव को कर्म और विचार की स्वतन्त्रता है।

लेकिन, यहाँ यह कहना पड़ेगा कि यह धर्म-घोषणा अधिकतर 'खाने के दाँत और दिखाने के और' की-सी है। आपको विचार की पूरी स्वतंत्रता है; किन्तु जहाँ आपने ईश्वर की सत्ता पर ननुनच करना शुरू किया कि 'बहू का मान कितना है' इसका पता लग गया और कर्म-स्वातंत्र्य के बारे में कुछ कहना तो और मुश्किल है, क्योंकि, वह तो उसी के लिए संभव है, जो 'जबरा मारे रोने न दे' का नमूना हो। ईश्वर को अन्यायी समझकर लोग उसको छोड़ न बैठें, इसीलिये इस कर्म-विचार स्वातंत्र्य की बात कही जाती है, अन्यथा यह तो साफ है कि घास-घोड़े की यारी नहीं हो सकती। छोटी चादर में यदि सिर ढाँकते हैं तो पैर नंगा,

और पैर ढाँकते हैं तो सिर नंगा। यदि आप जीव को स्वातंत्र्य प्रदान करते हैं, तो उतने अंश में ईश्वर की सर्वशक्तिमत्ता में कमी आती है, यदि ईश्वर को सर्वशक्तिमान मानते हैं, तो जीव अकिंचन हो जाता है और ईश्वर की सर्वज्ञता की बात तो अरस्तू के मुँह से आप सुन चुके हैं! अरस्तू चाहता था कि ईश्वर और जीव दोनों की सेवा करें। उसे दो नावों पर चढ़ने वाले की बात नहीं मालूम थी। उसने कहा—ईश्वर सर्वज्ञ है किन्तु सर्व में **सामान्य** शामिल है, विशेष ही; जातियाँ शामिल हैं, व्यक्तियाँ नहीं; ईश्वर मानवता को जानता है, गाँधी और गांधीसुत को नहीं, गाय-जाति (गोत्व) को जानता है, नये 'मुसलमान' गोभक्त श्रीराम शर्मा के 'विशाल-भारत' में छपनेवाली गायों को नहीं। शर्मा जी के साथ हमारी सहानुभूति है, ईश्वर की इस बेरुखी पर। किन्तु अरस्तू ने यह मानने के लिये अपने को तैयार किया था। वह बेचारा जानता था, भेड़ों के भड़कन्त स्वभाव को। त्रिकाल-सर्वज्ञ ईश्वर के ज्ञान में अतीत वस्तुओं के बारे में जो कुछ मौजूद है, वह होकर रहेगा; जैसी मिट्टी जैसी आग बनने वाली है, वैसी बनकर रहेगी; जैसी सींग-पैर-नाक-कान वाली गाय जाति बनने वाली है, वह ईश्वर के ज्ञान में पहले से मौजूद है और वह वैसा बनकर रहेगी! इसका अर्थ हुआ ईश्वर परिस्थिति को जैसा होना चाहिये, वैसा ज्ञान में बना चुका है और नियत समय पर वह उसी रूप में आ मौजूद होगा। मनुष्य के स्वातंत्र्य का कोई मूल्य नहीं, यदि वह भी परिस्थिति में परिवर्त्तन करने का उसी तरह अधिकारी न हो, जिस तरह कि परिस्थिति उसे परिवर्तित करती है। इसके बारे में जब हम प्रकृति प्रयोग से पूछने जाते हैं, तो वह साफ कहती है कि परिस्थिति जिस तरह मनुष्य को बदलती है, उसी तरह मनुष्य ने भी परिस्थिति को बदला है और बदल देने में लगा हुआ है।

५. तर्क निर्भर नहीं, वस्तु निर्भर हेतुवाद

प्रकृति ने जैसे दूसरे क्षेत्रों में कोरे तर्क को पछाड़ा है, वैसे ही स्वातंत्र्य और नियमबद्धता के सम्बन्ध में भी वह उसके फन्दे में आने वाली नहीं है। अपने अन्तस्तल में अवस्थित एलेक्ट्रान के बारे में उसने दिखलाया है कि वह कण भी है और तरंग भी। तर्क बहुत चिल्लाता रहा, किन्तु प्रकृति इस चिल्लपों को नहीं सुनती। वह तो हर एक सत्य-अन्वेषक को एक बात कहती है मेरा अनुगमन करो 'राजा करै सो न्याय' प्रकृति में जो देखो वही नियम है। यदि वहाँ नियम और अनियम का मिश्रण दिखाई पड़ता है, तो यही समझिये कि प्रकृति के नियम वैसे

ही हैं। विच्छेदयुक्त प्रवाह भी परस्पर विरोधी-सा मालूम होता है, किन्तु प्रकृति ने इसका अनुमोदन किया है। एक ही एलेक्ट्रान कण हो और तरंग भी, यह भी परस्पर विरोधी मालूम होता है; किन्तु प्रकृति न सदा केवल सर्पगति को पसंद करती है न मेढक-कुदान को। प्रकाश तरंग है, किन्तु क्वन्तम् सिद्धान्त[१] बतलाता है कि उसके वितरण में सिर्फ अविच्छिन्न प्रवाह ही नहीं पाया जाता, बल्कि बीच-बीच में रुककर चलने वाले फौव्वारे की भाँति प्रकाश बँधे हुए मुठ्ठे। (-क्वन्तम्) में निकलता है।

इस तरह के नियम-अनियम मिश्रितवाद को देखकर कुछ बूढ़े लोग बुद्ध के बूढ़े शिष्य सुभद्र की तरह बोल उठते हैं—अच्छा हुआ, बूढ़ा नियमवाद मर गया, अब हम जैसा चाहेंगे वैसा करेंगे। और, यह भी कि चूँकि प्रकृति में नियम नहीं है, इसलिये उसके वास्ते एक नियामक की जरूरत है। वह भगवान है। सोचिये—यदि प्रकृति में नियम है, इसलिए एक नियामक ईश्वर की जरूरत है। प्रकृति में नियम नहीं है, इसलिए एक नियामक की जरूरत है। इसको कहते हैं—"गाय भी हूँ, बच्चा भी हूँ।"

प्रकृति के विरोधी-समागम वाले स्वरूप को जब तक आप समझने की कोशिश नहीं करेंगे, तब तक बराबर ऐसी गलती करते ही रहेंगे। मनुष्य में स्वतंत्रता भी है; किन्तु दार्शनिक परमार्थ की नाप-तौल में नहीं। मनुष्य में परिस्थिति, आनुवंशिकता की परतंत्रता भी है, किन्तु दार्शनिक परमार्थ के अर्थ में नहीं। मनुष्य प्रकृति को बदलता है, परिस्थिति को बदलता है। आनुवंशिकता में बराबर परिवर्त्तन होता रहता है और कभी तो ऐसी बड़ी कुदान का परिवर्त्तन होता है, जिसमें वह वनमानुष से मानुष की कोटि में छलाँग मार देता है—इसे ही **जाति परिवर्तन** कहते हैं। हम साइंस-सम्मत भविष्य-कथन भी कर सकते हैं और भविष्य को कर्म-योजना बनाकर ठीक फल पर भी पहुँच सकते हैं; किन्तु यहाँ भी प्रकृति ने अपने क्वन्तम्, अपने कण-तरंग अपने विच्छेद-युक्त प्रवाह की नीति को छोड़ा नहीं है और गला कसकर दम घोटने का प्रयत्न नहीं किया है। लंदन में इस साल कितने आदमी मोटर से दबकर मरेंगे इसे वहाँ की कौंटी-कौंसिल (कारपोरेशन) का दस-पंद्रह साल का हिसाब—मोटरों की संख्या, यातायात-संचालन में सुधार का मृत्यु-संख्या पर प्रभाव आदि—देखकर बतलाया जा सकता

---

१. Quantum Theory.

है। हाँ, वह संख्या परमार्थ संख्या नहीं होगी, बल्कि व्यवहार या प्रायिक संख्या होगी। व्यवहार-संख्या व्यवहार-परिमाण प्रकृति और प्रकृति-पुत्रों के लिये पर्याप्त है। हाँ दार्शनिकों के लिये वह पर्याप्त नहीं है; इसलिये उनका दिल छोटा रहा करता है। एक बात और, मृतकों की संख्या के बारे में सच्चा भविष्य-कथन उसे माना जाता है, जो कि घटना के बहुत नजदीक हो। और साथ ही प्रकृति ने एक और सुभीता दिया है वह समुदायरूपेण इस संख्या के प्रकाशन को पसन्द करती है। अबकी साल भगवानदास मोटर से दबेंगे या नहीं, इसके लिये उसने ठीक अरस्तू के ईश्वर की भाँति अपने को अनभिज्ञ रखा है, जो कि उसके लिये गर्व की बात है; यद्यपि वही बात ईश्वर के लिये भारी काला धब्बा होती। जोतिषी भविष्यद्वक्ताओं की बात छोड़ये, वह तो दैवज्ञ हैं और भारतीय सिद्धों को भी छोड़िये, जिनकी सेवा का महान् व्रत गोरख-टीले के 'कल्याण' बाबा ने ले रखा है, और जब तब 'हमारे विशाल भारत' जैसे नागरिक भी उसमें पुण्य के भोगी बनने के लिये लालायित हो जाते हैं।

प्रकृति परमार्थ नहीं प्रायिक मूल्य को पसंद करती है। क्वन्तम् सापेक्षता, कण-तरंग, विच्छेद-युक्त-प्रवाह और विरोधी-समागम को अहर्निशि देखने वाला साइंस भी उतने से संतुष्ट है। वह दोनों चरम पन्थ को पसन्द नहीं करता—न उसे यन्त्रवाद, जकड़बन्द कार्य-कारण-वाद पसन्द है और न ही कार्य-कारण-नियम-युक्त 'परम स्वतंत्र न सिर पर कोई', अथवा आकस्मिक घटने वाली घटनाओं से बना संसार ही।

परमार्थ की जगह यह 'प्रायिक' मूल्य का सिद्धान्त आधुनिक साइंस में भारी महत्त्व रखता है।

६. प्रायिकता[१]

परमार्थ अटल, नित्य मान, किसी मृत गतिशून्य जगत में मिल सकता है, जिसकी कल्पना दार्शनिक भले ही कर सकें, किन्तु उसका अस्तित्व कहीं नहीं है। परमार्थ मान के बिना परमार्थ मूल्य भी दार्शनिकों की कल्पना में ही स्थान पा सकता है। सारी दुनिया का व्यवहार—चाहे साधारण किसान को ले लीजिये अथवा इंच के लाखवें हिस्से तक को नाप लेने वाले साइंस-वेत्ता को ले लीजिये, सब के नाप, सब की तोल का मूल्य प्रायिक ही दे, परमार्थ नहीं।

---

१. Probability.

आइये साकार उदाहरण लेकर देखें—

हम बहुत शुद्ध माप वाली जरीब लेते हैं। जिसमें तापमान आदि का असर अत्यन्त कम पहुँचे, इसके लिये हमारी जरीब काँच की है। आज हम खेत नापते हैं, कल और परसों भी...। मैं अपने दोस्तों को भी कहता हूँ, कि आप भी नाप लें। हम सभी पूरी सावधानी रखते हैं कि जरीब, त्रिकोन, नापी कहीं गलती न होने पाये। किन्तु, जब मैं एक दर्जन दिनों की अपनी नापियों को मिलाता हूँ, तो वहाँ फर्क दिखाई पड़ता है। दोस्तों की नापियों को मिलाता हूँ, तो वहाँ भी अन्तर पड़ता है। हमारे सामने मुश्किल आती है—किसको सच्चा मानें किसको नहीं। कुछ दोस्त दार्शनिकों की तरह राय देते हैं, जब आपकी नापियाँ आपस में नहीं मिलतीं, न हम सभी की नापियाँ आपस में मिलती हैं, तो सब गलत हैं, कोई परमार्थ सत्य नहीं, इसलिये इन्हें छोड़ दें। हम सभी दार्शनिक नहीं हैं और फिर मैं क्या इस दार्शनिक के कहने से अपने खेत को छोड़ने वाला हूँ। हम अपनी नापी के अंकों को फिर मिलाते हैं, देखते हैं उनमें फर्क जरूर है, किन्तु उनमें कुछ संख्याएँ ऐसी हैं, जो कि अंकों की एक खास सीमा के भीतर हैं—जहाँ सबसे कम और सबसे ज्यादा वाली संख्या ९७.२४६ और ९७.३८७ विस्वांसी (धूर) हैं, वह अधिकांश संख्याएँ ९७.३१६२, ९७.३१६३, ९७.३१६४ की भाँति कुछ सीमाओं के बीच होती हैं। हजारों नापियों के करने पर भी हम देखेंगे कि नापी का परिमाण सभी एक नहीं होता, किन्तु वह एक खास सीमा के भीतर ही ज्यादा मिलता है; जो नापी सबसे ज्यादा इस सीमा के भीतर आती है, हम उसे ही प्रमाण मानते हैं, अथवा ९७ विस्वांसी से ऊपर के दशमलव अंक को नगण्य समझ छोड़ देते हैं। जो बात यहाँ जमीन की नापी के लिये है, वही दूसरी बारीक नापियों के बारे में भी समझें। नंगी आँखों से न दिखलाई देने वाले अणुओं, परमाणुओं को जब हम अणु-मापक-यन्त्र से नापते हैं, तो वहाँ भी यही बात पाते हैं, इसीलिये साइंस में यह मानी हुई बात है परमार्थतया निश्चित माप पर पहुँचना असम्भव है। बाल-बियरिंग मशीन में इस्तेमाल होने वाले बाल-गोलियों की नापी बहुत ठीक होनी चाहिये; क्योंकि उसके ऊपर मशीन की उपयोगिता में कमी-बेशी हो सकती हैं, लेकिन वहाँ भी **परमार्थ** माप की उम्मीद नहीं रखी जाती और १/१००००० इंच की कमी-बेसी को नहीं लिया जाता और जितनी नापियाँ आपस में इतने का अंतर रखती हैं, उन्हें शुद्ध माना जाता है। साइंस-संबंधी नाप वाले औजारों को और बारीकी में जाना पड़ता है; किन्तु वहाँ भी परमार्थ नाप नहीं मिला करता, इसलिये

१/१००००० इंच की कमी-बेशी को नहीं लिया जाता। किसी-किसी मशीन में १/१००००० इंच की कमी-बेशी होने पर भी उसे शुद्ध माप मानते हैं। लकड़ी की मशीन में १/३२ इंच की कमी-बेशी वाले माप भी शुद्ध हैं।

इतना कहने से स्पष्ट है कि हमारा सारा काम **प्रायिक** परिमाण को शुद्ध, सत्य मान लेने पर चल जाता है; उसे छोड़ हम किसी परमार्थ के पीछे नहीं दौड़ते फिरते और न दार्शनिक के दिमाग के सिवाय उसका कहीं पता है। दुनिया में जितने हिसाब होते हैं, सब इसी प्रायिक माप को ही लेकर चलते हैं। लकड़ी-लोहे के कारखानों, मोटर-एरोप्लेन की बनावट, इंच के लाखवें हिस्से तक नापने वाली दूरबीन फोटो-मापक आदि यंत्र, प्राणिशास्त्र तथा रसायन शास्त्र में व्यवहृत होते सूक्ष्म नाप-तोलवाले यंत्र तथा हिसाब, कृषि की योजना का हिसाब, ग्रहण आदि बताने वाले ज्योतिष-गणित, दिवानी फौजदारी अदालत तथा कानून में व्यवहृत होने वाले परिमाण...में से चाहे जिसको ले लीजिये, सभी जगह प्रायिक माप को शुद्ध माना जाता है और परमार्थ माप को असंभव समझा जाता है। जो बात असंभव है, उसके न जानने को अज्ञात नहीं कहा जा सकता, इसलिये ज्ञान की सीमा का विस्तार करते-करते हम परमार्थ पर नहीं, चरम **प्रायिकता** पर जब पहुँच जाते हैं तो हम ज्ञान की चरम सीमा पर पहुँच जाते हैं। उसके आगे की आशा रखना दुराशा मात्र है और उसका वस्तु जगत से कोई सम्बन्ध नहीं है, इसे हमें हमेशा ध्यान में रखना होगा।

(ख) सत्य और असत्य का ज्ञान

१. सत्य

सत्य के बारे में हलके दिल से कह दिया जाता है कि वह एक, अद्वितीय है। किन्तु क्या यह बात वास्तविकता पर निर्भर है? पूँजीपति और जमींदार के लिये यह परम सत्य है, कि मजदूर और किसान उसके लिये काम करें और अपने हाथ से उठाकर जो उन्हें दे दे उसी पर सन्तुष्ट रहें। इस मार्ग से हटना नमकहरामी—असत्य मार्ग को ग्रहण करना है। तिरुवन्नामले के ऋषि, पांडिचेरी के मुनि,...के जगतगुरु...तथा एनीबेसंट—'लोगों' उनकी आत्मा को शान्ति प्रदान करे—के १२ अर्हत और अर्हन्तियों से लेकर गली-कूचे में बोलने वाले छोटे-मोटे सिद्ध-महात्माओं तक सभी सेठ..महाराजा..,नवाब...अभीष्ट इस सत्य की पुष्टि अपने आशीर्वाद से करते हैं। फिर यह सत्य परम सत्य छोड़ और हो ही **कैसे**

सकता है, क्योंकि वैसे स्वार्थहीन त्रिकालदर्शी ब्रह्मलीन महापुरुषों को क्या पड़ी है, जो असत्य को आशीर्वाद देते फिरें। यद्यपि यहाँ हम जरूर कहेंगे कि और जगहों पर धर्मकीर्ति के शब्दों में 'निर्लज्जता में बंधकी (व्यभिचारिणी) को भी मात करने वाले[१] कुमारिल का ऐसे सिद्ध ब्रह्मलीन-महात्माओं के बारे में यह घोषणा करना, सत्य से बहुत दूर नहीं है—

''वाणी की असत्यता के हेतु (राग, द्वेष, मोह) दोष पुरुषों में मौजूद रहते हैं।''[२]

भारत के किसानों, मजदूरों के लिये सत्य यही है कि जो कमाये उसको पहले खाने का हक उन्हें होना चाहिए, जो नहीं कमाता उसे या तो भूखा मरने के लिये तैयार रहना चाहिए, अथवा कमाने वालों के सामने दाँत निकालकर हाथ पसारने के लिये। दूसरे की कमाई भाग्य भगवान की देन के नाम से यदि हलाल हो सकती तो सभी चोरों-डकैतों को जेलों से बाहर निकाल देना चाहिये।

२ : सत्य ज्ञान

वैज्ञानिक भौतिकवाद मानता है कि वास्तविक ज्ञान आदमी की पहुँच के भीतर है। वास्तविक ज्ञान हम उसे ही मानते हैं, जिसका आधार विद्यमान भौतिक वस्तु है—ऐसी वस्तु जिसकी सत्ता मनुष्य के ज्ञान या कल्पना पर निर्भर नहीं है। सक्रिय, सजीव वास्तविक मनुष्य वस्तुसत भौतिक (मानव-मस्तिष्क) बाह्य अर्थों (पदार्थों) के संबंध तथा उनकी एक-दूसरे पर होने वाली क्रिया-प्रतिक्रियाओं को ज्ञान कहते हैं। जब तक बाह्य पदार्थों के वस्तु सत्ता होने को स्वीकार नहीं करते, तब तक उसके संबंध तथा क्रिया-प्रतिक्रिया की संभावना नहीं; फिर ऐसी अवस्था में जो ज्ञान होगा वह वास्तविक नहीं अवास्तविक होगा, अतएव वह ज्ञान नहीं, अज्ञान मात्र होगा।

फिर दार्शनिक कहेंगे, वस्तु-निर्भर ज्ञान कभी पूर्ण नहीं होता, वह हमेशा अपूर्ण रहता है, अपूर्ण ज्ञान को प्रमाण नहीं माना जा सकता, प्रमाण उसी ज्ञान का हो सकता है, जो पूर्ण है। इसका उत्तर यह है कि पूर्ण ज्ञान या आपकी परिभाषा में जिसे **परमार्थ-ज्ञान** कहते हैं उसका कहीं पता नहीं, क्योंकि आपके ही

---

१. 'ज़येद् धार्ष्ट्येन बधकीम्'—प्रमाणवार्तिक १।६६७।

२. 'गिरां मिथ्यात्वहेतूनां दोषाण पुरुषाश्रयात्।'—वही १।२२।

कथनानुसार न वहाँ इन्द्रियाँ पहुँच सकती हैं, न बुद्धि। ऐसा परमार्थ-ज्ञान सिर्फ़ श्रद्धावश ही माना जा सकता है। सत्य ज्ञान वही है, जो कि वास्तविक—वस्तु-निर्भर—है। सभी सत्य सापेक्ष हैं। साइंस और सभी मानवीय ज्ञान लगातार बदलता रहता है इसलिए ऐसे सत्य से बे-सत्य का ही रहना अच्छा है—यह संदेहवाद, निराकारवाद, विज्ञानवाद, शून्यवाद की ओर से कहा जाता है और उनमें से कितने तो यहाँ तक कह जाते हैं कि 'सत्य' कोई वस्तु ही नहीं है। ये सभी वाद कभी सत्य को नहीं पा सकते, अथवा हाथ में आये हीरे को परखने की उनमें शक्ति ही नहीं है। यह वैज्ञानिक भौतिकवाद ही है जो जानता है कि सापेक्ष में कैसे परमार्थ और परमार्थ में कैसे सापेक्ष सत्य को पाया जा सकता है। लेनिन का कहना है[१]—

"आप कहेंगे, सापेक्ष और परमार्थ सत्य का यह (आपका बतलाया) भेद स्पष्ट नहीं है। मैं उत्तर दूँगा कि काफ़ी स्पष्ट न होने पर भी, वह साइंस को... मुर्दा, सुन्न, काठमारा मतवाद बनने से बचा सकता है। लेकिन साथ ही वह इतना स्पष्ट है कि श्रद्धावाद, अज्ञेयवाद के किसी छापे को (साइंस के तौर पर) रखने और उसे ह्यम तथा काँटे के (शंकराचार्य, विवेकानन्द, रामतीर्थ को भी शामिल कर लीजिये) चेलों के दार्शनिक विज्ञानवाद तथा बाजीगरी बनने से रोक सकता है। यहाँ (दोनों के बीच) सीमा मौजूद है, किन्तु उसे आपने नहीं देखा। और न देखने के कारण प्रतिगामी दर्शन के कीचड़ में गिरने से अपने को नहीं बचा पाया—यह (सीमा) है वैज्ञानिक भौतिकवाद और (शून्यवादी) सापेक्षतावाद की सीमा।"

और एन्गेल्स के शब्दों में—

"इस बात से घबड़ाने की जरूरत नहीं कि आज जिस ज्ञान की अवस्था में हम पहुँचे हैं, वह उससे ज्यादा पूर्णता को नहीं पहुँची है, जो कि इससे पहले थी। अभी ही बहुत विस्तृत (ज्ञान-) सामग्री जमा हो गई है और कोई आदमी जो किसी एक साइंस में विशेषज्ञ बनना चाहता है, उसके लिये इनका अध्ययन बहुत ही श्रमसाध्य कार्य है।"

हर शास्त्र शाखा में मनुष्य का ज्ञान कितना बढ़ चुका है, और हर रोज कितनी तेजी से बढ़ता जा रहा है, वह हमारे भारी सन्तोष की बात है। चूँकि ज्ञान पूर्ण नहीं है, उसमें वृद्धि की बराबर गुंजाइश है, इसलिये उसकी वृद्धि को हम जहाँ

---

१. Materialism and Emperio Criticism, p. 107.

छोड़ रहे हैं हमारी अगली पीढ़ी उसे वहाँ से आगे ले जायेगी। यह देखकर हाथ पर सिर धरकर रोना बुद्धिमानी का काम नहीं है। ज्ञान में यदि पूर्णता—जिससे आगे और कोई बुद्धि नहीं—हो जाय, तो विश्व की गति बेकार हो जायेगी, गुणात्मक-परिवर्तन से नये-नये गुणों, नई-नई वस्तुओं का उत्पन्न होना बन्द हो जायेगा और प्रगतिशील, सजीव, नव-नव-विकसित विश्व की जगह वह अचल, मुर्दा, फोसल-सा रह जायेगा।

ज्ञान की प्रामाणिकता— बदलते रहते ज्ञान की प्रामाणिकता नहीं होगी, यह शंका फज़ूल है। सारे विश्व-ब्रह्मांड में बदलती चीज़ें ही सारा काम कर रही हैं। यदि आप बढ़ने वाले न होते तो माता या पिता के रज-अंड तथा वीर्य-कीट ही रह जाते। किसी भी अवस्था में इस परिवर्त्तन, इस वृद्धि को रोककर देखिये। वीर्यकीट सिर्फ १/५०० इंच बड़ा होता है, माता का रज-अंड १/२५ इंच, दोनों मिलने पर भी मानव-प्राणी सिर्फ १/५०० इंच का होगा, वजन कितना होगा, यह इसी से जानिये—सप्ताह भर का मानव-गर्भ सिर्फ २/५ रत्ती का होता है। छः मास का १ सेर के करीब। पैदा होने पर स्वस्थ बच्चा २० इंच (एक हाथ से थोड़ा ऊपर) बड़ा और ३॥ सेर भारी होता है, जो बढ़ते-बढ़ते पंद्रह वर्ष की आयु में ६२ १/२ (३॥ हाथ) लम्बा और १ मन ८ १/२ सेर भारी हो जाता है। आप सोच सकते हैं जिस तरह शरीर की वृद्धि रोकने की कामना शुभ-कामना नहीं कही जा सकती, वैसे ही ज्ञान की वृद्धि रोकने की कामना भी वही कर सकते हैं जिन्हें मानव जाति का हितैषी नहीं कहा जा सकता। ज्ञान को दिन पर दिन बढ़ने दो, अगली पीढ़ी को पिछली पीढ़ी द्वारा खूब पराजित होने दो—'पुत्रादिच्छेत् पराजयम्।'

"सोचने की शक्ति रखने वाले कितने ही अत्यन्त अपूर्ण मनुष्यों द्वारा विचार की पूर्णता प्राप्त होती है। असीम सत्य का दावा रखने वाला ज्ञान कितना ही सापेक्ष भला करके प्राप्त होता है!"[१]

"मनुष्य का ज्ञान अपनी वृद्धि में सरल रेखा का अनुगमन नहीं करता; बल्कि वह एक ऐसी वक्र रेखा का अनुसरण करता है जो कि सदा वृत्त के बनने की कोशिश में रहती है—अर्थात् घूम-घुमौवा चक्कर में। इस वक्र रेखा (घूम-घुमौवे चक्कर) की हर एक टुकड़ी हर एक खंड को, एक छोर से एक स्वतंत्र, पूर्ण सरल रेखा में बदला जा सकता है, जो कि सावधान न रहने पर 'दलदल (शासक वर्ग के

---

१. Materialism and Emperio Criticism (by Lenin).

वर्ग-स्वार्थ द्वारा दृढ़ बनाये धर्मवाद में) गिरा देता है।''[१]

इसलिये सापेक्ष सत्य से बाहर जाना, आँख बन्द कर जंगल में टहलने जाना है। वस्तुतः जो कुछ परमार्थ सत्य है, वह सापेक्ष के भीतर ही है।

३. प्रयोग और सिद्धान्त की एकता

दूसरे दर्शनों और वैज्ञानिक भौतिकवाद साइन्स के अधिनायकत्व में सबसे बड़ा अन्तर यह है कि वैज्ञानिक भौतिकवाद एकमात्र प्रयोग को ही सत्य की कसौटी मानता है उसके लिये कोई ज्ञान तब तक सत्य नहीं है, जब तक कि वह प्रयोग की कसौटी पर पक्का नहीं उतरता। इसीलिए स्तालिन का कहना— ''सिद्धान्त प्रयोग के बिना बाँझ है।'' भगवद्गीता को किसी समय कर्मयोग की कुंजी माना जाता था। तिलक ने जेल में बन्द रहते वक्त गीता पर अपनी प्रसिद्ध पुस्तक को इसी मतलब से लिखा था—कितना ही आगे बढ़ने पर भी तिलक योग से आगे नहीं जा सके और वस्तुतः किसी की तारीफ से नहीं, बल्कि वृक्ष अपने फ़ल से पहिचाना जाता है। गीता ने कर्म-युद्ध के लिये तो लोगों को उतना तैयार नहीं किया, जितना कि उस युद्ध से पलायन के लिये। वैज्ञानिक भौतिकवाद वास्तविक अर्थ में कर्म का दर्शन है। ''दार्शनिकों ने सिर्फ जगत की व्याख्या को परिवर्त्तित किया, किन्तु हमारा काम है, खुद जगत को परिवर्त्तित करना''— मार्क्स ने इस वचन में वैज्ञानिक भौतिकवाद के मर्म को निकालकर रख दिया है।

मार्क्स ने वैज्ञानिक भौतिकवाद को जैसी अवस्था में विकसित किया, उससे साफ हो जाता है कि मार्क्स का जोर प्रयोग पर इतना ज्यादा क्यों है। कितने ही लोगों ने पढ़ या सुन रखा है कि मार्क्स पुस्तकों में डूबा रहता था इसलिए उसके विचार पुस्तक के कीड़ों जैसे होंगे। इसमें शक नहीं, मार्क्स लंदन में ब्रिटिश म्यूजियम के पुस्तकालय में काफी समय देता था, उससे पहले पेरिस के बिलियोथिक नाश्नल तथा बर्लिन, हाइडलबेर्ग, जेना और बोन विश्वविद्यालयों के पुस्तकालयों में भी वह पुस्तकाध्ययन में दत्तचित्त रहा था। किन्तु यह समझना कि मार्क्स अपने क्रान्तिकारी सिद्धान्त पर सिर्फ पुस्तकों को पढ़कर पहुँच गया, बिलकुल गलत खयाल है। मार्क्सवाद न १९१७ ई० की रूसी क्रान्ति से पैदा हुआ और न १८६७ ई० में कापिटल के लिख जाने के बाद, उसका जन्म १८४८ ई० से पहले हुआ था। कापिटल के रूप में मार्क्सवाद का जन्म नहीं हुआ, बल्कि उसके

---

१. Lenin On Dialectics.

रूप में वह प्रौढ़ता को प्राप्त हुआ। मार्क्सवाद (वैज्ञानिक भौतिकवाद) का जन्म उन संघर्षों में हुआ जिसमें मार्क्स और एन्गेल्स ने जवाबदेही के साथ स्वयं क्रियात्मक रूप से भाग लिया। १८४८ ई० की फ्रेंच क्रांति में, पहले के क्रांतिकारी आंदोलन में ही नहीं, बल्कि खुद उस कांति में, उन्होंने भाग लिया था। एन्गेल्स ने जर्मनी के मजदूरों के सशस्त्र विद्रोह में क्रांति के हथियारबन्द सिपाही के तौर पर भाग लिया था। और मार्क्स ने उसके गढ़ कोलोन में रहते संघर्ष-संचालन में जबर्दस्त भाग लिया कि गवर्नमेंट ने दो बार उन पर फाँसी की सजा वाले देश-द्रोह का मुकदमा चलाया। यूरोप में सर्वत्र फैलने वाले मजदूर विद्रोह का आरंभ मार्क्स-एन्गेल्स ने अपनी 'कमूनिस्त घोषणा' (१८४७) से किया था और इस विद्रोह की बाढ़ का अन्त मार्क्स-सम्पादित जर्मन दैनिक पत्र 'नोये राइनिश जाइटुङ्' (हामबुर्ग) के अन्तिम अंक के साथ १८५० में हुआ। सन् १८५०-६४ ई० का समय है, जिसका बहुत सा हिस्सा मार्क्स ने ब्रिटिश म्यूजियम की पुस्तकों के अवलोकन में लगाया। किन्तु यह वह समय था, जब कि यूरोप में किसी जगह खुले तौर से क्रांतिकारी आंदोलन चलाया नहीं जा सकता था और मार्क्स को वहाँ पैर रखने की जगह नहीं मिल रही थी। इस चौदह वर्षों में भी मार्क्स सिर्फ ब्रिटिश म्यूजियम की पुरानी जिल्दों की धूल ही नहीं चाटता रहा, बल्कि उस समय भी उसकी कलम क्रांतिकारी शक्ति को अधिक दृढ़ और बहु-देशव्यापी बनाने में लगी हुई थी। अमेरिकन दैनिक पत्र 'न्यूयार्क ट्रिब्यून' में भारत की राजनीतिक-सामाजिक अवस्था तथा क्रांति की संभावना के बारे में मार्क्स ने जो लेख लिखे थे, वे इसी समय (१८५२-५३) ई० में लिखे गये थे।

१८६४ ई० के बाद हम मार्क्स को फिर संघर्ष-क्षेत्र में देखते हैं और तब से १८७२ ई० तक वह अन्तर्राष्ट्रीय मजदूर आन्दोलन का नेतृत्व करता है। उसके बाद अपने जीवन के अन्तिम समय (१८८३ ई०) तक मार्क्स फिर कलम के काम में लगता है, लेकिन साथ ही उसकी नजर उस समय के मजदूर आन्दोलन से नहीं हटती और भविष्य की मजदूर क्रांति तथा मजदूर शासन की गहरी नींव रखना तो उसका एकमात्र काम हो जाता है।

इतना कहने से साफ है कि वैज्ञानिक भौतिकवाद का रास्ता गीता या वेदान्त के पलायनवाद से बिलकुल अलग है। वह जगत को छोड़ भागना नहीं चाहता, बल्कि जगत को बदलना चाहता है। जगत के बदलने से कर्म-संघर्ष—की जरूरत है, उसमें मुँदी आँखें नहीं, खुली आँखों की जरूरत है।

वैज्ञानिक भौतिकवाद किन वाद-विवादों का संवाद है, यदि इस बात पर हम ध्यान देंगे, तो मालूम होगा कि वह क्यों इस प्रयोग और सिद्धान्त के समन्वय को चाहता है। वैज्ञानिक भौतिकवाद में दो अंश हैं, एक द्वन्द्ववाद और दूसरा भौतिकवाद। द्वन्द्ववाद हेगेल के विज्ञानवाद में था और भौतिकवाद सत्रहवीं-अठारहवीं सदी के यांत्रिक भौतिकवाद में। यांत्रिक भौतिकवाद भौतिकवाद की भौतिकता—वास्तविकता को स्वीकार करता था, यह उसका मजबूत पहलू था। किन्तु उसमें किसी गुणात्मक परिवर्त्तन, किसी विच्छेदयुक्त-प्रवाह की गुंजाइश न थी, इसलिये वह विश्व की पूरी व्याख्या नहीं कर सकता था, न विच्छेदयुक्त परिवर्त्तन-क्रांति के लिये वह चतुर पथ-प्रदर्शक हो सकता था। इस भौतिकवाद से बिलकुल उलटा हेगेल का द्वन्द्वात्मक विज्ञानवाद बर्कले और शंकर जैसा, ठूँठा, कूटस्थ, एकरस विज्ञानवाद (विज्ञान—ब्रह्म सत्य और सब झूठा) नहीं था। हेगेल उसे क्षण-क्षण परिवर्त्तनशील वृद्धिपरायण मानता था। विश्व उसके लिये हर क्षण 'है' नहीं, 'हो रहा है' है। यह हेगेल के द्वन्द्वात्मक विज्ञानवाद का मजबूत पहलू था। किन्तु, दूसरी ओर वह विश्व की भौतिक सत्ता—वास्तविकता—को इनकार कर अपने को अ-वस्तुवादी साबित करता था। ऐसा वाद न वस्तु-सत सिद्ध हो सकता है, न जीवन में किसी काम में आ सकता है। मार्क्स एन्गेल्स ने अपने वैज्ञानिक भौतिकवाद में पुराने भौतिकवाद की भौतिकता और हेगेल के द्वन्द्वात्मक विज्ञानवाद की द्वन्द्वात्मकता को लेकर अपने दर्शन का विकास किया।

वैज्ञानिक भौतिकवाद के अनुसार, विज्ञानवादी गलत रास्ते पर हैं, जबकि हम वह समझता है कि सत्य को हम सिर्फ अपने मस्तिष्क—मन के भानमती के पिटारे से निकालकर रख सकते हैं। भौतिकवादी भी गलती करता है, यदि वह इस बात को नहीं समझता कि सत्य को हम अपने मस्तिष्क की सहायता से प्राप्त करते हैं, मस्तिष्क हमें सिद्धान्त तक पहुँचता है, भौतिकता हमें प्रयोग पर नजर रखने के लिये मजबूर करती है। यही नहीं, जिस तरह भौतिकता मस्तिष्क की जननी है उसी तरह सिद्धांत की प्रसवभूमि प्रयोग है। बल्कि यह कहना चाहिये कि सिद्धांत प्रयोग का सार-संग्रह है। आखिर सिद्धान्त है क्या? अनेक व्यक्तियों, अनेक पीढ़ियों के लाखों प्रयोगों-तजरबों का ही परिणाम। इसीलिए सिद्धान्त को अपने जीवनदायक प्रयोग के विरुद्ध जाना नहीं चाहिए। प्रयोग से विरुद्ध सिद्धान्त सिद्ध-अन्त (सिद्ध-परिणाम) ही नहीं रह जाता। बिना पिता के पुत्र की भाँति उसे पहिले अपने पिता को ढूँढ़ने की जरूरत पड़ेगी। इसलिए जिस वक्त हम यह

कहते हैं कि सिद्धान्त और वाद की एकता आवश्यक है, उस वक्त यह भी खयाल रखना चाहिये कि प्रयोग मूल है, सिद्धान्त उसकी शाखा है।

वैज्ञानिक भौतिकवादी दृष्टि से प्रयोग और सिद्धांत को किस तरह लेना चाहिए, इसे हमने बतलाया, यहाँ यह भी देखना है कि प्रयोग और सिद्धान्त के आपसी सिद्धान्त को दूसरे किस तरह मानते हैं।

१. कुछ लोग कहते हैं—प्रयोग और सिद्धान्त में कोई समन्वय नहीं हो सकता। प्रयोग इस गदी स्थल, असत्य, माया वाली दुनिया की चीज है; सिद्धान्त चिर सत्य-शिव-सुन्दर है, दोनों का क्या वास्ता? ये आकाशचारी हारिल हैं, जो 'अज्ञेय' के हारिल की तरह भी हार मानने के लिये तैयार नहीं, और उन्होंने सदा के लिये भू-परित्याग की कसम खा रखी है—हाँ, लेकिन मानसिक तौर ही से, इसकी परीक्षा लेनी हो, तो ऐसी किसी हारिल—हंस—परमहंस—तत्त्वज्ञानी ब्रह्मलीन—महात्मा—को एक रसगुल्ले के बाद क्वीनेन से लिपटे दूसरे रसगुल्ले को खिलाकर देख लीजिये। सिद्धान्त—दर्शन—ज्ञान ही सब कुछ है, उसके अतिरिक्त कुछ है ही नहीं, इस तरह के विचार रखने वाले लोग, मकड़ी की भाँति अपने भीतर से (किन्तु अपने भीतर को भी स्वीकार करना तो उनके लिये मुश्किल है इसलिये शून्य से) सिद्धान्त को निकालते हैं।

२. दूसरे लोग हैं, जो प्रयोग से एकदम इनकार तो नहीं करते, किन्तु वह सिद्धांत को ही प्रधान मानते हैं। उनकी दृष्टि (= दर्शन में सिद्धांत योग) की संतान नहीं है, वह एक स्वयंभू तत्त्व है। इनके लिए साइंस का सारा परिश्रम, सारी सफलता कोई महत्त्व नहीं रखती, क्योंकि वह स्वयंभू होने का दावा नहीं कर सकती, ऐसे मत वालों के लिए प्रयोग का आश्रित होना निम्न कोटि के लोगों के लिए छा जाता है; सिद्ध, महर्षि इससे ऊपर हैं। गांधी जैसे विश्व के प्रति अपार करुणा दिखलाने वाले, सदा आत्मा की आवाज सुनने के लिए कान लगाये रहने वाले महात्मा इसी कोटि में हैं।

३. तीसरी तरह के लोग प्रयोग और सिद्धान्त में किसी को प्रधानता नहीं देते। वह तटस्थ, न्यायाधीश बनना चाहते हैं।—भौतिक विश्व असत्य है, इसलिए प्रयोग को प्रधानता कैसे दी जा सकती है? सिद्धात और प्रयोग दोनों ही कल्पना हैं, इसलिए उनमें से किसी को प्रधानता नहीं देनी चाहिए।

इसमें शक नहीं, इन तीनों तरह की विचार-सरणियों में देखने में अन्तर है किन्तु वस्तु-सत की दृष्टि से देखने पर मालूम होगा कि सबका उद्देश्य है

भौतिकता—वास्तविकता का विरोध करना, और मनुष्य को जगत् परिवर्त्तन के काम से हटाकर जगत की ख्याली व्याख्या में लगाना। इन सिद्धान्तों में प्रभु, शोषक-वर्ग क्यों इतना आनन्द अनुभव करता है, इसके बारे में ज्यादा कहने की जरूरत नहीं—'जानि न जाइ निशाचर माया' कहना काफी नहीं है, क्योंकि निशाचर-माया का समझना उतना मुश्किल नहीं है, यदि आपके पास आँख-कान मौजूद हों।

सिद्धान्त की कसौटी प्रयोग है, इसे सारे साइंस मानते हैं। वस्तुतः साइंस और अ-साइंस का भेद ही इसी में है कि साइंस किसी वक्त भी अपने सिद्धांत को प्रयोग की कसौटी पर कसने में गफलत नहीं करता। प्रयोग के दौरान में साइंसवेत्ता एक सिद्धान्त की झलक पाता है, किन्तु उसे 'अल्हाम', 'देवी वाग्', 'आकाश-वाणी', 'आत्मा की आवाज' कहकर अपने को और दुनिया को धोखा देना नहीं चाहता। वह प्रयोगशाला में उसकी बड़ी बारीकी के साथ और अनेक बार परीक्षा करता है। सभी परीक्षाओं में एक-सा ठीक उतरने के बाद वह या तो उसे इस तरह स-प्रमाण स-आकार लेख के रूप में लिखता है, जिसमें दूसरे भी प्रयोग करके उसकी सत्यता को जाने सकें; अथवा अपने सिद्धान्त की सचाई को रेडियो, हवाई जहाज, दूरदर्शन के यंत्रों के साकार रूप में उपस्थित करता है। वस्तुतः प्रयोग और सिद्धांत के समन्वय के बिना कोई साइंस-संबंधी आविष्कार नहीं हो सकता। साधारण प्रयोगों से सीखते तथा मानसिक तौर से विकसित करते भारतीय विद्वान ईसा की पाँचवीं-छठी सदी में वहाँ पहुँच गये थे, जहाँ आधुनिक वैज्ञानिक युग आरम्भ होने की काफी कारण-सामग्री मौजूद थी, किन्तु भारतीयों ने अल्बेरूनी (९७३-१०४८ ई०) द्वारा उद्धृत आर्यभट (जन्म ४७६ ई०) के निम्न सूत्र को भुला दिया और वह पिछड़ गये—

''सूर्य की किरणें जो कुछ प्रकाशित करती हैं, वही हमारे लिये पर्याप्त है। उनसे परे जो कुछ है और वह अनन्त दूर तक फैला हो सकता है, लेकिन उसका हम प्रयोग नहीं कर सकते। जहाँ सूर्य की किरणें नहीं पहुँचतीं, वहाँ इन्द्रियों की गति नहीं, और जहाँ इन्द्रियों की गति नहीं, उसे हम जान नहीं सकते।''[१]

साइंस के क्षेत्र में तो इस तरह प्रयोग की प्रधानता न समझ भारतीय आगे ही नहीं बढ़ सके, बल्कि आर्यभट के युक्ति-प्रमाण द्वारा सिद्ध भू-भ्रमण को न पतिया

---

१. 'अल्-हिन्द'।

फिर वही पुराना चर्खा—तालमी के भूकेन्द्रक सौर मंडल के विश्वास को—चलाते रहे।[१] दर्शन और मनोविज्ञान के क्षेत्र में धर्मकीर्त्ति (६०० ई०) के बाद कोई प्रगति नहीं हुई। धर्मकीर्त्ति के तीक्ष्ण विश्लेषण शक्ति का रहस्य भी उसकी प्रयोगवादिता में है।—यद्यपि धर्मकीर्त्ति योगाचार के विज्ञानवाद के सिद्धांत को पुष्ट करने की भी कोशिश करता है, किन्तु वह बेगार-सी टाली बात मालूम होती है; क्योंकि वैसा होने पर "अर्थ-क्रिया में जो समर्थ है, वही परमार्थ सत हैं"[२] इसी तरह सक्रियता को परम सत्य का मुख्य लक्षण न बताता। सिद्धि, समाधि, परिचित ज्ञान की बातें पिछले महायुद्ध के बाद से भारत में फिर उसी तरह जोर पकड़ने लगी हैं, जिस समय यूरोप में इसी समय प्रेत-विद्या; किन्तु भारतीय सिद्ध-योगी लोग इन बातों को अँधेरी कोठरी, या मुग्ध भक्तों के सामने ही दिखलाना चाहते हैं। जब तक उन बातों को उसी तरह प्रयोग कसौटी पर कसा नहीं जाता तब तक उनकी भौतिक व्याख्या नहीं हो पाती, तब तक उनका महत्त्व एक चतुर बाजीगर के 'जादू' से बढ़कर नहीं है। किन्तु जो सिद्धांत प्रयोग-सिद्ध है, उससे वैज्ञानिक भौतिकवादी इनकार कैसे कर सकते हैं। वैज्ञानिक भौतिकवादी यह भी मानते हैं कि हमारे ज्ञान की सीमा जो आज है, सौ साल बाद इससे ज्यादा बढ़ी रहेगी, हजार वर्ष बाद के ज्ञान के समुद्र के सामने आज का ज्ञान तलाई जैसा मालूम होगा। मस्तिष्क के अन्दर निहित शक्ति की साइंस के तरीके पर खोज जो वर्तमान शताब्दी में पावलोफ़ के युगान्तर उपस्थित करने वाले प्रयोगों से शुरू हुई है। किन्तु इसका दृष्टांत दे-देकर ऐरे-गैरे नत्थू खैरे भी यदि अपनी सिद्धाई को मनवाना चाहें, तो यह उनकी अनधिकार चेष्टा होगी। यदि आप समझते हैं कि आप या आपके मित्र के पास कोई ऐंसी अद्‌भुत मनोवैज्ञानिक शक्ति है, तो उसकी परीक्षा प्रयोगशाला में हर तरह के मिथ्या-विश्वासरहित साइंसवेत्ता के सामने करवाइये; एक्स-रे, फोटो, कैमरा, नाप-तौल किसी बात से घबराइये नहीं—साँच को आँच क्या? यह कहकर जान बचाने की कोशिश मत कीजिए कि हम प्रसिद्धि नहीं चाहते। आपके चेले-चाँटे कानोंकान जिस तरह का प्रोपेगैंडा आपके बारे में कर रहे हैं, वह मानवता के लिए अत्यन्त अनिष्ट है। इसलिए, यदि आप इस शक्ति को 'रोजगार' का एक जरिया नहीं बनाना चाहते हैं, तो अच्छा है आप या तो उसकी गलती समझें अथवा उसे साइंस-सम्मत का एक तत्व—सिद्धान्त—साबित करें।

---

१. Ptolemy.

२. 'अर्थक्रियासमर्थ यत् तदत्र परमार्थसत्'—प्रमाणवार्तिक ३/३ (दर्शन दिग्दर्शन, पृष्ठ ७५८)

(१) करनी और कथनी—सिद्धान्त और प्रयोग की एकता का मतलब यह भी है कि आपकी कथनी जैसी है, यदि करनी वैसी नहीं है, तो वह कौड़ी की तीन है। कोई ब्रह्मज्ञानी वेदान्ती एक शिवालय बनाते हैं, तो इसका मतलब है कि सर्वव्यापी, सर्वान्तर्यामी ब्रह्म के स्वरूप पर उनका विश्वास नहीं है। और फिर उस शिवाले के ऊपर बिजली गिरने से बचाने के लिए लोहा गाड़ते हैं, तो इसका अभिप्राय यही है कि यदि मनुष्य ने पहले से सावधानी नहीं की तो शिव के शासन में रहने वाली बिजली अपने मालिक के ही घर को नष्ट कर देगी। फिर तो ब्रह्म से ज्यादा सर्वशक्तिमान आपका साइंस है, जो कि बिजली को ऐसी नाजायज हरकत से रोक सकता है। यही करनी साफ कथनी के विरुद्ध जाती है।

यूरोप—विशेषकर अमेरिका में कुछ ऐसे दार्शनिक हुए हैं जो अपने को उपयोगितावादी कहते हैं और प्रयोग को भी मानते हैं। वस्तुत: साइंस के युग में जब कि सभी जगह प्रयोगों और प्रयोगशालाओं की जयदुंदुभी बज रही है, यह हो नहीं सकता था कि दार्शनिक क्षेत्र में उसकी गूँज न पहुँचती। किन्तु इन उपयोगितावादी दार्शनिकों की वही मिसाल है—जो चमकता है, सभी सोना नहीं होता। उनका सिद्धांत है ''वह सिद्धांत या विश्वास ठीक है, जो काम करने वाला (उपयोगी) होता है।'' किंतु इसकी मदद से धर्म और भूत-प्रेत तथा जादू-मंतर को भी आप ठीक साबित कर सकते हैं। कुमारी मरियम माई के चमत्कारों के बहुत से साकार उदाहरण मार्सेइ (फ्रांस) के पहाड़ी वाले गिरजे में रखे हुए हैं—लँगड़ वैशाखी लेकर आये थे, माई की कृपा से चंगे हो गये, उनकी वैशाखी टँगी हुई है; समुद्र में जहाज डूब रहा था, माई के भक्तों ने त्राहि माई! त्राहि माई! की, जहाज सही-सलामत किनारे पहुँच गया, उन्होंने कृतज्ञता सूचक लेख (माई के मकान गिरजे) में खुदवा दिया, आदि-आदि उपयोगितावादी दार्शनिक कहते हैं चूँकि इससे आदमी के निर्बल हृदय को दृढ़ता मिलती है—यह ठीक काम करता है, इसलिये यह विश्वास (सिद्धान्त) ठीक है। उनके सिद्धान्त के अनुसार यदि चोर का सिद्धान्त ठीक से काम करता है, तो वह भी ठीक है—और इसीलिये तो उनके दिल में पूँजीवादी लूट के लिये 'साधु-साधु' के शब्द हैं। इन प्रयोगवादियों के दर्शन के दो मुख्य उद्देश्य हैं एक तो प्रचलित वैयक्तिक या सामाजिक आचार-नियमों के दोषों की ओर से आँख मूँदकर दर्शन युक्ति प्रयोग के नाम पर उनका समर्थन करना और इस प्रकार अपने को धर्माचार्यों तथा शोषकों का कृपापात्र बनाना दूसरे वह करनी का प्रयोग का अर्थ करते हैं—जिसे आप खुशी से करने लग पड़े।

उपयोगितावादी प्रत्येक आदमी के लिए 'सत्य', 'विश्व', 'वास्तविकता' को अलग-अलग मानते हैं; यह उपयोगितावाद प्रयोगवाद के नाम पर प्रच्छन्न विज्ञानवाद को छोड़कर और क्या है? यह वाद अफलातूँ जैसे चोर विज्ञानवादी के वाद से फर्क नहीं रखता। उसने भी अपने **प्रजातन्त्र**[१] में मनुष्य की मनमानी तीन जातियाँ बनाई थीं। उनके बारे में जब यह सवाल हुआ कि लोग क्यों किसी दार्शनिक समझ उन्हें समाज का हर्त्ताकर्त्ता मान लेंगे। अफलातूँ ने कहा—उन्हें बतलाना होगा कि मनुष्यों में से कुछ सोने की धातु के बने हैं, कुछ पीतल के, कुछ लोहे के। लेकिन सब तो मिट्टी के एक से बने हैं, फिर उन्हें सोने का मानने वाला कौन आँखों का अन्धा मिलेगा?—बचपन से ही ऐसा प्रोपेगैंडा करते रहने से लोग इसे मान लेंगे। यह मानकर जब उनके अनुसार अफलातूँ का प्रजातन्त्र काम करने लग पड़ेगा, तो सोने-पीतल के आदमी वाला सिद्धान्त सही साबित हो जायेगा। निश्चय इस तरह के 'प्रयोगवाद' को भारत में तो बहुत जोर से बरता गया है। अफलातूँ के सोने-पीतल वाले आदमियों का प्रजातन्त्र तो धरती पर कायम नहीं हुआ, किन्तु हिन्दुओं के ब्रह्मा के मुँह-बाहु-उर-पैर से पैदा होने वाली वर्ण-व्यवस्था या 'मरण-व्यवस्था का राज्य तो अब भी हमारे सिर पर सवार है। यह व्यवस्था (सिद्धान्त) काम कर रही है इसमें संदेह करने की गुंजाइश कहाँ से हो सकती है, जबकि आप हर स्टेशन पर हिन्दू पानी, मुसलमान पानी देखते हर ब्याह-शादी में श्रीवास्तव खरे-कन्या श्रीवास्तव-खरे-वर को ठीक किये जाते पाते हैं। चूँकि यह 'मरण-व्यवस्था' साढ़े तीन हजार वर्ष से ठीक तौर से काम कर रही है इसलिए यह कोलतार से पुता नहीं, बल्कि दूध से धुला सिद्धान्त है। इसकी और समुज्ज्वल व्याख्या सुनना चाहते हों, तो संकटमोचन के पास जो आजकल 'अभिनव व्यास' ने अपनी गीताकथा जारी की है उनसे जाकर पूछ लें।

(२) गाँधीवाद 'प्रयोग'— हाँ, ऐसे, 'प्रयोगवादी' भारत में एक जगह और मिलेंगे—सेवाग्राम में। वहाँ के 'सत्य के प्रयोग' को इस वक्त भुला देना भारी कृतघ्नता होगी। चूँकि उपवास की खबर दुनिया में बिजली की चाल से दौड़ जाती है, सेठ-सेठानी चर्खापंथी नेता चँवर लेकर आ घेरते हैं, और कभी-कभी ब्रिटिश गवर्नमेंट का आसन भी डोल जाता है (यदि कहीं एक छोटे शिखंडी का बाल भी नहीं हिलता तो उसकी परवाह नहीं) इसलिए उपवास महासिद्धांत है। और सामूहिक प्रार्थना?—उसके महा-महासिद्धान्त होने में किसको सन्देह हो

---

१. देखो 'मानव समाज' पृष्ठ ११७

सकता है?—जहाँ हजारों श्रोता गद्‌गद हो, ''रघुपति राघव राजाराम पतितपावन सीताराम'' कर रहे हों शहर में प्रार्थना की खबर लगते ही बिना विज्ञापन बाँटे, बिना डुग्गी पीटे, हजारों आदमी-क्रीड़ाक्षेत्र या बिड़ला प्रसाद में जमा हो जाते हैं; उस प्रार्थना को कान न करने वाली कौन कहेगा? प्रार्थना जब इतनी अच्छी तरह काम कर रही है, फिर उसके सत्य—सिद्धान्त—होने में शंका वही कर सकता है, जिसकी हिये की फूट गई है। और चर्खा-प्रचार? इसके सिद्धान्त होने—अर्थात् काम कर सकने वाला (काम चलाऊ) होने के बारे में सबूत चाहते हों, तो सेठ पकौड़ीमल—कचौड़ीमल...से पूछ लीजिये। इस महासिद्धान्त के साथ भारी काम हुआ विदेशी कपड़ों-वस्तुओं—का भी बायकाट; जिससे स्वराज्य तो साल भर में नहीं टपका, किन्तु मिलों के पौ-बारह हो गये। मिल-मालिकों ने भी अपनी नेक-नीयती का सबूत खादी-यज्ञ में अपनी खादी भेजकर देना चाहा था, किंतु गाँधीजी महात्मा भले ही हों, पर उन्होंने महात्माओं जैसा विशाल हृदय नहीं पाया है;—एक बार कुछ समय के लिए भी यदि उन्हें काशी या हृषीकेश के महात्माओं के चरणों में बैठने का सौभाग्य मिला होता, तो निश्चय ही उनकी यह संकीर्णता दूर हो गई होती। हाँ, मगर चर्खा अभी वहीं टिमटिमा रहा है, जहाँ कि १९२२ ई० में था—आज युद्ध के तीसरे वर्ष में फौज के कपड़ों के लिए चर्खा संघ से भी यदि टेंडर माँगा गया हो, तो उम्मीद है गाँधीजी युद्ध की सहायता का वास्तविक मूल्य समझते हुए इसे सफलता नहीं खयाल करेंगे। लेकिन चर्खा को भारत और दुनिया से बिदा करने वाली मिलें आज भारत में एक-छत्र राज्य कर रही हैं। चर्खा ही क्यों? गुड़ को भी गाँधीजी ने अपने प्रयोग का एक अंग बना रखा है। गाँधीजी एक महान् गुड़-यज्ञ करना चाहते हैं, किन्तु 'डूबा वंश कबीर का, उपजे पूत कमाल', यदि चेलों के मारे वह यज्ञ पूरा होने पाये तब न? अपने कपड़ों को खादी से भी सस्ता कर मिल वालों ने उधर खादी की रेढ़ मार दी थी और अब पिछले दस वर्षों में गुड़-यज्ञ के लिए उससे भी बुरा काम बिड़ला-डालमिया-सारा-भाई बजाज की चीनी मिलों ने कर दिखलाया। बेचारे गाँधीजी डाल-डाल चलना चाहते हैं, किन्तु चेले पात-पात पर उड़ रहे हैं, करें तो क्या करें?

गाँधीजी के और प्रयोगों—ब्रह्मचर्य, बकरी के दूध, मिट्टी की चिकित्सा, हाथ का कुटा-पिसा चावल का आटा मशीन बायकाट आदि पर भी सुनना चाहते हैं? यह सारे प्रयोग पूरी तरह से सफल हुए हैं, किन्तु ठीक उससे उलटे अर्थ में, जिसमें कि गाँधीजी ने उनका प्रयोग करना चाहा। ब्रह्मचर्य के नाम पर चिराग तले

इतना भारी अँधेरा है कि आँखें फाड़-फाड़कर देखने पर भी कुछ पल्ले पड़ने वाला नहीं। बकरी के दूध का प्रयोग गोसेवा प्रयोग का एक अभिन्न अंश है; यद्यपि इसके समझने में मेरे मित्र श्रीराम शर्मा को कुछ देर लगी थी और उन्होंने इस प्रयोग के इन्चार्ज सेठ जमुनालाल की प्रार्थना को पहले ठुकरा दिया; लेकिन सबेरे का भूला शाम को यदि घर लौट आये, तो उसे भूला नहीं कहते। फिर शर्माजी का भी तो अपना प्रयोग है—उन्होंने सैकड़ों सूअरों और हिरनों का शिकार किया है किन्तु अपने नाम की भी शर्म न की और शिकारी राम के सारे प्रयोगों को ताक पर रख, शूकर या मृग के मधुर मांस की कभी एक पट्टी भी दाँत के नीचे नहीं दबाई, आखिर बाबा का निशाना कभी चूक सकता है—"सकल पदारथ एहि जग माँही। करमहीन नर पावत नाहीं।" अपने राम ने तो जिस दिन मनुस्मृति में पढ़ा कि शूकर मांस के पिंड से पितर वर्षों तृप्त रहते हैं, उसी दिन निश्चय कर डाला कि पितृ-ऋण से उऋण होना होगा और "जो इच्छा करिहौं मन माँही, हरि प्रताप कछु दुर्लभ नाहीं।" घरैल-बनैल दोनों से अनेक बार तर्पण हो चुका है।

हाँ, तो गो-सेवा के बेड़े को बीच में ही छोड़ना अच्छा नहीं है। इस सेवा के प्रयोग में नियम हैं—भैंस का कम्पलीट (सोलहो आना) बायकाट करना होगा, मारी गाय का चमड़ा नहीं इस्तेमाल करना होगा, दूध-घी आदि सिर्फ गोरस होना चाहिए, भैंस-रस नहीं, अज-रस में शायद महान् प्रयोगशास्त्री को कोई एतराज नहीं है। शर्माजी पहले भड़के, पीछे ठीक हो गये यह बतला चुका हूँ, किंतु अपने राम की भड़क अभी तक बदस्तूर साबित बनी है। बकरी के बायकाट न करने से मुझे तो बहुत खुशी हुई। बकरी के घी-दूध से तो अपने राम का इतना ही वास्ता है कि यदि एक बूँद भी अजा-दुग्ध जिह्वा पर पड़ जाय, तो छः महीने का खाना भी पेट में न रह सके। इस बारे में मैं गाँधीजी की हिम्मत की सराहना करता हूँ। खुशी मुझे इसलिए हुई कि भारत में मांस के नाम पर जो मांस हर जगह सुलभ है, वह बकरी का ही है। अच्छा ही हुआ जो यहाँ हमारा गाँधीजी का समझौता हो सकता है। किन्तु खुदा की कसम भैंस का बायकाट मुझे पसन्द नहीं आया। यह नहीं कि लंका के बौद्ध-गृहस्थों के घर का बना लंका मिर्च परिपूर्ण महर्षि-मांस मुझे याद आया है, बल्कि इसकी तह में दूध-घी जैसे प्राणिज आहार का भी बायकाट कर 'लौटी घासपात की ओर' के नारे को छिपा हुआ समझता हूँ। हाँ गो-सेवा यदि और व्यापक बनाई जाय और उसमें साम्प्रदायिकता या हिन्दुत्व की संकीर्ण दृष्टि हटाकर हिन्दू, मुसलमान, ईसाई, बौद्ध, नास्तिक (कमूनिस्त) तथा

भारतीय, चीनी, यूरोपीय सबको अपने-अपने धर्म, अपने-अपने विचार, अपनी-अपनी रुचि के अनुसार भाग लेने दिया जाये, तो गाँधीजी, थारा बेट्टा जीवे, हम सभी गो-सेवा-व्रती बनने के लिए तैयार हैं।

गुहा-मानव का नारा— गाँधीजी के प्रयोगवाद में से मिट्टी की चिकित्सा के बारे में दो शब्द जरूर कहने हैं। मेरे मित्र आनन्द कौसल्यायन ने अपने पत्र (५ मार्च, १९४२ ई० में लिखा है "(वह) २४-२५ इंजेक्शन ले लेकर थक गये। अब मेरे कहने से प्राकृतिक चिकित्सा (मिट्टी-पानी) के प्रयोगों का परीक्षण करने जा रहे हैं। आप तो आपरेशन इंजेक्शनवादी हैं" गाँधीजी का जादू बुद्ध के एक योग्य शिष्य पर भी चल गया। कैसा रमणीय विरोधी समागम है—कहाँ बुद्ध और उनका शिष्य जो भक्ति की परछाईं भी छूना नहीं चाहता और सिर्फ बोध-ज्ञान-को अपना पथ-प्रदर्शक बनाता है; और कहाँ गाँधीजी जिनको भगवान की भक्ति ही जीवन में सबसे बड़ा संबल है? कहाँ बुद्ध और उनका शिष्य जो क्षणिकवाद पिछली दुनिया को सर्वदा के लिए नष्ट हो जाने पर हर वक्त बिलकुल नई दुनिया के बनने—को मानते हुए, पुरानी को बुद्ध के शब्दों में 'त कुतोत्थ लब्भा'[१] कह उसे उसके भाग्य पर छोड़, नवीन उत्साह से नवीन पथ पर चलने के लिए तैयार; और कहाँ गाँधीजी की सनातन चिरस्थविरा दुनिया, जिसमें लौट जाने के लिए उनका पुराना नारा 'लौटो गुहा-मानव की ओर।'[२] खैर! हम वैज्ञानिक भौतिकवादियों के विरोधी समागम बिलकुल स्वाभाविकवाद हैं। हाँ, हम इतना जरूर कहेंगे कि क्षणिकवादी अन्-आत्मवाद का महान् आचार्य बुद्ध, द्वन्द्ववादी भौतिकवाद के महान् आचार्य मार्क्स की भाँति ही सैकड़ों बातों में अपने समय से बहुत दूर तक देखता था। मिट्टी-पानी की गाँधी-आनन्दशाही चिकित्सा को जरा ढाई हजार वर्ष के इस बूढ़े के सामने ले चलिये तो। 'श्रमण सुकुमार' होने पर भी वह मार्क्स की भाँति लंदन नगरी में नहीं रहता था, जिससे कि उस पर 'नागरिकता का भूत सवार' कहा जा सके। साथ ही वह गाँधी और आनन्द से चिकित्सा-शास्त्र पर कम अधिकार नहीं रखता था, यह उसके उन नुस्खों से सिद्ध है, जो महावग्ग (विनय-पिटक) से भैषज्य-स्कंधक के बड़े साइज के ४१ पृष्ठों[३] में लिखे हुए हैं, और जिसके कारण ही बुद्ध का दूसरा नाम भैषज्य-गुरु पड़ा। इसी भैषज्य-गुरु की

---

१. "वह यहाँ (फिर) कहाँ मिलने वाला है।"

२. Back to cave-man.

३. देखो 'विनय-पिटक' (मेरा अनुवाद), पृष्ठ २१४-२५५।

प्रेरणा से अशोक ने अपने ही राज्य में चिकित्सालय नहीं बनवाये बल्कि यूनानी राजधानी के राज्य (मिस्र, सीरिया आदि) में भी औषधियों के बगीचे लगवाये और उसके कुछ शताब्दियों पीछे हिन्दी चीन में तो बाकायदा सार्वजनिक दातव्य औषधालयों का ताँता बँधा हुआ था। निश्चय ही भैषज्य-गुरु के इन चिकित्सालयों में वैद्य लोग सिर्फ मिट्टी-पानी लेकर नहीं बैठे रहते थे; बल्कि यदि उन्होंने शब्दवाद के घोर विरोधी प्रयोगवादी बुद्ध के आदेश के अनुसार बीच की शताब्दियों में और तरक्की न की हो तो भी वहाँ 'भैषज्य-स्कन्धक' की निम्न औषधियाँ तो जरूर थीं—रीछ-मछली-सोंस-सूअर-गदहे की चर्बी वाली दवाइयाँ; हल्दी, अदरक, बच, अतीस, खस, नागरमोथा और दूसरी जड़ (मूल) वाली दवाइयाँ; नीम, कूट, पटोल आदि कषायवाली दवाइयाँ नीम, कूट, तुलसी, कपासी आदि पत्ते की दवाइयाँ; विडंग, पीपर, मिर्च, हर्रा-बहेरा-आँवला आदि फलों की दवाइयाँ; हींग, तक आदि गोंद वाली दवाइयाँ, सामुद्रिक, काला सेंधा, वानस्पतिक आदि नमकवाली दवाइयाँ और चूर्ण की दवाइयाँ।[१] सूअर आदि की चर्बी सिर्फ मालिश के लिए ही नहीं, खाने के लिए विधान की गई है, इसका भी खयाल रखिये; और बुद्ध की इस राय को देखिये—किसी खास रोग से पीड़ित एक शिष्य ने सूअर मारने के स्थान पर जाकर कच्चे मांस को खाया, कच्चे खून को पिया; और उसका वह रोग शान्त हो गया।''[२] यह बात मालूम होने पर बीसवीं सदी ईसवी के गाँधी बाबा और उनके समर्थक आनन्दबाबा क्या उपदेश देते, यह आप सुन चुके हैं। और आज से पच्चीस सौ वर्ष पहले बुद्ध ने इसी पुण्य-भूमि भारत की पुनीत पुरी श्रावस्ती[३] में क्या कहा था?[४]—भिक्षुओ? अनुमति देता हूँ। ...रोग में कच्चे मांस और खून की।''

बुद्ध की औषधि-सूची में मिट्टी-पानी का नाम नहीं पावेंगे; बल्कि वहाँ उपरोक्त औषधियों के अलावा मिलेंगी—अंजन (सुर्मा), अंजनदानी, सलाई, सिर का तेल तथा नाक में नस डालने की नली (इंजेक्शन नहीं, यह बात ठीक है!), सिगरेट की भाँति पीने की धूमबत्ती (''अनुमति देता हूँ धुएँ पीने की)''[५] धूम-

---

१. 'विनय-पिटक' (हिन्दी), पृष्ठ २१६-२१७।

२. वही, पृष्ठ २१९।

३. वर्त्तमान सहेट-महेट, जिला गोंडा-बहराइच।

४. देखो 'विनय-पिटक', पृष्ठ २२१।

५. 'विनय-पिटक' (हिन्दी), पृष्ठ २१६-२१७।

फोफी (पाइप), बात का तेल, दवा में मद्य। जो कुछ आपरेशन-इंजेक्शन उस समय था, उसे मिट्टी पाने वाले दादा के गुरु (बुद्ध), लोक-कल्याण के लिए स्वीकार करते थे इसीलिए तो उन्होंने निम्न चिकित्साओं का भी समर्थन किया— स्वेदकर्म (पसीना निकालना), सींग से खून निकलवाना, मालिश और दवा, मलहम-पट्टी सर्प-चिकित्सा, विष-चिकित्सा और आपरेशन? सुनिये, शाक्य सिंह के सिंहनाद को—"अनुमति देता हूँ शस्त्रकर्म (आपरेशन) की,"[१] बोलो 'गाँधीबाबा की जय!' बोलो 'भदन्त आनन्द कौसल्यायन की जय', और इसीलिए बोलो 'शाक्यसिंह की क्षय', और उसके दिखलाये रास्ते सीधे वैज्ञानिक भौतिकवाद तक पहुँच जाने वाले 'महानास्तिक राहुल सांकृत्यायन की क्षय।'

हाँ तो गाँधीजी के 'लौटो गुहा-मानव की ओर' नारे में फँसकर भोले-भाले आनन्दजी की क्या गति हुई, यह तो आपने देख लिया, अब इस नारे के बारे में एक बात जरूर कहनी है। बुद्ध कालवादी थे—देश-काल-व्यक्ति देखकर वह अपनी सम्मति देते थे। वह हवा में तलवार चलाना पसंद नहीं करते थे, वही बातें उनके इस छोटे से शिष्य राहुल की भी है—हाँ, शिष्यता का अधिकार मैंने छोड़ा नहीं है, बल्कि मेरे उपदेशित-धर्म को बेड़े की तरह जानो, वह पार उतरने के लिये है, ढोकर तो चलने के लिए नहीं"[२]—उनके इस उपदेश का पालन करते हुए ही मैं क्षणिक (=द्वन्द्वात्मक) अन्-आत्मवाद से द्वन्द्वात्मक भौतिकवाद पर पहुँचा। हाँ, तो यदि आप गुहामानव की ओर लौटना चाहते हैं, तो पहले गुहा मानव बनिये। कपड़ों को दूर फेंकिये; नाई-अस्तुरे को पास फटकने न दीजिये, ऐसे जंगल में जहाँ सेठ-सेठानियाँ क्या, आज की सभ्यता का जरा भी चिन्ह न हो—लोहे का बाण-फल तक भी जिनमें पाया जाय, ऐसे आदमियों की छाया को भी पास में फटकने न दीजिये।—गोया पहले अपने साथ गुहा-मानव का वातावरण बनाइये। स्वास्थ्य पर वातावरण का भारी असर होता है—गुहा-मानव वाले किसी घोर जंगल में जाने से आपके बहुत से रोग स्वयं मिट जायेंगे, यह मैं मानता हूँ। लेकिन आहार? मैं अपने मित्र आनन्दजी के बारे में तो अच्छी तरह जानता हूँ, कि वह मेरी तरह अकाबका-सुर को हजम कर जाने की क्षमता नहीं रखते। और प्राकृतिक चिकित्सार्थ गुहा-मानव का सबसे ज्यादा जरूरी चीज है। आहार के लिए गुहा-मानव के नुस्खे को बतलाने का मतलब है, अपने एक ऐसे मित्र से

---

१. वर्त्तमान सहेट-महेट, जिला गोंडा-बहराइच।

२. 'मज्झिमनिकाय'।

हाथ धोना, आहार जिसके बिना दुनिया जीवन भर के लिए नीरस हो जायेगी। फिर ऐसे नुस्खे का बताना तो दूर, उसे यदि वह दूसरे से लेकर भी प्रयोग करना चाहेंगे, तो मैं उनकी नाराजगी की परवाह न कर सारी सामग्री को नजदीक के नाबदान में फेंक दूँगा। मुझे विश्वास है, मैं अपने भूले मित्र को रास्ते पर लाने में सफल हो जाऊँगा। हाँ, यदि गाँधीजी की फलाहार-मंडली—जिनमें ढोंगियों की संख्या ही सबसे ज्यादा है, चाहे तो वह नुस्खा हर वक्त हाजिर है। उसके तजुरबे से उन्हें मालूम हो जायेगा कि वह सचमुच आदमी को उस जगह पहुँचा देगा, जहाँ कि आज वह गुहा मानव की दुनिया पहुँची हुई है।

■

द्वितीय अध्याय

मूढ़ विश्वास

''वेद-प्रामाण्यं कस्यचित् कार्तृवादः स्नाने धर्मेच्छा जातिवादावलेपः।
संतापारम्भः पापहानाय चेति ध्वस्तप्रज्ञानां लिंगानि पंचजाड्ये।''[१]

— धर्मकीर्त्ति

वैज्ञानिक भौतिकवाद एक प्रकाश है जिसके पा जाने पर मूढ़ विश्वासों का परखना मुश्किल नहीं है। लेकिन यह भी खयाल रखना चाहिये कि उपरोक्त पंक्तियाँ आज से साढ़े तेरह सौ वर्ष पहले नालन्दा के एक महान् प्रोफेसर ने इसी खयाल से लिखी थीं कि उसके देश भाई 'अकल मारे हुओं की जड़ता के' इन पाँचों चिन्हों को अपने ऊपर न लगने देंगे। किन्तु, परिणाम क्या हुआ? जड़ता के पाँच चिन्ह पैर तोड़कर भारत के कोने-कोने में बैठ गये; और धर्मकीर्ति के ही शब्दों में 'धिक् व्यापकं तमः' का राज्य हो गया। यह भारतीय कान्ट + हेगेल अपने लिये उस समय को अनुकूल नहीं समझता था, तभी तो उसने अपने महान् ग्रंथ (प्रमाण-वार्त्तिक) को समाप्त करते हुए लिखा था—

''मतं मम जगत्यलब्धसवृशप्रतिग्राहकं,
प्रयास्यति पयोनिधेः पय इव स्वदेहे जराम्॥''

(मेरे विचार जगत में 'अपने' लायक ग्राहक को न पा समुद्र के जल की भाँति अपने गात्र में ही जीर्ण हो जायेंगे।) और सचमुच भारत में धर्म-कीर्ति का अन्तिम संस्मरण आज से साढ़े सात सौ वर्ष पहले उनके विरोधी श्रीहर्ष के मुख से सुना

---

१. प्रमाण-वार्त्तिक १/३४३ (१) वेद को प्रमाण मानना, (२) किसी (ईश्वर) को कर्त्ता कहना, (३) (गंगादि में) स्नान से धर्म चाहना। (४) (छोटी-बड़ी) जाति की बात का अभिमान, (५) पाप नष्ट करने के लिए सन्ताप (उपवास आदि) करना—ये पाँच अकल-मारे-हुओं की जड़ता के चिन्ह हैं।

गया था—

"दुराबाध इव धर्मकीर्त्तेः पन्था तदत्रावहितेन भाव्यमिति"[१]

किन्तु, आज भारत के मार्क्सवादी धर्मकीर्त्ति का स्वागत करने के लिये तैयार हैं और वह अपनी मातृभूमि को एक नहीं, हजारा गाँधियों, राधाकृष्णनों के होते भी ध्वस्त-प्रज्ञों के जाड्य के पाँचों चिन्हों से मुक्त करने के लिये कटिबद्ध हो गये हैं। इस काम में तह अकेले नहीं हैं, बल्कि सारे विश्व की एक जबर्दस्त कर्मठ सेना उनके साथ है।

(क) धर्म और धार्मिक तत्व

मनुष्य के मूढ़ विश्वासों—जड़ता-चिन्हों—को धर्मकीर्त्ति ने पाँच भागों में बाँटा है, किन्तु आज मूढ़ विश्वासों की नई फसलें भी तैयार हुई हैं। इन सारे मूढ़ विश्वासों का खंडन करना न इस छोटी-सी तीन अध्याय की पुस्तिका में मुमकिन ही है और न उसकी जरूरत ही है। नालंदा के एक दूसरे प्रोफेसर (शांतिदेव) के शब्दों में काँटों से बचने के लिये सारी धरती को चमड़े से ढंकने की जगह अपने दोनों पैरों को ढाँक लेना काफी है।[२]

१. धर्म बेकार

धर्म के लिए ईश्वर अनिवार्य सहचर नहीं है; क्योंकि हम जानते हैं, बौद्धधर्म धर्म होते हुए भी ईश्वर को नहीं मानता; एक हद तक जैन भी इस बात में बौद्धों का साथ देते हैं। किन्तु, हिन्दुओं, ईसाइयों, यहूदियों, पारसियों और मुसलमानों के लिए ईश्वर के बिना मजहब का खयाल भी मुश्किल मालूम होता है, जैसा कि विदेश में एक मुसलमान सज्जन के इस उद्गार से पता लगता है, जिन्होंने कि जिंदगी में पहले-पहल बौद्धधर्म की इस विशेषता को सुनकर कह डाला था—"या अल्लाह, यह भी कोई मजहब है, जिसमें अल्लाह ही के लिए जगह न हो?"

हेगेल के शिष्य फ्वेरबाख की पुस्तक 'ईसाइयत-सार'[३] का जिक्र पहले हो चुका है। इसमें उसने ईसाइयत को नमूने के तौर पर रख उसके द्वारा एक तरह सारे

---

१. "खण्डनखण्डखाद्य—धर्मकीर्त्ति का मार्ग दुराबाध जैसा है, सो यहाँ सावधान रहना चाहिए।"

२. बोधिचर्यावतार १।

३. Essence of Christianity, p. 33.

ईश्वरवादी और कुछ हद तक दूसरे धर्मों का भी विश्लेषण किया है। फ्वेरबाख एक जगह लिखता है—

"धर्म मानव को अपने आपसे बिलग करता है। वह (मनुष्य, धर्म द्वारा) ईश्वर को अपने प्रतिद्वंद्वी के तौर पर अपने सामने रखता है—ईश्वर वह है, जो कि मानव नहीं है, मानव वह है, जो कि ईश्वर नहीं है। ईश्वर और मानव दो (परस्पर विरोधी) छोर हैं, ईश्वर पूर्णतया भावरूप है, (वह) वास्तविकताओं का योग है; मानव पूर्णतया अ-भाव-रूप हैं; (वह) सभी अभावों का योग है।"

आगे फ्वेरबाख फिर कहता है[१]—

"...धर्म पवित्र हैं, क्योंकि वह (मानव की) आदिम आत्म-चेतना की गाथाएँ हैं। किन्तु धर्मों में जिस ईश्वर का स्थान प्रथम है—वह स्वतः सचमुच देखने पर द्वितीय (स्थान के योग्य) है, क्योंकि मनुष्य के (उच्च) स्वभाव को साकार तौर पर सोचने के अतिरिक्त वह और कुछ नहीं है;" और जो धर्म में मानव द्वितीय स्थान पर रखा गया है उसे प्रथम बनाना और घोषित करना चाहिए। "मानव के लिए प्रेम किसी दूसरे (ईश्वर) के संबंध के नहीं बल्कि स्वतः होना चाहिए। यदि मानव के वास्ते मनुष्य का स्वभाव सर्वोच्च है, तो **मानव के लिए मानव का प्रेम** ही सर्वोच्च तथा प्रथम कानून भी होना चाहिए। **मानव, मानव के लिए ईश्वर है**; यह एक महान् क्रियात्मक सिद्धान्त है; यही वह धुरी है, जिस पर जगत का इतिहास चक्कर काटता है।"

जर्मन दार्शनिक फ्वेरबाख को ईश्वर का मानव के स्थान पर बैठना पसंद न आया, इसलिए यद्यपि वह इसका विरोध करता है, तो भी उसकी नम्रता स्वयं धार्मिक भावुकता में पली हुई है। फ्वेरबाख की भावुकता को उसके समकालीन मार्क्सवादी किन अर्थों में लेते थे, उसके लिये एंगेल्स के इन वाक्यों को देखिये[२]—

"वह (फ्वेरबाख) कभी धर्म को खतम नहीं करना चाहता, बल्कि वह उसे पूर्ण करना चाहता है। (उसके मत से) खुद दर्शन को धर्म में मिला लेना चाहिए।"

फ्वेरबाख (१८०४-७२ ई०) से वोल्तेर (१६९४-१७७८ ई०) का भाव इस विषय में ज्यादा साफ है, जो होना भी चाहिए था, क्योंकि फ्वेरबाख जहाँ कोरा

---

१. Essence of Christianity, p. 270-271.

२. Ludwing Feuerbach, p. 43.

दार्शनिक था, वहाँ वोल्तेर उन चिनगारियों का बोने वाला था, जो कि उसकी मृत्यु के दस ही साल बाद उस प्रचंड फ्रेंच क्रान्ति को लाने में सफल हुई, जिसने दुनिया में स्वतन्त्रता—भ्रातृता—समानता का नारा पहिले-पहिल बुलंद किया। वोल्तेर कहता है[१]—

"ईश्वर का ज्ञान हमारे भीतर प्रकृति के हाथों द्वारा नहीं डाला गया है; ऐसा होता तो सारे मनुष्यों को इसका एक ही समय विचार होता; किन्तु हम ऐसे किसी विचार के साथ नहीं पैदा हुए हैं।...

वोल्तेर के शब्दों को क्रान्ति का आवाहन करना था; इसलिये वह उन्हें चिनगारियों से ही लिख सकता था; वोल्तेर को दाद देनी चाहिए कि इकहत्तर वर्ष की आयु में भी वह इन चिनगारियों से खेल सकता था; जिस अवस्था में कि हमारे देश के कितने ही राजनीतिज्ञ तपोवन की तैयारी करने लगते हैं—गाँधी युग के राजनीतिज्ञों के बारे में मत पूछिये, उनके लिये घर और तपोवन दोनों बराबर हैं, बस वह सिर्फ अनासक्ति योग पर ध्यान रखते हैं लेकिन २६ वर्ष का मार्क्स धर्म पर कैसे अंगारे फेंक रहा था, उसे भी देखिये—

"मनुष्य धर्म को बनाता है, धर्म मनुष्य को नहीं बनाता।...यह राज्य और समाज है जो कि धर्म को पैदा करता है।...इसलिए धर्म के विरुद्ध लड़ना अप्रत्यक्ष-रूपेण, उस दुनिया के विरुद्ध लड़ना है, जिसका आध्यात्मिक प्रभा-मंडल धर्म है।

"**धर्म** (पुस्तकों) में कथित दुःख (नर्क आदि) बिलकुल वास्तविक दुःख का प्रकाशन और उस **वास्तविक दुःख** के प्रति विरोध प्रकट करना है। धर्म विपत में फँसे प्राणी की आह, हृदयहीन जगत का हार्द (भाव) है; वह आत्महीन परिस्थितियों के आत्मा जैसा है। वह **जनता के लिए अफीम है।**"[२]

हेगेल ने विज्ञानवाद में द्वंद्वात्मक (क्षणिकता) जोड़ नित्य एकरस विज्ञान (ब्रह्म) की महिमा को कम कर दिया। उसके शिष्य फ्वेरबाख ने 'ईसाइयत-सार' लिख धर्म पर हमला शुरू किया, यद्यपि यह काफी सहृदयता के लिए ही। दर्शन में फ्वेरबाख के उत्तराधिकारी मार्क्स ने सीधे तौर से धर्म के किले पर गोलाबारी शुरू की। धर्म के नकली मुलम्मे को खोलते हुए उसी लेख में मार्क्स फ़िर

---

१. Philosophical Dictionary ("God"), 1765.

२. "On Hegel's Philosophy of Law" (Marx, 1844).

लिखता है[१]—

धर्म एक भ्रमात्मक सूर्य है, जो कि मनुष्य के गिर्द तब तक घूमता रहता है, जब तक कि मनुष्य अपने (मनुष्यता के) गिर्द नहीं घूमता। इसलिए (नये जगत की सृष्टि करने वाले) इतिहास का यह काम है कि परलोक के सत्य के लुप्त हो जाने पर इस जीवन के सत्य को स्थापित करे...इस तरह करने से **स्वर्ग का खंडन** पृथिवी के खंडन के रूप में धर्म का खंडन कानून के खंडन के रूप में, देववाद का खंडन राजनीति के खंडन के रूप में बदल जाता है।"

खंडन के महत्व और सीमा को मार्क्स कथनी तक ही रखना नहीं चाहता था, जैसा कि वह वहीं आगे लिखता है[२]—

"किसी तरह भी खंडन का हथियार हथियारों द्वारा होने वाले खंडन का स्थान ग्रहण नहीं कर सकता। (हमें) भौतिक बल को उलटना होगा, किन्तु **सिद्धान्त स्वयं भौतिक बल बन जाता है, जब वह जनता को पकड़ लेता है।**"...

"धर्म के खंडन का अन्तिम पाठ यह है कि मानव जाति के लिए मानव सर्वश्रेष्ठ सत्व है—(अतएव) उन सभी परिस्थितियों को खतम कर दिया जाये, जिन्होंने कि मानव को पतित, दास, उपेक्षित, घृणास्पद प्राणी (बना दिया) है।"

सभी देशों का इतिहास और भारत का खास तौर से, इस बात का साक्षी है कि धर्म से बढ़कर मनुष्य को पतित, दास, उपेक्षित, घृणास्पद बनाने वाला दूसरा कारण नहीं हो सकता। भारतीय मानवता को छिन्न-भिन्न करने में सबसे जबर्दस्त हाथ धर्म का रहा है। कहा जाता है, धर्म का कोई कसूर नहीं, कसूर है स्वार्थी लोगों का जो कि उसे अपने फायदे के लिए गलत तौर से इस्तेमाल करते हैं। इसका मतलब यह हुआ कि कोई ऐसा भी जमाना था, जबकि धर्म की धरोहर रखने वाले सिर्फ निःस्वार्थी व्यक्ति होते थे। लेकिन इसका पता इतिहास से तो नहीं मिलता, ऋग्वेद के ऋषियों से लेकर अन्तिम ऋषि तुलसीदास तक चले आइये। बाबा के शब्दों में इतिहास का फैसला है—

"सुरनर मुनि की येही रीती।
स्वारथ लाइ करहिं सब प्रीती।"

कितने ही लोग मनुष्यता के लक्षण के बारे में कहते हैं—

---

१. "On Hegel's Philosophy of Law" (Marx, 1844).

२. वही।

''आहार-निद्रा-भय-मैथुनं च
सामान्यमेतत् पशुभिर्नराणाम्
धर्मो हि तेषामधिको विशेषो
धर्मेण हीनाः पशुभि समानाः।''

[आहार, निद्रा, भय और मैथुन यह (चार बातें) पशुओं तथा मनुष्यों में समान हैं। इनमें धर्म ही (एक) अधिक विशेष है (और) जो धर्म से हीन है, वह पशुओं के समान हैं।

धर्म के ठीकेदारों से ऐसे ही शब्द सुनने की आशा थी। किन्तु यह भी याद रखना चाहिये के यह नारा सिर्फ भारत के हिन्दुओं का ही नहीं है। सारी दुनिया के धर्म वाले अ-धर्मवादियों को पशु-पदवी देने में एक मत हैं। हाँ, लूट के माल को बाँटते वक्त आपस में वह लड़ जरूर पड़ते हैं—एक धर्म का मानने वाला दूसरे को नास्तिक, काफिर कहता तथा दिल से मानता है। यद्यपि दार्शनिक लोग सदियों से अपने मुवक्किलों—धर्मों—का इससे महान् अनिष्ट देख सर्वसमन्वय की कोशिश करते आ रहे हैं, किन्तु धर्म आखिर जिन स्वार्थों की रक्षा के लिए बनाया गया है, वह जब एक हों तब न एकता की बात चल सके। धर्म को मनुष्य का लक्षण मानने वालों को जवाब देते हुए मार्क्स ने कहा था—

''चेतना, धर्म या आप जिससे चाहें, उससे मानव-जाति का पशुओं से भेद करें। (मनुष्यों ने) स्वयं पशुओं से उसी वक्त अपना भेद करना शुरू किया, जबकि उन्होंने अपने जीवन-निर्वाह के साधनों को पैदा करना शुरू किया—अपनी शारीरिक बनावट के कारण उनका यह कदम उठाना आवश्यक था।''[१]

धर्म और ईश्वर के खयाल को जन्मजात कहने वाले कूपमण्डूक ही हो सकते हैं। आज सभ्य मानवता का अधिकांश ईश्वर को नहीं मानता; अत्यंत प्राकृतिक अवस्था में रहने वाले गुहा-मानव भी अपने गुहा-चित्रों में किसी प्रकार के धर्म-चिह्न हो नहीं छोड़ गये हैं। धर्म का आरम्भ मानव के जीविकोत्पादनार्थ समाज बना लेने तथा भाषा के कुछ विकसित हो जाने पर हुआ और इसका पूरा विकास तो दासता-युग तथा सामन्त-युग के समय प्रभुवर्ग ने किया। वस्तुतः धर्म की सारी कल्पना, उसके देवताओं का निर्माण उसी दासता तथा सामन्त-युग के मानव-समाज की नकल है।

---

१. German Ideology (by Marx and Engels)

२. धर्म के नये व्याख्याकार

(१) हिन्दू धर्म की विशेषता— धर्म की नई व्याख्या कोई नई बात नहीं है। धर्मात्माओं ने "पंचों की बात सर-आँख पर रखकर भी अपना पनाला" वहीं रखा है, तो भी परिवर्तनशील दुनिया के साथ समन्वय करना भी जरूरी था, इसलिये नये व्याख्याकार जरूरी ठहरे; इसी बात को गीता के चालाक लेखक ने इन शब्दों में अदा किया है—

"यदा यदा हि धर्मस्य ग्लानिर्भवति भारत!
अभ्युत्थानमधर्मस्य तदात्मानं सृजाम्यहम्।"[१]

ये सारे नये व्याख्याकार—नई बोतल में पुरानी शराब भरने वाले मद्य वणिक् (अथवा अफीम अहिफेन-व्यवसायी) यही काम करते हैं और बचपन में दी गई मानव-समाज की हथकड़ियों-बेड़ियों को उसकी आयु के अनुसार बढ़ाते रहना। किन्तु अभी इस पर कुछ तय करने के पहिले चलिये काशी में विराजने वाले हिन्दू धर्म के अभिनव व्यास के पास।—यह मानना पड़ेगा कि उक्त गीता-वाक्य के अनुसार वर्तमान समय में सबसे जबर्दस्त बोतलफेरी—तुंबाफेरी—करने वाले हिन्दू दो ही हैं, भक्ति जगत में महात्मा मोहनदास कर्मचन्द गाँधी (सेठ जमुनादास बजाज लेन, सेवा-ग्राम) और दर्शन-मार्ग में सर सर्वपल्ली राधाकृष्णन् संकट-मोचन के पास, हिन्दू विश्वविद्यालय, काशी)। देखिये सर राधाकृष्णन् क्या फरमा रहे हैं—

"हर एक जाति अपनी-अपनी विशेषता, मानसिक भाव, अपनी खास बौद्धिक रुझान रखती है।"[२]

मशाल लेकर ढूँढ़िये तो पिछले हजार वर्षों के इतिहास में दुनिया की और जातियों से भारतीय जाति में क्या विशेषता पाई जाती है—आखिर "वृथा न होंहि देव-ऋषि-बानी", कृष्ण के अवतार हमारे राधा + कृष्ण कोई बात अकल्याण की नहीं कह सकते और इसे ढूँढ़ने में आपको सफल होने की जबर्दस्त संभावना हो सकती है, यदि दुनिया की और जातियों के ज्ञान के बारे में आप बिलकुल कोरे हों। 'विशेषता, मानसिक भाव, बौद्धिक रुझान', सावधान, इन शब्दों को इन्हीं

---

१. जब-जब धर्म की ग्लानि और अधर्म का अभ्युत्थान होता है, तब-तब मैं अपने को सिर्जता हूँ।"

२. History of Indian Philosophy, Vol. I, p. 33.

अर्थों में मन में रखियेगा, आप्तोपदेश वेद के शब्द सभी रूढ़ि अर्थ वाले होते हैं, उन्हें उन्हीं अर्थों में लेना चाहिए जिनमें ऋषि महाशय लेते हैं। अथवा काहे इस फेर में पड़ेंगे, 'संशयात्मा विनश्यति' के डर से यही समझ लीजिए कि 'भारतीय दर्शन' के लेखक जैसा बहुश्रुत हाँ, पुस्तक लिखते वक्त तक अभी वह सर बहुदृष्टा नहीं हो पाये थे लेखक क्यों गलत बोलने लगा; जब वह कहता है कि भारतीय दूसरी जातियों से इतना भेद रखते हैं जितना कि अद्वैत भोलानाथ से उनका नांदिया; फिर तो उसे सत्य वचन कह माथे चढ़ाना ही चाहिए।

और उनकी बहुश्रुतता में आपको सन्देह कैसे हो सकता है, भारत की महिमा में उनके मुँह से उद्‌गार (उदान) निकला है[१]—

"गौतम की तुलना है अरस्तू से, कणाद की थेल से, जैमिनी की सुकरात से, व्यास भी अफलातूँ से, कपिल की पिथागोरस से और पतंजलि की जेनो से।"

धन्य है भारतमाता, त्रैलोक्यजननी,त्रैलोक्य-दमनी, भगवान् राधाकृष्ण की इकलौती सुपुत्री, जिसने दार्शनिकों को पैदा करने में यूनान को मात कर दिया। बोला, 'भारत माता की जै।' लेकिन आप लोगों के चेहरों को देखने से तो दो तरह के भाव प्रकट हो रहे हैं। महामहोपाध्याय बालकृष्ण मिश्र की शिष्य मंडली की तो भौहें तनी हुई हैं और गुरुजी का खयाल न हो, तो न जाने वह क्या कर गुजरें। उनका कहना है—इस ब्राह्मण वंश कलंक को तनिक भी लज्जा नहीं आई, जो सोलह कला पूर्ण हमारे षट्शास्त्री ऋषियों का इन गोभक्षक नीच म्लेच्छों के बराबर बना रहा है। किन्तु आर्ट कालेज के कितने ही छात्र बहुत खुश—(१) पहिले वह हैं जिन्हें पूर्व या पश्चिम के किसी दार्शनिक से कभी पाला नहीं पड़ा और भगवान् की कृपा बनी रही तो उनकी यह जीवन-नैया अछूती ही पार निकल जायेगी। (२) दूसरे वह जो माई बसन्ती के देवफोंफी समाज की मार खाये हुए हैं, उनके लिए महा हमिस्त्र चाहे पूर्व का हो या पश्चिम का, सब एक बराबर हैं। ये सारे पूर्व-पश्चिम के 'महात्मा' (MAHATMA) गण तो हिमालय के उस पार वाले तिब्बत के टशील्हुन्पो मठ के पास अवस्थित श्वेत-परिषद्[२] के अपने सदस्य हैं—उसी परिषद् के, जिसके कुटहूमी और लालसिंह जैसे महात्मा सदस्यों का जयजयकार आज सातों महाद्वीपों और सातों जातियों में हो रहा है। (३) तीसरे

---

१. History of Indian Philosophy, Vol. I, p. 19 f. n.

२. White Lodge.

वह विद्यार्थी जो बेचारे साथियों के डर के मारे गो-खुर के बराबर चुटिया नहीं रखने पाते। इनके कान में काफी दिनों से भन-भन करके समझाया गया है कि चारों वेदों का बिलकुल कुरान की तरह ही अल्हाम के द्वारा अल्हाह मियाँ नहीं नहीं, ओम् महाराज ने अपने चार ऋषियों अग्नि, वायु, आदित्य, अंगिरा के पास आज़ के १ अरब ९५ करोड़ ५८ लाख ५० हजार ४३ वर्ष ३ मास...दिन...घंटे...मिनट ...सेकेंड...पहले भेजा (नाजिल किया)। फिर हमारे वैदिक धर्म के सामने इस्लाम बपुरा कौन होता है? उसके पास एक कुरान है, हमारे पास चार कुरान (कुरान की भाँति वेद मूर्ति पूजा और नाना देववाद से मुक्त है), उसके पास एक पैगम्बर मुहम्मद, हमारे पास चार पैगम्बर, कुरान १३ सौ वर्ष से दुनिया में आया, हमारे वेद दो अरब वर्ष पुराने—वे उस वक्त आये जबकि शायद पृथिवी भी अभी सूर्य से बाहर नहीं आयी थी। बेचारे ये 'वैदिक धर्म की जय' वाले छात्र सबसे ज्यादा खुश थे; क्योंकि ऋषि दयानन्द ने सारी साइंस-विद्याओं को वेद से निकालकर रख दिया था; किन्तु एक साध उनकी मन में माँह रही। सारे पश्चिमी दार्शनिकों को वह भारतीय ऋषियों के चरणों में नतमस्तक न कर सके थे। वह काम जिस महापुरुष ने कर दिखाया, उसे ऋषि महर्षि छोड़ दूसरा क्या कहा जा सकता है? ४ और अन्त में उस छात्र वर्ग की "विशेषता, मानसिक भाव, अपनी खास बौद्धिक रुझान" की ओर भी एक नजर डालनी है, जो कि सर राधाकृष्णन् को अपना हाड़-मांस समझते हैं। वह अपने गुरु के इन सूत्ररूपी वाक्यों में 'गागर में सागर' की कहावत चरितार्थ होते देखते हैं। आज ऋषियों की दूरदर्शिता का उनके ऊपर ज़बर्दस्त सिक्का बैठ रहा है, ऐसा सिक्का जो कम से कम सृष्टि के बाकी दो अरब वर्षों तक तो ब्रह्मा के मिटाने से भी मिटने वाला नहीं है। व्यास (बादरायण) को अफलातूँ के समकक्ष बनाना उन्हें भी कुछ खटकता जरूर है; किन्तु वह समझते हैं—गुरु के मुँह से ये शब्द खास अभिप्राय से निकले हैं। साथ ही अफलातूँ-सी प्रतिभा वाले व्यास बादरायण। (जो सरासर गलत है। बादरायण में अफलातूँ की दार्शनिक प्रतिभा का शतांश भी नहीं था, कहाँ मौलिक विचारक अफ़लातूँ और कहाँ उपनिषद्-कथाधरी बादरायण!) की महिमा वह अब समझ सकते हैं; और जब कोई ब्रह्म सूत्र से निकल कर वेद के पढ़ने और सुनने वाले शूद्र की जीभ छेदने तथा पिघले सीस-लाख से कान भरने की बात दिखलायेगा, तो वह चट कह सकते हैं कि निर्भान्त ऋषि ने किसी महान् अभिप्राय से इसे लिखा होगा और इस तुलना से कम से कम अठारह पुराणों;

अठारह उपपुराणों का दर्जा तो अफलातूँ के 'प्रजातन्त्र' के बराबर ही हो जायेगा। एक बार अपने ऋषियों को उनके बराबर 'साबित' कर देने पर अपनी कौन-सी बात रहती है, जिसे 'दिन दोपहर' हम सभ्य संसार के सामने सिद्ध न कर दिखायेंगे। ऋषियों ने श्राद्ध का विधान किया—हाँ ठीक, ब्राह्मणों के पेट में डाला अन्न मृतकों के पास जाता है, वैसे ही जैसे तार, जैसे चिट्ठी। दुर्गाकुण्ड के हनूमानों और ज्ञानवापी के नांदियों की पूजा सर्वश्रेष्ठ मानव के लिए जरूरी है, क्योंकि इष्ट स्वरूप बनने के लिये इष्ट की उपासना आवश्यक है। यमपुर यात्रा में, क्या पता है, वैतरणी के अलावा काँटे (असिपत्र) बिछे पथ पर अकटक वृक्षों की छाया भी पड़ी मिले। और पुण्यार्थ गंगा-स्नान तो हमारे ईसा तुल्य आचार्य स्वयं करके पथप्रदर्शन कर रहे हैं। अजी! क्या क्या नहीं, जो हम इस सूत्र से नहीं निकाल सकते—और भई! भारत की 'विशेषता' कहकर तो आचार्य ने कलम को लिखने लायक भी न रख छोड़ा। राम दुहाई! इस शब्द में जबर्दस्त विशेषता कूट-कूट कर भरी हुई है।

जानते हैं भारत की सबसे बड़ी विशेषता—जिसका दुनिया के पर्दे पर कहीं पता नहीं लगेगा—क्या है?—वर्ण व्यवस्था, जाति-भेद। यह भारत की 'अपनी खास बौद्धिक रुझान' है, जिस तक दुनिया के किसी दूसरे देश का बड़े से बड़ा मास्तिष्क भी आज तक नहीं पहुँचा और यदि भगवान् को अपनी अवतार भूमि की लाज रखनी है, तो इन्शा अल्लाह यह विशेषता यहाँ से बाहर नहीं जाने पायेगी।

देखिये कैसी सुन्दर व्याख्या, कैसी नई बोतल में पुरानी शराब का व्यापार!! आज राधाकृष्णन् मार्का की बोतलों को आप राजपूताना के राजाओं के महलों में गीता की भाँति पूजी जाती देखेंगे। अजमेर से अजमर के निकला सारा राजकुमार वर्ग उसे गले की ताबीज बनाकर रखना चाहता है। गाँधी ने भी एक आँख बेकार कर सिर्फ एक आँख से राजा-रंकों को देखना चाहा था, किन्तु इन अकल के पुंजों ने अपने आदमी को नहीं पहिचाना। वह भड़क गये कि गाँधी हमेशा समाज के कोढ़ (दरिद्रता) को लोगों को दिखलाता फिरता है, जो जेठ की दुपहरी में बारूद के ढेर को नंगा करने से कम खतरनाक नहीं है। हीरा-मोती की झालर लटकाने वाली यह सारी गुड़िया आखिर गुड़ियाँ ही रह गईं। यदि इनके दिमाग में जरा भी पीली मज्जा काम करती होती; तो समझ लेते कि समाज में संरक्षक और संरक्षित का भेद 'दार्शनिक' तौर से कायम रखने वाली गाँधी से बढ़कर उनका हितैषी कोई नहीं हो सकता। सेठों की मोटी तोंदें चाहे ज्यादा चर्बी से भले ही भरी

हों, किन्तु उनके मस्तिष्क में काफी मात्रा में पीली मज्जा है—उन्होंने गाँधी के गुर को समझा। आज वह खादी फंड, गुड़ फंड; गाँधी सेवा-फंड; हिन्दुस्तानी फंड, हरिजन फंड सभी फंडों में अपने दशांश की कुछ रुपल्लियों को फेंकते राम-राज्य कर रहे हैं।

अजमेर के चहबच्चे के कुमार आज राधाकृष्णन् की व्याख्या को पढ़ कर फूले नहीं समा रहे हैं। क्या दार्शनिक उड़ान है! क्या ऋषि जैसी क्रान्तदर्शिता (क्रान्तदर्शिता नहीं भगवान् उनसे बचावे!) हे! भारत की अपनी 'विशेषता!' 'विशेषता!', 'अपनी-अपनी विशेषता!!' महामहोपाध्याय महिषासुरानंदजी! आप कोरे भोंपा ही रह गये, 'सर्वस खाइ भोग करि नाना। समर भूमि' में कोई काम नहीं आये। इस ब्राह्मण की अक्ल का हम लोहा मानते हैं। आज इसने हमारी जाति के पुश्तों से खाये नमक का हक अदा कर दिया। यह भारत की विशेषता ही है, जो कि हम सात सौ छत्रधारी यहाँ निरंकुश शासन कर रहे हैं। दुनिया में क्रान्तियों का बाजार गरम है; बड़े-बड़े भारी भरकम ताज न्यूयार्क की हाट में जाकर बिक गये; खुद हमारा सरताज सिर्फ एक अधेड़ छोकरी के साथ प्रेम दिखलाने के दंड में दूध की मक्खी की तरह निकाल बाहर फेंक दिया गया। किन्तु, हमें देखिये, भारत की छाती पर कोदों दल रहे हैं। एक-एक चुम्बन पर बीस-बीस लाख के चेक काट रहे हैं। किन्तु मजाल है कि कोई चूँ करे। अब समझा, यह सब भारत की 'अपनी विशेषता का प्रताप है। इस विशेषता को हाथ से जाने नहीं देना होगा, जब तक यह विशेषता है तब तक हम हैं। 'जौ लौं गंग-जमुन-जल-धारा', तब तक इस विशेषता को कायम रखना है। आज यह विशेषता न होती, तो न जाने हम और हमारा रनिवास कहाँ होता? हाँ, रनिवास की बात का खयाल कर एक बात और याद आ गई। अनब्याहे अष्टम एडवर्ड एक तलाकशुदा स्त्री से शादी करना चाहते थे, जिस पर कन्टरबरी के शंकराचार्य का आसन इतना गरम हुआ कि बेचारे एडवर्ड को देश छोड़ कर भागना पड़ा। लेकिन भारत की विशेषता देखो—हमारे रनिवास की चंद्रमुखियों को देखा है—अभी सिर्फ पन्द्रह से ही बाकायदा भाँवरें फिरी हैं। इन्शा अल्लाह इरादा है, प्रति वर्ष एक की संख्या जरूर बढ़ाने की और बे-भाँवर ही। मैंने भी अपने दिवंगत नेता के कदमों पर चलना तय कर लिया है। अभी सिर्फ दस ही गोयन्दे अल्मोड़ा से काश्मीर तक की पहाड़ियों में सुन्दरियों के हेरने के लिए छोड़ रखे हैं—मैं महसूस करता हूँ यह संख्या बहुत कम है। नित्य वही थाल, वही लोटा, वही

गिलास, वही बोतल, वही शराब। छी: छी: यह आदमी का जीवन है, या पशु का!! 'गाव: तृणमिवारण्ये प्रार्थयामि नवां नवाम्।'[१] यह भारत की 'अपनी विशेषता' है, जो कुमार-कालेज की पढ़ाई, हर साल विलायत की यात्रा, चिकने घड़े पर पानी की भाँति कोई असर नहीं रखती और हम निष्कण्टक अपने रनिवास को सुन्दरियों की प्रदर्शनी बनाते चले जा रहे हैं। कल दीवान साहब को कहना होगा कि दो लाख का चेक संकटमोचन भेज दिया जाये। 'अंग्रेजी राज जिन्दाबाद', 'भारत की अपनी विशेषता जिन्दाबाद।'

हाँ तो यूनानी और भारतीय दार्शनिक ऋषियों की बात बीच में ही रह गई। सिर्फ दोनों की शाब्दिक तुलना पर ही जो करतल-ध्वनि हुई, उसके मारे हम कहाँ से कहाँ बहक गये। आइये जरा तुलना के भीतर चलें। इस भूल-भूलैयों में दूर तक जाने का अवसर नहीं है, इस पर हम दोनों सहमत हैं और यह खुशी की बात है। पहिले काल को लीजिये—

भारतीय	काल	यूनानी	काल
गौतम (अक्षपाद)	२५० ई०	अरस्तू	३८४-३२२ ई०पू०
कणाद	१५० ई०	थेल	६४०-५५० ई०पू०
जैमिनी	३०० ई०	सुकरात	४६९-३९९ ई०पू०
व्यास (वादरायण)	३०० ई०	अफलातूँ	४२७-३४७ ई०पू०
कपिल	४०० ई० पू०	पिथागोरस	५७०-५०० ई०पू०
पतञ्जलि	४०० ई०	जेनो	३३६-२४६ ई०पू०

इस प्रकार काल की समानता में कपिल ही पिथागोरस के नजदीक हैं, बाकी बेचारे भारतीय दार्शनिक अपने यूनानी तुल्य-कक्षों के सरनाती भी होने लायक नहीं हैं। मेरे लिखे काल के बारे में सन्देह हो सकता है और मैं भी उसे स्वीकार करता हूँ कि कम से कम भारतीय दार्शनिकों के काल में सुधार की गुंजाइश है। आप इस विषय में स्वयं कोशिश कर सकते हैं। यदि ऐतिहासिक की तुला लेकर आप वैसा करना चाहेंगे, तो मेरे बतलाये समय के ही पास पहुँचेंगे। किन्तु यदि आप तुले हुए हैं, भारत को सब विषयों में दुनिया का गुरु बनाने के लिये, तब तो आप पाँच हजार वर्ष से कब पीछे उतरने वाले होंगे और फिर 'अंधे के सामने रोना, अपना दीदा खोना' है। मैं इसका आग्रह नहीं करता कि सर राधाकृष्णन् ने तुलना

१. "जैसे गाय जंगल में तिनके को, उसी तरह मैं नई-नइयों को चाहता हूँ।"

करने में काल का विशेष खयाल किया होगा; आखिर मैंने भी धर्मकीर्त्ति की तुलना कान्ट-हेगेल से की है, जो कि उनसे १२ सदियों पीछे हुए। अच्छा तो सिद्धान्त की तुलना कीजिये।

यूनानी	सिद्धान्त	भारतीय	सिद्धान्त
१. थेल (६४०-५२५ ई० पू०)	पानी मूल तत्त्व	कणाद (१५० ई०)	परमाणुवाद सामान्य विशेष समवाय
२. पैथागोरस (५७०-५०० ई० पू०)	गणित ब्रह्मवाद आकृतिवाद संख्या-ब्रह्म	कपिल (५०० ई० पू०)	अनीश्वरवाद प्रकृतिवाद
३. सुकरात (४६९-३९९ ई० पू०)	रूढ़िवादविरोधी ज्ञानवाद देव-वेद-निन्दक	जैमिनी (३०० ई०)	घोर रूढ़िवाद कर्मवाद वेद-दास
४. अफलातूँ (४२७-३४७ ई० पू०)	अनेक-विज्ञानवाद बुद्धि से ज्ञान मौलिक विचारक	व्यास (वादरायण (३०० ई०)	एक ब्रह्मवाद ग्रंथ से ज्ञान उपनिषद्-समन्वय
५. अरस्तू ३८४-३२२ ई० पू०)	केवल तर्कवाद ईश्वर सृष्टिकरण जीव एकदेशी	गौतम अक्षपाद (२५० ई०)	शब्द और समाधि ईश्वर कर्मफल-कारण जीव सर्वव्यापक
६. जेनो (स्तोइक) (३३६-२६५ ई० पू०)	तर्क काँटे की बाड़ जैसा, वस्तुवाद अद्वैत अन्तर्यामिवाद अवयव-अवयवीवाद	पतंजलि (४०० ई०)	सिद्धि-समाधिवाद द्वैतवाद

यदि जेनो से सर राधाकृष्णन् का अभिप्राय इस स्तोइक संयमवादी जेनो से नहीं, बल्कि एलियातिक जेना (४९०-४३० ई०पू०) से है तो वह अद्वैतवादी था, जबकि पतंजलि द्वैतवादी।

इस प्रकार सर राधाकृष्णन् ने समकक्षता स्थापित करने में दोनों देशों के दार्शनिकों के काल और विचार की पूरी अवहेलना की है। नामों में अनुप्रास का खयाल किया हो, यह भी बात नहीं है। जेनो को उन्होंने पतंजलि के जूए में रखा

है; हालाँकि अनुप्रास मिलाने के लिए ठीक था—''जेनो-जैमिनी जोड़ी, एक अंधा एक कोढ़ी।''—स्तोइक (संयम योगी) जेनो को कोढ़ी कह लीजिए और ज्ञान-विरोधी घोर कर्मवादी जैमिनी को अंधा। हाँ, शायद दोनों देशों के दार्शनिकों की शकल में समानता हो सकती है, जिसके बारे में मैं अपने भारी अज्ञान को स्वीकार करता हूँ, मुमकिन है सर्वपल्ली के पास एक दर्जन फोटो अदियार में पहुँच गये हों।

(२) धर्म सर्वोपरि— सर राधाकृष्णन् को 'सारी' दुनिया भारत के महा दार्शनिक के तौर पर माना करती है। किन्तु आक्सफोर्ड में एक छोटी-मोटी धर्म की गद्दी पर बैठाने का निश्चय जब ब्रिटिश पूँजीशाही ने किया, तो कुछ लोगों को सन्देह हुआ कि दार्शनिक को धर्म की गद्दी देना अन्याय, यह यूरोप में धर्म को दर्शन से उसी तरह छोटे दर्ज़े का समझा जाता है, जिस तरह दर्शन को साइंस से। सर राधाकृष्णन् को भी, हो सकता है, बात खटकी हो। यह भी मुमकिन है अंग्रेजी थैलीशाहों को भारत में किसी भी दर्शन के होने का पता ही न हो; या हो सकता है, उनकी खोपड़ी में भर गया हो कि भारतीय दिमाग उनकी दी हुई पदवियों और टुकड़ों के लिए सिर्फ दुम हिलाना जानता है। हमें अफसोस है, हमारे सेल की इस छोटी कोठरी के आँगन के ऊपर जितना आसमान खुला हुआ है, उससे झाँकने वाले चेहरों में ज्यादातर ऐसे ही हैं। पूँजीशाहों ने चाहे किसी तरह से भी हमारे दार्शनिक को धर्म-चर्चा के लिए बुलाया हो; किन्तु वह है धर्म-चर्चा करने ही योग्य। इसके लिए हम अभी सबूत पेश करने वाले हैं; लेकिन उससे पहले एक और बात याद आ गई। कितने ही लोग—हाँ, भारत के अंग्रेजी शिक्षितों में ही—यह समझने की बहुत भारी गलती करते हैं कि सर राधाकृष्णन् जबर्दस्त दार्शनिक हैं। इस बात में एक तरुण हिन्दी-लेखक बहुत बुरी तरह से फँस गया। इस लेखक की कलम और प्रतिभा दोनों की मैं दाद देता हूँ, भाषा पर उसका अधिकार है। वह इतना साधन-संपन्न है कि भविष्य के लिए हम यदि उस पर ज्यादा आशा बाँधें तो अनुचित न होगा। उसने दर्शन के इतिहास पर जो पुस्तक लिखी है, उसमें २३-२४ पृष्ठों के अतिरिक्त बाकी चार सौ पृष्ठ इतने अच्छे लिखे हैं कि उन्हें पढ़कर बड़ी खुशी हुई—वर्त्तमान को ही देखकर नहीं, भविष्य का भी खयाल करके। लेकिन, वह २३-२४ पृष्ठ कैसे लिखे गये हैं, इसके बारे में मैंने उसी पुस्तक पर नीली पेन्सिल से लिखा—'ग्रंथ का कलंक।' उन २३-२४ पृष्ठों से गुजरना मेरे लिये उतना ही मुश्किल हो गया, जितना कि गोखरू के

बयाबान में नंगे पैर आदमी के लिये चलना। और फिर यह भी खयाल रखिये, पैर से सिर की पीड़ा ज्यादा दुस्सह होती है। आप समझते होंगे, मैं उस तरुण पर जल रहा हूँ। नहीं, मैं तो समझता हूँ, एक दिन उन पृष्ठों को पढ़ते हुए उसे भी वैसी ही पीड़ा होगी—मैं आशा करता हूँ, तरुण ने इस पुस्तक से अपने दार्शनिक अध्ययन के जीवन का आरम्भ किया है और वह अपने को अधिक साधन-सम्पन्न बनाने की कोशिश करता रहेगा। जानते हैं वह पृष्ठ किस दर्शन पर है? बौद्ध दर्शन पर और बौद्ध दर्शन के भी उस काल पर जो कि बौद्ध ही नहीं, भारतीय दर्शन का भी सुनहला काल है—यानी, नागार्जुन (१७५ ई०) से शांतिरक्षित (७४०-८४० ई०) तक का काल। भारतीय दर्शन में जो बौद्ध दर्शन के भारी महत्व को नहीं समझता, उसे दर्शन को दूर से प्रणाम कर लेना चाहिए। इस दर्शन को समझने की कोशिश नहीं करता और भारतीय दर्शन पर पोथे लिखना चाहता है, उसके लिये क्या कहना चाहिये? मैं यह नहीं कहता कि उसे छोड़कर आपको कलम ही नहीं उठानी चाहिए; कलम उठाइए, किन्तु सारे भारतीय दर्शन को समेटने की कोशिश मत कीजिए। तरुण ने जो गलती की वह अपने दोष से नहीं, यह सबसे आश्चर्य की बात है। मुझे उम्मीद है, यदि उसने स्वयं जो कुछ संस्कृत के मूल ग्रन्थों और उद्धरणों में पढ़ा था, उतने ही पर इन २४ पृष्ठों को लिख डाला होता, तो पुस्तक में यह कलंक न आने पाता। किन्तु, अफसोस है, अन्धा न होते भी उसने अपनी आँखें बन्द कर लीं और दूसरे अंधे की अँगुली पकड़ ली। आप खुद समझ सकते हैं; ऐसे आदमी की क्या गति होनी चाहिए।

सर राधाकृष्णन् के 'भारतीय दर्शन' के दोनों पोथों पर जगह-जगह बौद्ध दर्शन से कोरे होने की छापों की भरमार है। साथ ही मालूम होता है, लेखक के दिल से 'दैव राजा' का डर बिलकुल उठ गया था और उसे खयाल नहीं आया कि 'कालो ह्ययं निरवधिर्विपुला च पृथिवी।' मुझे उम्मीद है यदि सर राधाकृष्णन् के दिल में यह खयाल आया होता कि उनकी पुस्तक सिर्फ आज की ही पीढ़ी के सामने नहीं जा रही है, बल्कि आगे वाली पीढ़ियों के हाथ में भी उसकी कोई न कोई जिल्द पहुँच जायेगी; तो फिर वह इस लीपा-पोती, इस दर्शन के विवरण के नाम पर सत्य का नहीं सम्प्रदाय और स्वार्थ का प्रोपैगंडा करने की कोशिश न करते।

लेकिन, एक बात में मालूम होता है—हम दोनों एक ही मर्ज के मरीज हैं। जैसे "ठोक-पीटकर वैद्यराज" बन मैंने दर्शन पर कलम फेरनी चाही नंगी अल्पज्ञता किसी को गढ़े में नहीं गिरा सकती और जब तक हिन्दी के अधिकारी

लेखक स्वयं इस तरफ ध्यान नहीं देते, तब तक यह पंक्तियाँ पाठकों को कुछ बातों के समझने में सहायता पहुँचा सकती हैं; किन्तु, सर राधाकृष्णन् की सर्वज्ञता कितनी खतरनाक है, इसका उदाहरण वह तरुण लेखक अभी आपकी आँखों से ओझल नहीं हो पाया है। राधाकृष्णन् के भक्त 'डिस्कवरी ऑफ इण्डिया' के लेखक जवाहरलाल की बात भी हम कैसे भूलें।

वस्तुत:, सेवाग्राम और संकटमोचन में इतना भेद हम गलती से कर रहे थे, आक्सफोर्ड वालों ने सही परख की; इसके सबूत के लिए पढ़िए—

"(चारों ओर से) मार पड़ने पर बुद्धि भक्ति (की गोद) में शरण ले सकती है। उपनिषदों के ऋषि पवित्र ज्ञान की पाठशाला के महान् अध्यापक हैं। वह हमें ईश्वर और आत्मिक-जीवन के ज्ञान के बारे में बतलाते हैं।"[१]

दो मोटी-मोटी जिल्दों को लिखने में उनकी लेखनी ने फजूल ही परिश्रम किया; असल तत्व तो इस एक पंक्ति में है—"मार पड़ने पर बुद्धि भक्ति[२] में शरण ले सकती है।" संकटमोचन के बाबाओं ने ही अकल का ठीका थोड़े ही ले लिया है? काशी के दूसरे छोर पर भी एक अनपढ़ पंडित रहता था, जिसका कहना है—

"पोथी पढ़ि-पढ़ि जग मुआ, पण्डित हुआ न कोय।
ढाई आखर प्रेम का, पढ़े सो पण्डित होय॥"

राधाकृष्णन् यथा नाम तथा गुण भक्तिमार्गी हैं। ठीक संकटमोचन के पुराने बाबा के हम्-पियाला हम्-निवाला—गद्दी उसी को मिलती है, जो कि उसके लायक होता है।

आप गुस्सा होकर कहेंगे—तर्क-वितर्क छोड़िए; आपही बतलाइए, मार पड़ने पर बुद्धि कहाँ शरण लेने जाये? मैं कहूँगा—शरण लेना कायरों का काम है—उसे जूझ मरना चाहिए। बुद्धि पर मार पड़ रही है, आगे बढ़ने के लिए; और जो बुद्धि ज्यादा अग्रसर है, उस पर मार पड़ती भी नहीं। सिकरौल से कितनी ही बार आप एक्के पर गये होंगे। आप ही बताइए, मार किन पर पड़ती है?...आप नाम नहीं लेंगे, मैं भी नहीं लूँगा; किन्तु यह बात साफ है कि तेज रफ्तार बुद्धि पर कभी मार नहीं पड़ती और न उसे किसी के पास शरण लेने की जरूरत होती है। वैसी बुद्धि के लिए प्रयाग का राजपथ सदा मौजूद है, इसे हम बतला आये हैं। रही, 'पवित्र

---

१. History of Indian Philosophy, vol. II, p. 19.

२. Faith.

ज्ञान-पाठशाला' के महान् अध्यापकों के ज्ञान की बात। उसके बारे में हम दूसरी जगह कह आये हैं[१]; जिसे यहाँ फिर दुहराना नहीं चाहते, हाँ ऋषियों के बारे में अनन्तनिद्रा-विलीन अपने चिरसंगी जायसवाल की एक कथा जरूर याद आती है, जो आपकी सेवा में अर्पित है।—

सत्यव्रत सामाश्रमी कलकत्ता के संस्कृत के एक अच्छे पण्डित थे—खासकर वेद की संस्कृत (छन्दस्) में उनकी योग्यता बहुत ऊँची मानी जाती थी। गुरुकुल कांगड़ी वालों ने एक बार अपने जलसे में उन्हें किसी परिषद् का सभापति बनाकर बुलाया। सामाश्रमीजी ने वेदार्थ पर स्वामी दयानंद और 'निरुक्त' की प्रशंसा करते हुए एक सारगर्भित भाषण दिया। आर्य समाज के उस वक्त के टुटपुँजिये विद्वानों पर उसका क्या प्रभाव पड़ा, यह तो नहीं कहा जा सकता! किन्तु तीन तरुण संस्कृतज्ञों पर उसका इतना असर पड़ा कि वह सामाश्रमी के गिर्द गुड़ की मक्खी बन गये। सामाश्रमी अपनी वेदज्ञता को आर्य-समाज के वातावरण में जिस तल तक पहुँचा चुके थे, उससे पीछे उतारना उनके लिए मुश्किल था। तल से उतारने का सवाल तो दूर वहाँ 'हाँ', 'हाँ' में वह कुछ सीढ़ी और ऊपर टँग गये। तीनों तरुणों ने आग्रहपूर्वक कहा, "गुरुजी, इस ज्ञान को फैलाइए।"

—"फैलाने की तो मुझे भी अत्यन्त इच्छा है। मैं भी बाजे वक्त चिन्ता में पड़ जाता हूँ कि कहीं इतने परिश्रम से उपार्जित यह वेद-विद्या मेरे साथ ही न चली जाये। लेकिन, अधिकारी शिष्य मिलें तब न?" ठीक उपनिषद् के ऋषियों के स्वर में इस बात को—शब्द नहीं, बात ही कहूँगा, क्योंकि वहाँ भाषण सारा संस्कृत में हो रहा था—सुनकर तीनों शिष्य गद्गद हो गये और उन्होंने सारी परीक्षाएँ दे, गुरु को अपनी सेवा से प्रसन्न कर, भगवती वेद विद्या के ग्रहण करने का पक्का इरादा प्रकट किया। सामाश्रमीजी तीनों नये रँगरूटों को ले कलकत्ता पहुँचे। कुछ दिन सप्ताह तो ऐसे ही बात-चीत, सत्संग ही में चले गये। फिर पढ़ाई शुरू हुई। आर्य-समाजी शिष्यों ने समझा था कि गुरुजी ऐसी कुंजी बतलायेंगे, जिसमें यदि सारे साइंस वेद में से झलकने लगें, तो कम से कम जगह-जगह जो वेदों में इतिहास—देशों, नदियों, राजाओं, रानियों, ऋषियों, ऋषिकाओं के नाम तथा वृत्त—मिलते हैं, और जिनकी वजह से वेद को दो अरब वर्ष पहले ले जाना सम्भव नहीं, इनका तो कोई समाधान निकल आएगा। सामाश्रमीजी शिष्यों के अभिप्राय को समझते थे; इसलिये पहले बचते हुए उन्होंने पाठ पढ़ाना शुरू किया,

---

१. "बोल्गा से गंगा" प्रवाहण।

किन्तु शिष्य कोई दुधमुँहे बच्चे न थे। अन्त में उन्होंने यह कहकर पाठ कुछ दिनों के लिए बन्द रखा कि इस तरह के गहन वेदार्थ के लिए गुरु को भी कुछ साधना करनी पड़ती है। एक दिन गुरु ने तोंद खोले आसन पर पद्मासन मार शिष्यों का आवाहान किया। शिष्य प्रसन्न हो सामने मौजूद हुए। वेदार्थ शुरू हुआ, एक मन्त्र पर पहुँचे, अर्थ कुछ इस तरह का हुआ, जिससे वेद की अनित्यता का ही डर नहीं हो गया, बल्कि वैदिक ऋषि के मुँह से निकली ऊट-पटांग बात पकड़ी गई। शिष्यों ने बहस करते हुए कहा—"ऋषि होकर ऐसी गलत बात क्यों कही?"

सामाश्रमीजी ने चट अपनी तोंद पर हाथ फेरते हुए कहा—"इसी के लिए उनके पास भी यह पेट मौजूद था।"

तीनों शिष्यों के दिल को भारी धक्का लगा, इसमें शक नहीं; किन्तु सामाश्रमीजी की बात सोलहों आने सच थी, इसमें राधाकृष्णन् को छोड़ किसी को भी सन्देह नहीं हो सकता। सामाश्रमीजी में वह योग्यता थी, जिससे वह हारिद्रमत गौतम, सत्यकाम, जाबाल की पंक्ति में जा जूठन गिरा सकते थे, जबकि राधाकृष्णन् गरीब से तो वे ऋषि अपने जूते का तस्मा भी नहीं खुलवाते।

३. धर्मसार

(१) आत्मा और दिव्य शक्ति की कल्पना—धर्म का सार है, किसी अलौकिक शक्ति में विश्वास। यह विश्वास या भक्ति किसी ऐसी एक शक्ति (ईश्वर) में भी हो सकती है और अनेकों में भी, वह भक्ति अधिक स्थूल—आरण्यक मानव जैसी-भी हो सकती है और सर राधाकृष्णन् या गाँधीजी की जैसी सत्य-शिव-सुन्दर से अनुप्राणित भी। शक्ति, आत्मा देवता का यह खयाल न आसमान से टपका, न आत्मा की आवाज से। इसकी उत्पत्ति का कारण उस समय के समाज का आर्थिक ढाँचा था, जिसमें कि वंशगोत्र का महापितर (दादा) या महामाता (महामाई) जीवन सामग्री के उत्पादन, आत्मरक्षा तथा पुरलुंठन में वंश का नेतृत्व करते थे। आरम्भिक समाज में जो श्रम-विभाग हुआ था; पत्थर, लकड़ी, हड्डी के हथियारों की सहायता प्राप्त होने पर वैसा होना जरूरी था। उस समय इस श्रम के संचालन के लिए जो व्यक्ति सबसे आगे था वह वही हो सकता था जो कि उत्पादन श्रम—जानवर, मछली के शिकार, जाल बुनना, हथियार बनाना आदि—में सिद्धहस्त था; जो शासन, युद्ध-संचालन कर सकता था; जो परिवार के काम की योजना आगे से बना उसे प्रायः सफल करा सकता था, ऐसे

व्यक्ति का समाज में सबसे ऊँचा स्थान होना जरूरी था; क्योंकि उन वस्तुओं को पहले अपने दिमाग में तैयार कर लिये होता था, जिन्हें कि दूसरे उसकी देख-रेख में सिर्फ साकार रूप देते थे।—वह विधाता था दूसरे उसके आज्ञाकारी अनुचर। वह इच्छा करता था और दूसरे उसकी इच्छा के अनुसार चलने वाले। श्रम का यह सफल विभाग आदिम मानवों के मह में इतना गड़ गया गया था कि हर जगह उन्हें यह रूप दिखलाई पड़ता था—आखिर आजकल हिन्दुओं के राम-नाम बैंकों को भी बनियों ने कारबार के तजरबे से धर्मखाते में दाखिल किया है और हम उन्हें एक गर्व के भीतर बहुत सफलता से चलते भी देखते हैं। आदिम समाज के इस रूप ने स्वयं मानव को आत्मा और शरीर दो भागों में बाँटा—आत्मा शरीर का संचालक है और इसीलिए वह शरीर से श्रेष्ठ तथा उसका संरक्षक है। इसी खयाल को लेकर माण्डूक्य उपनिषद् और गीता में शरीर को रथ तथा आत्मा को रथी (योद्धा) की उपमा दी गई है। अरस्तू ने आत्मा को स्वामी और शरीर को दासों से उपमा दी है—अरस्तू के समय यूनान में स्त्री-पुरुषों की बेच-खरीद आम थी और दासों का काम सिर्फ मालिक की आज्ञा का पालन करना, उसकी सेवा करना था।

जिस तरह श्रम-विभाग के क्षेत्र से लेकर चलते-फिरते, काम करते शरीर के संचालन के लिए उससे पृथक् एक आत्मा की कल्पना की गई, उसी तरह उन्हें विश्व में हर एक वस्तु के पीछे आत्मा दिखाई पड़ने लगा, जिसे कि उस वस्तु का आत्मा—अभिमानी देवता—कहा जाने लगा। वेद के देवता इसी प्रकार अभिमानी देवता हैं; और वह सूर्य, चन्द्र, आकाश, द्युलोक, जल, थल सब में अलग-अलग अपना आसन जमाये इनका संचालन कर रहे हैं। (यही आदिम-मानव की कल्पना याज्ञवल्क्य (६०० ई०पू०) के सामने थी, जिसे कि उसने अलग-अलग अभिमानियों को मिलाकर एक अन्तर्यामी ब्रह्म के रूप में परिणत कर दिया।) उस समय के मानव अथवा आज भी जो जातियाँ उस अवस्था में हैं—के भीतर कोने-कोने में भूत-प्रेत देवता का विश्वास जो इतना ज्यादा पाया जाता है उसकी वजह यही थी।—यह है वह कारण-सामग्री जिसने धर्म को पैदा किया। महापितर या महामाता का खयाल इस सबकी जड़ में था। इसीलिए अलौकिक शक्ति की कल्पना भी इन्हीं दो रूपों में की गई। मातृसत्ताक समाज सबसे पुराने होने से मातादाई का धर्म ही सबसे पहले अस्तित्व में आया—जिससे कि प्रमाण सिन्धु-नील, दजला-फरात की उपत्यकाओं के प्राचीन धर्मों में बहुत ज्यादा पाये जाते हैं। हिन्दुओं की काली-दुर्गा उसी मातृसत्ताक नमूने पर बने धर्म के अवशेष हैं;

ईसाइयों में माता मरियम, महायान बौद्धों में तारा, जैनों में चक्रेश्वरी सभी आद्यामाता (मातृसत्ताक परिवार की संचालिका माता) की प्रतीक हैं।

मातृ-सत्ताक या पितृसत्ताक समाज में जीते-जी जो नेतृत्व कर रहे थे, मरने के बाद भूत-प्रेत देवता से भरे जगत में, विशेषकर रात के अँधेरे में इन मृत नेताओं का दर्शन होना स्वाभाविक था। फिर उनके लिए चौतरे तथा बलि का प्रबन्ध लाजिमी ही था।—आखिर, जीवन में जिस तरह गाढ़े वक्त में काम आते थे; अपनी बुद्धिमत्ता, वत्सलता से अपने बाल-गुपालों को वह अब भी उतना ही फायदा पहुँचा सकते तथा पहुँचाना चाहते थे; जरूरत इतनी ही थी, कि जीवन में उनके लिये जो प्रिय वस्तुएँ थीं; अब भी वह उनके सामने बलि की तौर पर पेश की जायें। महापितर और महामाता की प्रेतात्माओं—दिव्यात्माओं—के साथ ही लोग उनके सहायकों—सेनाओं—को भूल नहीं सकते थे, आखिर करने के बाद भी तो यह दिव्यात्माएँ अकेली सोम या सुरा पीने में आनन्द अनुभव नहीं कर सकती थीं, न अकेली नाच-गा सकती थीं; फिर चाहे सन्तान-अनुसंतान न भी पैदा करें, किन्तु संभोग के आनन्द से तो वह अपने को वंचित न कर सकती थीं। इन सबके लिये पृथिवी पर मौजूद मानव-समाज की पूरी नकल दिव्यात्मा-समाज रूप में तैयार की गई। हम पुराने मिस्र, काबुल, यूनान और भारत के ग्रन्थों के पढ़ने से जानते हैं कि एक समय था, जबकि मनुष्य-लोक की भाँति देव-लोक भी पृथिवी पर ही—बल्कि उसके पड़ोस में था, और अकसर दोनों लोकों के स्त्री-पुरुष वैसे ही आपस में समागम करते थे जैसे किसी दो कबीलों के लोग। यह नहीं, हर देश के पुराने वीरों में, महापुरुषों में, ऐसे की संख्या काफी पाते हैं, जो कि देव-कन्या या देव-पुत्र की सन्तान थे। उस वक्त अभी मानव की संख्या कम थी, पृथिवी का बहुत अधिक हिस्सा जंगल, गैर-आबाद और अज्ञात था, वहाँ दिव्यात्माएँ भी वास कर सकती थीं, किन्तु जैसे-जैसे मनुष्य की संख्या और ज्ञान बढ़ता गया, वैसे ही वैसे देवताओं को पृथ्वी छोड़ने पर मजबूर होना पड़ा।

(२) थ्योसोफी और सखी-समाज— पिछली सदी तक तिब्बत दुनिया के सबसे अज्ञात देशों में था, इसीलिए देवफोंफी ने वहाँ देवनगर बसाये, श्वेत-परिषदें[१] कायम कीं, दुनिया के लोगों को वैयक्तिक तौर से पथ-प्रदर्शन करने वाले महात्माओं के लिए अनेक हेड-क्वार्टर या छावनियाँ छवाई—आपको यह सुनकर तअज्जुब होगा, मगर कितने ही शिक्षितों ने मुझसे बड़ी गम्भीरता के साथ पूछा था,

---

१. White Lodge.

कि इन देव-परिषदों और महात्माओं के बारे में आपने तिब्बतवालों से क्या सुना? जब मैंने रोष को भीतर ही दबाकर कहा कि वहाँ के लोगों को इन देव-परिषदों तथा महात्माओं का कुछ भी पता नहीं है, तो एकाध ने यहाँ तक कहने की धृष्टता की कि तब आप उस इलाके में नहीं गये होंगे। उन सज्जनों को यह विश्वास दिलाना मुश्किल था कि मैं 'महात्मा' कूट-हूमी (कोथूमी) और लालसिंह के केन्द्र तथा महाचोहान के इलाके शि-गर्चे और टशील्हुन्पो में अनेक बार पक्षों और महीनों तक रहा हूँ—यह वही जगह है, जहाँ से उक्त महात्मागण ने सिन्नेट और दूसरे थ्योसोफिस्टों को कितने ही पत्र और सन्देश भेजे थे। एक शब्द देवफोंफी शब्द के बारे में भी थेव देव का ही यूनानी पर्याय है। सोफी को फोंफी कहने वाला आपके मित्रों में कोई मिल जायेगा, इस प्रकार आप समझ सकते हैं, कि 'साइंस समाश्रित इस महान् धर्म का' यह नया नामकरण नहीं, बल्कि सिर्फ हिन्दीकरण मात्र है। मुझे उम्मीद है, थ्योसोफिस्ट सज्जन इसका प्रचार कर पुण्य के भागी बनेंगे। मैं उन आदमियों में हूँ, जो कि देवफोंफी समाज को धर्म का चरम उत्कर्ष मानते हैं। धर्म ने यहाँ आकर अपनी पूर्णता प्राप्त की, धर्म के लिए इससे आगे बढ़ने के वास्ते अब एक सीढ़ी भी नहीं रह गई है। कृष्ण के शब्दों में, ''धर्म के इस गाढ़े वक्त में वह स्वयं इस समाज के रूप में अवतीर्ण हुए।'' इस समाज ने अपने थोड़े समय के जीवन में जितने दिमागी को 'गुमराह' होने से बचाया, उतना किसी ने नहीं किया होगा। और पूर्व-पश्चिम, उत्तर-दक्खिन के धार्मिक विचारों का जो गंगा-सागर-संगम इसने रचाया, उसे देखकर तो तबीयत अश्-अश् करने लग जाती है। सबसे बड़ी 'सेवा' जो देवफोंफी समाज ने की है, वह है देवताओं को फिर से मर्त्य-लोक में लाना ही नहीं, बल्कि उनका दर्शन कराना, उसका शब्द सुनाना, उनकी गंध सुँघाना, उनका रस चखाना, उनका स्पर्श कराना।—देवगण बिलकुल इन्द्रियगोचर हैं, यह उसने सैकड़ों देव-फोटो-चित्रों से साबित कर दिया। आज इस समाज के प्रताप से आप देवताओं, दिव्यात्माओं, प्रेतात्माओं से उसी तरह बातचीत कर सकते हैं, जैसे मुझसे। और फिर 'नदिया एक घाट बहुतेरे' के महामंत्र को इसी ने वस्तुतः बुरी तौर से कार्यरूप में परिणत कर दिखाया।

(सखी समाज)— सखी समाज में आप लोगों को नाना भाँति से भगवत् उपासना करते पायेंगे : कोई पुरुष होते भी अपने को भगवान् की पत्नी समझता है, परिणीता नहीं तो रखेली होने पर भी वह सन्तोष करने के लिए तैयार है। हर मास उसे मासिक-धर्म होता है और वह नियम पूर्वक तीन दिन तक 'कपड़ों से'

रहता है। हर रात भगवान् को 'लेकर' सोता है, इस लालसा से कि भगवान् अपने जैसी एक मेघश्याम सन्तान प्रदान करें; किन्तु प्रकृति भगवान् तथा भक्तिनजी के काम में भारी बाधक है और दोनों उसका कुछ नहीं कर सकते। इन 'तरुणी' तथा 'वृद्धा', 'सखियों' के फोटो चित्रों को देखकर आप अपनी आँखों को तृप्त कर सकते हैं; लेकिन अब जमाना फोटो का नहीं चल चित्रों का है, मैं देवफोंफी की शाखा, इस सखी समाज—जिसकी संख्या बिहार में काफी है—से विनम्र प्रार्थना करूँगा कि समय की गति से बढ़ें और चलचित्र—सिनेमा—द्वारा अपने ही प्रान्त की नहीं अपने गुरुद्वारों—अयोध्या, वृन्दावन—की बड़ी बूढ़ी 'सखियों' तथा उनकी 'तरुण परिचारिकाओं' का भी उनके स्वाभाविक पोज-भावभंगी—हाव-भाव-कटाक्ष—तथा स्त्रैण मृदुभाषण के साथ फिल्म उतरवाएँ। ऐसे फिल्म से भारी लोक कल्याण होगा। नवधा भक्ति का फौव्वारा घर-घर में फूट निकलेगा, जिसमें डर इतना ही मालूम होता है, कि वास्तविक स्त्रियाँ कहीं कुएँ में कूदकर आत्महत्या न कर डालें।

हाँ, मैं यहाँ इतना जरूर कहूँगा कि सखी-समाज देवफोंफी समाज का न अभिन्न अंग है, न उससे सम्बद्ध है, उसने परीक्षक विश्वविद्यालयों की भाँति उसे स्वीकृति भर दी है, किन्तु सैकड़ों सखी-समाजी देवफोंफी के सरगर्म सदस्य तथा नेता हैं, इससे वह इनकार नहीं कर सकती।

देवफोंफी का विस्तार सारी पृथिवी पर है, इसके विशाल साम्राज्य में 'सूर्य कभी नहीं उगता' की कहावत चरितार्थ होती है। उनके सारे सदस्य 'आँख के अन्धे गाँठ के पूरे' नहीं हैं, और न ही सभी चतुर्थ शिरोमणि हैं, यह मैं मानता हूँ; किन्तु उसके नटनागरों और की कलाएँ दर्शनीय होती हैं, इसमें सन्देह नहीं। लेकिन, आप मुझसे आशा न रखिये कि मैं इन कलाविदों तथा उनके अड्डों की सैर के लिए आपका पथ-प्रदर्शक बनने जा रहा हूँ। एक वाक्य में मैं कहना चाहता हूँ—कि देवफोंफी के रूप में भगवान धर्म अपनी सोलह कला में अवतीर्ण, हुए हैं।

(३) दुनिया में देवकल्पना (i) बाबुल—एक जर्मन प्रोफेसर लिखता है—"(धार्मिक कल्पनाएँ) सामाजिक राजनीतिक कल्पनाओं तथा संस्थाओं के सिर्फ दर्पण (प्रतिबिम्ब) मात्र हैं।"[१] प्राचीन बाबुल में अनु, एनलिल् एआ, सिन्,

---

१. Professor Achelis (Soziologie, in Sommlung Goschen, Leipzig 1899, p. 85).

शम्श, (सूर्य) आदि देवता पूजे जाते थे। इन बड़े देवताओं के साथ कितनी ही दिव्य-(इहीही) तथा भौम आत्माएँ (अनुनाकी) भी थीं, जिस तरह हिन्दुओं में बड़े देवताओं के साथ लाखों देव-परिवार ग्राम-देवता और कुल-देवता। बाबुल में जिस तरह का राजतन्त्र उस वक्त प्रचलित था, उसी की नकल पर देव-समाज में भी राजतन्त्र कायम था। जैसे-जैसे बाबुल के पार्थिव मानव-समाज में परिवर्तन होता गया; उसी तरह वहाँ के देव-समाज में भी परिवर्तन करना पड़ा। सामन्तों में जिस तरह बाबुल का महासामन्त या बादशाह प्रधान और सर्वशक्तिमान माना जाता था, उसी तरह बाबुल का देवता मर्दुक सर्वशक्तिमान् देवातिदेव बना। मर्दुक देवातिदेव बनने से पहले सुमेरीय जाति का जातीय देवता था, जिसे वे लोग वसन्त का अधिष्ठाता मानते थे। रम्मू-रब्बी के राजवंश ने अपनी प्रधानता के समय मर्दुक को महादेव बनाया। इससे पहले एनलिल् पृथिवी और आकाश (द्यावा-पृथिवी) का स्वामी था, जिसे कि मर्दुक के लिए अपना सिंहासन छोड़ना पड़ा। एआ सृष्टिकर्त्ता (ब्रह्मा) था, उसका अधिकार मर्दुक को कैसे दिलाया जाये, इसके लिए एक पौराणिक कथा गढ़ी गई जिसमें साबित किया गया कि सुमेरीय मर्दुक बाबुली एआ का ज्येष्ठ पुत्र है। राजा का पुत्र उत्तराधिकारी होता है। बाबुल की राज्य-व्यवस्था के पूर्णतया एक राजा के हाथ में आ जाने पर उसका प्रभाव वहाँ की देव-मण्डली पर जो पड़ा, उसे ही हम मर्दुक की सर्वेश्वरता तथा सर्वदेवमयता में देखते हैं। इसीलिये बाबुली पुराण में मिलता है—"निनिब् बल का मर्दुक है, नेर्गल युद्ध का मर्दुक, एनिल् प्रभुता का मर्दुक।" मर्दूक की निम्न स्तुति को देखने से मालूम हो जायेगा कि उसकी कल्पना में बाबुल के राजा की कितनी नकल है।

ईश्वर देवताओं के शासक[१] द्यावा-पृथिवी के अकेले महान् राजा! आपने पृथिवी को सिरजा, मन्दिरों की प्रतिष्ठा को, और नामकरण किया। पिता! आप देवों मनुष्यों के जनक हैं...। महान् नेता! जिसकी रहस्यपूर्ण गहराई का पता किसी देवता को नहीं लगा।...पिता! (आप) सभी सत्त्वों के स्रष्टा हैं।...शासक! आप ही हैं, जो कि द्यावा-पृथिवी के भाग्य के प्रेरक हैं, जिसका शासन अ-लंघ्य हैं, जो सर्दी-गर्मी प्रदान करता है; प्राणियों पर राज्य करता है। कौन देवता है आपके जैसा दूसरा? द्यु (नक्षत्र) लोक में कौन महान् है? सिर्फ आप ही। और पृथिवी में कौन महान् है?[२] (आप ही) जब देवलोक में आपका शब्द प्रतिध्वनित होता है तो

---

१. फारसी का शाह और संस्कृत शास एक ही शब्द है।

२. "प्राचीन प्राची का इतिहास" (रूसी भाषा) प्रोफेसर युरायेफ् जिल्द १, पृष्ठ १२७।

इहीही (सुरगण) धरती पर पड़ जाते हैं; जब वह पृथिवी पर प्रतिध्वनित होता है, तो अनुनाकी (भौम देव) धरती को चूमते हैं...ईश्वर! पृथिवी और देवलोक के तुम्हारे राज्य में तुम्हारे भाई देवताओं के बीच कोई ऐसा नहीं है, जो कि तुम्हारे समान हो।''[१]

(ii) यूनान— पुराने यूनानियों की सारी शासन तथा समाज-संबंधी व्यवस्थाएँ एवं आचार-विचार उनके देवताओं में मौजूद थे। जेउस् (द्यौः) देवताओं का देवपितर था, देमेतेर (द्विमातर?) कृषि की देवी, हेर्मेस् व्यापार का देवता और हेलियोस् (सूर्य) उदार व्यवसायों का अधिष्ठाता था। ईसा-पूर्व पाँचवीं सदी अथेन्स (यूनान की प्रधान नगरी) के वैभव का मध्याह्न काल था, अथेन्स दुनिया के व्यापार की रानी थी और वहाँ का शासन व्यापारियों के प्रजातन्त्र के हाथ में था, जिसमें स्त्री-पुरुषों का क्रय-विक्रय कानून विहित ही नहीं, बल्कि अथेन्स के वैभव का बहुत दारमदार दास-प्रथा पर था। इस ढाँचे को धारण करने के लिए धर्म की कितनी जरूरत थी, यह उस समय के कवि के सोफीकल की इस सम्मति से मालूम होगा, जिसके अनुसार, ''सारा जगत ध्वस्त हो जायेगा यदि धर्म उठ गया; क्योंकि सभी आचार और राज्य सम्बन्धी व्यवस्थाएँ देवताओं की इच्छा पर निर्भर हैं।''[२] उस वक्त के शासनच्युत सामन्तवंशज तथा उनके अनुयायी यूनान की तत्कालीन धर्म-व्यवस्था का विरोध करते थे, क्योंकि इस विरोध द्वारा वह शासक वर्ग का विरोध कर सकते थे। सुकरात देवताओं का विरोध करके यही कसूर कर रहा था, जिसके लिये अथेन्स के व्यापारी शासकों ने उसे जहर का प्याला पीने के लिए मजबूर किया।

(iii) प्राचीन स्लाव— रूसी, बुल्गार आदि जातियों के पूर्वज—प्राचीन स्लाव लोगों—में देवकल्पना उनके अपने ही समाज की प्रतिच्छाया के तौर पर देखी जाती है। पितृपूजा, जातीय देवताओं, गृह-देवताओं, व्यवसाय-सम्बन्धी देवताओं की पूजा उनके धर्म का स्वरूप था। योद्धा और व्यापारियों का इष्ट तथा बिजली (अशनि) का देवता पेरुन वैदिक इन्द्र की भाँति बहुत ऊँचा स्थान रखता था। उनके देवलोक के सभी बँगले मृतसामन्तों तथा उनके दरबारियों के लिए रिजर्व थे। वहाँ पृथिवी के सामन्त प्रासादों की भाँति साधारण जनता को एक नजर झाँकने का भी अधिकार न था। हिन्दुओं के पुराणों तथा दूसरे धर्म-ग्रंथों में भी

---

१. प्राचीन प्राची का इतिहास, पृष्ठ १४४।

२. Geschiste des altertums (Edward Meyer, Vol. IV, p. 140) में उद्धृत

देवलोक मिलता है, उसमें भी इस बात का ध्यान दिया गया है। पीछे स्लाव लोगों के पुराने धर्म की जगह को जब ईसाई-धर्म ने लिया, जिसके प्रचार में स्लाव-सामन्तों ने बहुत उत्साह दिखाया और जिसके फलस्वरूप वह और उनके वंशजों ने पीछे जार की शाहंशाहत कायम की। अब रूसी चर्च (धर्म) ने जार के दरबार पर ही अपनी देवावली की रचना की; जिसमें जार था ईश्वर, जारीना थी ईश्वर की माता मरियम, सन्त निकोला जैसे सिद्ध पुरुष जार के दरबारी और मंत्री...और सन्त मिखाईल (फरिश्ता) देव-सेनानी जार का कमान्डर-इन-चीफ था। रूसी भाषा में ईश्वर को गॅस्पद कहते हैं और स्वामी (सर) को भी गॅस्पदिन; भगवान को बॅग (संस्कृत भग) कहते हैं और ऐश्वर्य को बॅगस्त्व। संस्कृत तथा हिन्दू देवशास्त्र के जानने वालों को इसके लिए आश्चर्य करने की जरूरत नहीं, क्योंकि वैदिक आर्यों के सबसे नजदीक के यूरोपित भाई-बंधु की यही प्राचीन स्लाव थे; जिनके ही वंशज आज के रूसी हैं। पाणिनि के वक्त (४०० ई० पूर्व) ईश्वर शब्द राजा का वाचक था, गुप्तकाल (४००-६०० ई०) में तो राजा की उपाधियों में 'परमेश्वर' आम तौर से ताम्रपत्रों और शिलालेखों में उत्कीर्ण पाया जाता है। ऐश्वर्य (ईश्वर) तो आज भी देवलोक और मनुष्य लोक में उसी अर्थ में विराज रहा है; भग को ऐश्वर्य के अर्थ में हमने धातुपाठ में पढ़ा ही है।

आदि मानव-समाज के देवता मांस-रुधिर खाते, सुरा पीते, नाचते-गाते—सब कुछ मनुष्य की तरह करते थे। वह ठीक भी है—"यादन्नं पुरुषो ह्यत्ति तदन्नं तस्य देवता।"[१] यदि वैदिक काल में आर्य लोग गाय को मारकर उसके मांस को आग में 'स्वाहा', 'स्वाहा' करते थे, तो वह उस गाय को जिलाने के अभिप्राय से नहीं, बल्कि अपने आहार को देवताओं तक पहुँचाने के लिए। अस्तु, देवता खाने-पीने, नाचने-गाने ही नहीं, सदाचार-दुराचार में भी मानव की ही प्रतिकृति थे और किसी जाति की देव-गाथा से हम उसके तत्कालीन समाज का चित्र बहुत कुछ खींच सकते हैं। भारत में इन्द्र के द्वारा गौतम ऋषि की स्त्री का सतीत्व अपहरण एक प्रसिद्ध बात है, जिसमें जान पड़ता है, अहल्या का भी कुछ हाथ था, नहीं तो ऋषि उसे शाप न देते। इन्द्र हमारे लिये आज विस्मृत-सा देवता है; इसलिए इस दुराचार को वह महत्व नहीं दिया जाता; किन्तु हमें स्मरण रहना चाहिए कि जिस समय की यह बात है, उस समय इन्द्र सर्वोपरि देवता—देवातिदेव—था; विष्णु और शिव ही नहीं ब्रह्मा की भी उस समय कोई पूछ नहीं थी। हमारे इन्द्र देवता

१. "जो भोजन पुरुष खाता है वही उसका देवता भी।" —*जातक १०९।*

तो अहल्या के ही जार भर बनकर रह गये, किन्तु यूनानियों के देवपितर—जेउस ने तो और गजब ढाया। वह गनिमेदे नामक एक बालक पर मुग्ध हो उसके साथ अप्राकृतिक व्यभिचार करता था। उस वक्त के यूनानी भद्र समाज में यह रोग बहुत बढ़ा हुआ था, जिसके छींटे से बेचारा जेउस भी बच नहीं सका। आज भारत में रामजी-कृष्णजी को भी वैसा बनाने की चेष्टा, उसी दूषित मनोवृत्ति को प्रकट कर रही है।

व्यापारियों की प्रधानता में देवशास्त्र में एक कल्पना का और आविष्कार हुआ; और यह है निराकार ईश्वर-कल्पना। इस कल्पना के स्रोत को ढूँढ़ते हम सिक्के पर पहुँचते हैं। सिक्के के रूप में एक सर्व-शक्तिमती सत्ता विराज रही है, जिससे मनोवांछित फल प्राप्त किया जा सकता है। इस टका-धर्म ने आज राम-नाम के बंक ही जारी नहीं किये; बल्कि खुद निराकार ईश्वर के खयाल को दृढ़ करने में भी इसका सबसे बड़ा हाथ है।

(iv) भारत— भारत के धर्म तथा देवताओं का खास तौर से जिक्र करने की जरूरत नहीं; क्योंकि उनकी कुछ बातें पहले आ गई हैं; सिर्फ देव-कल्पना में परिवर्त्तन होने के दो-एक दृष्टान्त दे देते हैं। बुद्ध के वक्त में राजतंत्र तथा प्रजातंत्र दोनों ही तरह के शासन मौजूद थे, जिनमें स्वयं प्रजातंत्र में उत्पन्न तथा साम्यवादी जीवन के प्रशंसक होने से वह प्रजातंत्रवाद के प्रति ज्यादा पक्षपात रखते थे। यह उस बात से साफ हो जाती है, जो कि उन्होंने लिच्छवि प्रजातंत्र से अनेक बार हारे, किन्तु फिर से आक्रमण की तैयारी करते मगधराज अजातशत्रु के मंत्री के प्रश्न के उत्तर में कही थी। यह वार्त्तालाप महापरिनिर्वाण-सूत्र में मौजूद है। इसमें बुद्ध ने लिच्छवियों को अपराजेय कहना चाहा है—हाँ, कुछ शर्तों के साथ। मानव-समाज और देव-समाज एक दूसरे से कितना सादृश्य रखते थे, यह बुद्ध के इस वाक्य से भी मालूम होता है, जिसे कि ''दूर से ही लिंच्छवियों को आते ''देखकर उन्होंने कहा था।[१]

''अवलोकन करो, भिक्षुओ! लिच्छवियों की परिषद को। अवलोकन करो, भिक्षुओ! लिच्छवियों की परिषद को! भिक्षुओ! लिच्छवि-परिषद को त्रायस्त्रिंश (देव)-परिषद समझो।''

उस वक्त लिच्छवि जिस भेष-भूषा में थे, उसके बारे में वहीं कहा गया है—''सुन्दर यानों पर आरूढ़...नील = पीतवर्ण = पीतवस्त्र नील अलंकारवाले...पीले

---

१. देखो, 'दीर्घ निकाय' (हिन्दी), पृष्ठ २१३ तथा 'बुद्धचर्या', पृष्ठ ५२०-४७।

= पीतवर्ण पीतवस्त्र पीत अलंकारवाले...लाल = लोहितवर्ण लोहितवस्त्र लोहित अलंकारवाले श्वेत = श्वेतवर्ण श्वेतवस्त्र श्वेत अलंकारवाले।"[१]

हिन्दुओं में इन्द्र, वरुण जैसे देवताओं का प्रभाव कम होने का सबसे बड़ा कारण यह था कि इन देव-परिषदों में लोकतन्त्रता जरूरत से ज्यादा थी, जिसके कारण हिन्दू-निरंकुश शासक उसको पसन्द नहीं कर सकते थे। पुरानी देवावली तथा पुराने प्रजातन्त्रों के ध्वंस के बाद जब तीसरी चौथी शताब्दी ईसवी में भारशिव, गुप्त जैसे नये हिन्दू राजवंशों के समय नये देवशास्त्रों—पुराणों—का निर्माण होने लगता है, तो बेचारे ऋग्वेद तथा कुछ तो उससे भी पहिले से चले आते देवता जाति-बहिष्कृत किये जाते हैं और उनकी जगह शिव (भारशिवों के इष्ट) और विष्णु (गुप्तों के इष्ट) देव सर्वेसर्वा बना दिये जाते हैं। इस नई व्यवस्था की पुष्टि के लिए यहाँ भी वैसी ही कथाएँ गढ़ी जाती हैं, जिसका जिक्र हम बाबुल के मर्दुक के बारे में कह आये हैं। हिन्दू-धर्म की नींव में यदि खोज की खाइयाँ खोदकर देखें तो वहाँ हमें बहुत से देवता फोसील के रूप में मिलेंगे। इन देवताओं में मणिभद्र यक्ष की करुण कहानी सुनकर किसके दिल में चोट न पहुँचेगी। मणिभद्र बुद्धकालीन उत्तरी-भारत के अत्यन्त प्रतापी देवताओं में था। अभी उस समय (५०० ई०पू०) तक शिव और विष्णु किसी गिनती में न थे। दक्षिणी युक्त-प्रान्त में ईसापूर्व द्वितीय शताब्दी की एक पाषाण मूर्त्ति का आसन मिला है, जिस पर भगवान् मणिभद्र का नाम खुदा है। फिर दण्डी (६०० ई०) ने दशकुमार-चरित में भी मणिभद्र यक्ष की कन्या का जिक्र किया है—यक्ष कहने से नाक-भौं न सिकोड़िये, पाली में इंद्र को भी यक्ष कहा है और उससे पहिले उपनिषद् में भी यक्ष अर्थ में व्यवहृत होता था। सबसे पीछे मणिभद्र का नाम नवों-दसवीं सदी में कालिंजर के राजाओं के समय में लिखे नाटकों में मिलता है। दसवीं सदी के बाद भारत में तो मणिभद्र का पता नहीं मिलता; हालाँकि ल्हासा (तिब्बत) में मैंने साधुनियों को गृहस्थों की रक्षा के लिए मणिभद्र की गुहार करते देखा है।[२]

(४) पूर्व और पश्चिम में धार्मिक प्रतिक्रिया—कितने ही भारतीय इस गलती में हैं कि उनका ही देश एकमात्र धर्मप्राण है और यूरोप सारा नास्तिक हो गया है—इस गलत धारणा को किपलिङ् और सर राधाकृष्णन् जैसे लेखक मजबूत

---

१. देखो, 'दीर्घ निकाय' (हिन्दी), पृष्ठ २१३ तथा 'बुद्धचर्या', पृष्ठ ५३५।

२. दीघ-निकाय के 'आटानाटिय-सुत्त' में ऐसे बहुत से देवता मिलेंगे, जो बुद्ध के समय में जीवित थे, किन्तु आज मर गये, या निर्वासित हैं।

करते हैं। सर राधाकृष्णन् का कहना है कि—[१]

"पश्चिमी सभ्यता की मुख्य प्रवृत्ति है मानव और ईश्वर के बीच विरोध—वहाँ मानव ईश्वर की प्रभुता से मुकाबिला करता है, मानवता के लाभ के लिए उसी ईश्वर से अग्नि (शक्ति) चुराता है। भारत में मानव भगवान की उपज है।"

मानव की उपज भगवान् है, यह मुँह से तब निकलता, जबकि पूरे वेदान्ती होते। दो नावों पर चढ़ना इसी को कहते हैं। खैर, आगे सुनिये—

"भारतीय संस्कृति तथा सभ्यता की सफलता का रहस्य है (उसका) अनुदारात्मक उदारवाद।"[२]

भारतीय सभ्यता और संस्कृति ने हिन्दुओं में से एक-तिहाई को अछूत बनाने में किस तरह सफलता पाई? किस तरह जाति-भेद को ब्रह्मा के मुख से निकली व्यवस्था पर आधारित कर जातीय एकता को कभी बनने नहीं दिया? किस तरह "सर्वश्रेष्ठ मानव को कपिला गाय और वानर हनूमान" के सामने घुटने टेकने के लिये तैयार किया? किस तरह पाप दूर करने के नाम पर गोबर और गोमूत्र पिलाये? किस तरह पेशाब-पाखाना तक भक्ष्य बना सिद्ध बनने का रास्ता साफ किया? किस तरह अपनी आधी संख्या—स्त्रियों को मनुष्य के प्रारम्भिक अधिकारों से भी वंचित कर उन्हें पुरुषों के पैरों की जूती बनाया? किस तरह चौदह सौ वर्षों तक सतीत्व के नाम पर करोड़ों-करोड़ तरुण जीवनों को आग में जलाया? किस तरह सत्तर वर्ष के बूढ़ों को भी कल की बच्ची से शादी करने की खुली इजाजत दे, पाँच वर्ष की विधवा को आजन्म वैधव्य पालन करना मनवा के छोड़ा? किस तरह उच्च जाति वालों के घर-घर में बीसवीं सदी के बहुत पहले से गर्भस्राव तथा सन्ततिनिग्रह का अद्भुत पाठ पढ़ाया? किस तरह यह सब कुछ देखते भी मानव को 'टुकटुक दीदम् दम् न कशीदम्' के मोहन मन्त्र में फँसा रखा? किस तरह जाति—बहुजातिक जाति—की जाति को ऐसे लेप से लेपा कि सभी बाहरी लेप के देखने में मगन हैं, कोई भीतर की घनी कालिमा देखना नहीं चाहता? किस तरह उसने सदाचार दुराचार का इतना "वैज्ञानिक" विभाग किया, कि दोनों की सीमाएँ एक दूसरे से मिलने नहीं पातीं?

यह सब 'अनुदारात्मक उदारवाद' से है और इसलिये कि 'भारत में मानव भगवान की उपज है।'

---

१. Indian Philosophy, Vol. II, p. 41.

२. The Conservative Liberalism—वही P. 46.

यह हम मानते हैं कि सर राधाकृष्णन् जैसे भक्तों और दार्शनिकों ने शताब्दियों से भारत की ऐसी रेड़ मारी है, कि वह जिन्दा से मुर्दा ज्यादा है। उनके सम-व्यवसायियों को इस सीमा तक पश्चिम में सफलता नहीं हुई, जिससे क्रान्तियाँ बीच-बीच में आकर सफल होती रहीं और आज का यूरोप जहाँ दासता तथा सामन्तवाद से आगे पूँजीवाद से भी निकल कर समाजवाद में जा चुका है या जाने की तैयारी कर रहा है, वहाँ भारत की सात सौ गुड़ियाँ करोड़ों सजीव आदमियों पर निरंकुश शासन जमाये रखने की मंसूबा बाँध रही हैं और हिन्दू भक्त तथा दार्शनिक उनका नान्दी पढ़ रहे हैं। इतना होते भी यह समझना गलत होगा कि यूरोप ऐसे भक्तों से खाली है।

(ईश्वर)— ईश्वर के ही विचार को ले लीजिये, इतिहास की प्रगति किस तरह गलती करते-करते आगे बढ़ती है, उससे साफ है कि विश्व के पीछे कोई अतिमानुष चेतन-शक्ति नहीं, जो कि एक खास योजना के अनुसार विश्व को एक खास रास्ते पर ले जाती है। भले इस दूसरे विश्व-युद्ध के तीसरे वर्ष में धर्माचार्य लोग धर्म के प्रोपैगेंडा का मौका देखकर जब तब प्रार्थना-दिन मुकर्रर करते रहें, किन्तु जिस तरह की मार-काट आज मची हुई है, वह किसी भी सहृदय सर्वशक्तिमान् ईश्वर के जीवित रहते नहीं हो सकती। युद्ध में जो कुछ बीत रहा है, उसे देखते रहने वाला ईश्वर या तो नितान्त क्रूर है, अथवा बेबस; और ऐसे ईश्वर को मानने, उसकी स्तुति करने से उसकी ओर मुँह भी न फेरना अच्छा है।

वस्तुतः, जैसा कि पहले बतला चुके हैं विश्व विरोधि-समागम से गुणात्मक-परिवर्तन-द्वारा पहले से अनिश्चित दिशा की ओर बढ़ता जा रहा है। इस परिवर्तन में मनुष्य का भी भाग है, जो कि अपनी चेतना अपनी क्रिया शक्ति का इस्तेमाल करता विश्व-विकास में सहायक बनता, तथा कितनी ही दूर तक कारण-सामग्री पर नियन्त्रण करने में सफल होता, उसके अनुसार परिणाम की दिशा तथा प्रायिकता को अपने अनुकूल रखने में सफल होता है। मानव एक समय ईश्वर के खयाल से इतना प्रभावित हुआ था, कि सब कुछ ईश्वर के हाथ में सौंप देना ही उसे ज्यादा बुद्धिमत्ता की बात मालूम होती थी। लेकिन जब तर्क और बुद्धि की मार पड़ी, तो भारत की भाँति मध्यकालीन यूरोप या भारत के ये तार्किक हर एक कार्य के पीछे एक कारण को ढूँढ़ते और कारणों की बे-अन्त परम्परा को मानने की जगह वह परम-कारण—ईश्वर—पर जाकर रुक जाते थे। यदि कोई उसके पीछे भी कारण को पूछता, तो गार्गी को जैसे याज्ञवल्क्य ने ऐसे प्रश्न पर सिर गिर जाने

की धमकी देकर रोका, उस तरह की तो नहीं, किन्तु कोई वैसा ही तार्किक बहाना जरूर ढूँढ़ लेते थे। लेकिन हमने पहले बतलाया कि कोई कार्य सिर्फ एक कारण से नहीं होता, बल्कि उसके पीछे कारण-सामग्री (कारण-समुदाय) रहता है, ऐसी अवस्था में कार्य-कारण नियम से किसी एक कारण पर नहीं, बल्कि कारण-सामग्री पर पहुँच सकते हैं; फिर ईश्वर के सिद्ध होने की कहाँ सम्भावना है?

करनी-कथनी के एक होने की बात हम पहले ही कह आये हैं। दुनिया में ऐसे विद्वान् काफी मिलेंगे जो ज्ञान में पंडित हैं, किन्तु उनकी करनी-सब नहीं तो कितने ही—का ज्ञान से कोई सम्बन्ध नहीं। मेरे मित्र डॉ० का० प्र० जायसवाल बड़े ही गम्भीरप्रज्ञ थे, और इतिहास के तत्त्वदर्शी होने से ईश्वर पर उनका विश्वास नहीं रह गया था, किन्तु फलित ज्योतिष पर उनका पूरा विश्वास था और ज्योतिषियों का उनके यहाँ बहुत मान था। बात करने पर वह मानते थे कि एक समाजवादी समाज में—जहाँ कि बाल-बच्चों की शिक्षा या ब्याह तथा अपने या स्त्री को बेकार बीमार होने की दयनीय दशा में नहीं पड़ना है—फलित ज्योतिष की पूछ जाती रहेगी। जायसवालज़ी की एक ओर वह तार्किक स्वतन्त्र प्रतिभा जिसने कितनी ही इतिहास की उलझी गुत्थियों को सुलझाया, वही इस फलित ज्योतिष के बारे में इतनी कच्ची निकली; यह देखकर काफी सावधान रहने की जरूरत है। वर्त्तमान शताब्दी के रूप में मौजूदा फ्रांस का प्रसिद्ध गणितज्ञ एमिल फ्लिमोरियन भी हस्तरेखा आदि मिथ्या विश्वासों का शिकार था और साइंस के नोवेल पुरस्कार विजेता सर आलिवर लॉज पुत्र-वियोग से इतने परेशान हुए कि प्रेत-विद्या-मृतात्माओं से बातचीत करने—के फन्दे में गड़ाप होने से बाज नहीं आये। यही हालत पाली बौद्धधर्म की प्रसिद्ध पंडिता मिसेज रॉवस डेविस की हुई,—पिछले युद्ध में उनका लड़का मारा गया, जिस पर वह प्रेत-विद्या के पीछे इतना पड़ीं कि अपने विद्या-सम्बन्धी कार्यों और पुरानी पुस्तकों के सम्पादन तक में प्रेतों की सहायता लेने से बाज नहीं आईं।

एक तरफ की पंडिताई और दूसरी तरफ चिराग तले अँधेरे के ऐसे उदाहरण सैकड़ों बतलाये जा सकते हैं। गुरुत्वाकर्षण का आविष्कारक सर आइजक न्यूटन (१६४२-१७२७ ई०) एक युग-प्रवर्त्तक विद्वान् था, इसमें सन्देह नहीं; गणित तथा यंत्र-शास्त्र की पण्डिताई से वह गुरुत्वाकर्षण सिद्धान्त पर पहुँचा। न्यूटन अपनी विद्या से एक ओर विश्व के नियमों को समझाकर मनुष्य को अपना मालिक

बनाना चाहता था, वही न्यूटन दूसरी ओर बाइबिल के पैगम्बर दानियल की भविष्यद्वाणियों पर भारी मत्थापच्ची कर रहा था कि कब वह भविष्यद्वाणियाँ पूरी होने जा रही हैं।

दुनिया में ऐसे विरोधी-समागमों को देखकर हमें कितना सावधान रहने की जरूरत है, इसे आप खुद समझ सकते हैं, खासकर ऐसे आदमियों से जो कालेज और प्रयोगशाला में तो होश-हवास दुरुस्त से मालूम होते हैं, किन्तु जो शुक्र, रवि या सोम के—सोमवार काशी विश्वनाथ की पूजा का दिन है—दौरे में न जाने क्या कर बैठें, इसका ठिकाना नहीं है। ऐसे लोग एक पैर में तो बीसवीं सदी में हैं, किन्तु उनका दूसरा पैर बीते युग में अब भी अपने को स्थिर समझता है। यह लोग नहीं समझते कि अतीत के मूढ़ विश्वासों का समर्थन कर वह उस समाज का समर्थन कर रहे हैं, जिसका अवशेष अब भी बहुत काफी परिमाण में भारत में है और उसकी वजह से भारतीयों की भारी संख्या, शोषण, परतन्त्रता तथा सामाजिक पिछड़ेपन के दलदल में फँसकर मनुष्यता की अधिकारिणी नहीं रह गई। इंग्लैण्ड के नई पीढ़ी के एक प्रतिभाशाली प्रोफेसर का कहना है[१]—

"वैज्ञानिक विचारों के (कुछ) नेता (हैं) जो कि ऐसे वैज्ञानिक साधन पैदा कर रहे हैं, जिनकी सहायता से ऐसा समाज तैयार किया जा सकता है, जिसमें आखिरकार मानव प्रकृति को समझ के साथ बौद्धिक तरीके से इस्तेमाल कर (बेहतर दुनिया बना) सकता है—किन्तु वह ऐसा न कर उससे उलटे पथ पर ले जाने के लिए है), साइंस से पहिले वाले युग के दर्शन के शब्दों में यह करने के लिए उतावले हैं कि सभी (जग) झूठी माया है; अ-बुद्धि ही विजयी है, प्रकृति का मूलाधार अ-वास्तविकता है। साइंस जगत् में उनका जो महत्वपूर्ण स्थान है, उसकी सहायता से हमें विश्वास दिलाना चाहते हैं, कि जगत का एक गणितात्मक ईश्वर के मन में अ-बुद्धि-तत्त्व (माया) की प्रतीक मात्र है। हम लोगों में से जो सामाजिक (कर्त्तव्य की) चेतना रखने वाले लोग हैं और जो मानव की साइंस सम्बन्धी सफलताओं के द्वारा दरिद्रता की वास्तविक तथा साकार यातनाओं, बेकारी तथा विश्वव्यापी युद्ध की तैयारी को दूर करने की आशा रखते हैं, उनके लिये (बूढ़े साइंस-वेत्ताओं की यह हरकतें) असह्य थीं, और इस ललकार की उपेक्षा नहीं की जा सकती थी।"

---

१. A Philosophy for A Modern man (by H. Levy, London, 1938) p. 155.

सर राधाकृष्णन् जैसे लोग भी भारत में शोषण के पोषण के लिये वही काम कर रहे हैं; जो कि इंग्लैण्ड में वहाँ के शोषक प्रभु वर्ग के स्वार्थों की रक्षा में सर आर्थर एडिंग्टन जैसे वैज्ञानिकों का रहा है और पूर्व-पश्चिम दोनों के इस तरह के लोगों के सामने यूनानी कवि सोफोकल (ई०पू० पाँचवीं सदी) के ये वाक्य सदा रहने चाहिए—"सारा जगत् ध्वस्त हो जायेगा, यदि धर्म उठ गया; क्योंकि आचार और राज्य-सम्बन्धी व्यवस्थाएँ देवताओं की इच्छा पर निर्भर हैं।"

(५) जीव अजर-अमर— जीव शरीर से अलग एक अजर-अमर तत्त्व है, इस कल्पना को भारत में बहुत से लोग स्वयं सिद्ध समझते हैं। आरण्यक पुरुष तथा बौद्धिक विकास में पिछड़ी जातियाँ जीव को शरीर से भिन्न नहीं समझतीं। तिब्बत के खानाबदोशों तथा मध्यदेश के जंगलवासियों के फोटो लेने का जिनको तजरबा है, वह बतलायेंगे कि फोटो 'देने' के लिए ये लोग राजी नहीं होते। उनका खयाल है फोटो जो बिलकुल शरीर जैसा होता है, उसमें अपने शरीर (आत्मा) का कुछ भाग जरूर चला जाता है, जिससे आयु कम हो जाती है। जीव के अजर-अमर होने का खयाल सबसे पहिले प्राचीन मिस्र में दिखलाई पड़ता है, जिसका यह मतलब नहीं कि और जगह दूसरी जातियों में यह खयाल मिस्र ही से गया। वैसी परिस्थितियों में दूसरी जगह भी वह खयाल पैदा हो सकता है। मिस्र में भी राजाओं से इसका आरम्भ मालूम होता है। फर्वा (मिस्री राजा) के शवों को सुरक्षित रखने के लिए जितना आयोजन मिस्र में किया गया, उतना कहीं भी नहीं देखा जाता। मृत शरीर को सड़ने से बचाने के लिए मिस्रियों ने ऐसे मसाले ढूँढ़ निकाले, जिनकी वजह से चार-चार हजार वर्ष की सुरक्षित मम्मियाँ (शव) वहाँ से मिली हैं। शवों के रखने के लिए उन्होंने चौपहलू शृंगवाले वे विशाल पाषाण पिरामिड बनाये, जो आज भी दुनिया के आश्चर्यों में गिने जाते हैं। इन पिरामिडों के बनाने के लिए देश की सम्पत्ति या श्रम का सबसे बड़ा भाग खर्च किया जाता था। इसके लिए दास-दासियों तथा साधारण प्रजा को किस तरह का जीवन बिताना पड़ता रहा होगा, इसे आप खुद अनुमान कर सकते हैं। पुराने मिस्री अभी आत्मा को पूरी तौर पर शरीर से अलग नहीं कर पाये थे, इसलिये उन्हें जहाँ (जीव), उसकी छाया तथा नाम को अजर-अमर करने की फिक्र थी, वहाँ शरीर को भी सुरक्षित रखना पड़ता था।

प्राचीन यूरोपीय तथा हिन्दुओं को आत्मा के शरीर से अलग होने पर ज्यादा विश्वास हुआ, इसलिए उन्होंने शरीर को बेकार समझ उसे जला डालने की प्रथा

जारी की; किन्तु बहुत पुराने जमाने में इसका आरम्भ भूनकर खाने में भी हो सकता है। बिना मसाले वाले शव को कब्र में दबानेवाली जातियाँ इस विचार से प्रेरित हुईं कि कयामत के दिन सड़-गल गये मुर्दे भी जिन्दा हो उठेंगे।

अफलातूँ आत्मा के तीन भाग मानता था—(१) बौद्धिक भाग जिसका प्राकट्य बुद्धि है, (२) आध्यात्मिक भाग, जिसका प्राकट्य बहादुरी, हिम्मत आदि है, जिनसे बुद्धि का सम्बन्ध नहीं, (३) औदारिक या स्थूल भाग—लोभ द्वेष आदि का सम्बन्ध इस भाग से है। अफलातूँ ने इन तीनों आत्मा-विभागों की क्रमश: मानव, सिंह तथा बहुशीर्ष राक्षस से उपमा दी है।

अफलातूँ के समय (४२७-३४७ ई०पू०) के आसपास ही माण्डूक्य उपनिषद् लिखते वक्त उसके कर्त्ता ने भी जीव के तीन रूप माने—(१) जागृत अवस्था में स्थूल आहार करने वाला वैश्वानर; (२) स्वप्न अवस्था में तैजस, और (३) सुषुप्त (गाढ़ निद्रा) अवस्था में आनन्द-भोजी प्राज्ञ।

फ्रॉयड ने भी अफलातूँ से प्रभावित हो आत्मा के तीन रूप बतलाये हैं—(१) इड् अबौद्धिक बेहोश-सा आत्मा, जिसका सम्बन्ध शारीरिक तृष्णा या भोग लिप्सा से है; (२) इगो (अहं) या आत्मा का पूर्णतया सचेतन अंश, जो कि बहुत कुछ बुद्धि-युक्त है; यही शरीर और बाहरी जगत् से सम्बन्ध कराता है; (३) परम-इगो (परम अहंकार) जो कि बहुत कुछ निश् (-क्रिय) चेतन अन्तस्तम स्तर है, जिसके भीतर युगों की अनुभूति और संस्कार निहित हैं।

इनके अतिरिक्त और भी कितने ही आत्मा-सम्बन्धी मत हैं, जिनमें कुछ (हिन्दू) आत्मा को अनादि अनन्त मानते हैं; कुछ (इस्लाम तथा दूसरे सामीय धर्म) आदि अनन्त मानते हैं; कितने ही प्रत्येक आत्मा (जीव) को न्याय-दर्शन की भाँति सर्वव्यापी मानते हैं; कितने ही वादरायण, रामानुज और दयानन्द की भाँति अणु एकदेशीय, कितने ही जैनों की भाँति हाथी के शरीर में हाथी के बराबर का आत्मा और चींटी के शरीर में चींटी के बराबर बन जाने वाला आत्मा मानते हैं। कुछ बौद्ध जैसे दार्शनिक आत्मा को नहीं मानते तथा अपने को अनात्मवादी घोषित करते हैं, तो भी एक तरह के जन्मान्तर या परलोक को स्वीकार करते हैं।[१]

हम अपने दूसरे ग्रन्थ में बतला चुके हैं कि किस तरह भारत के सामन्त शासकों ने दुनिया में विद्यमान दरिद्रता, विषमता, शोषण-शोषित के भेद तथा अपने प्रभुत्व को कायम रखने के लिए वैदिक परलोक को पर्याप्त न समझ शोषित जनता

---

१. 'बोल्गा से गंगा' प्रवाहण कहानी।

से लिये पुनर्जन्म के फन्दे को तैयार किया और उपनिषद् के ऋषियों तथा बाद के धर्माचार्यों ने उसे मजबूत किया। आज तो कितनी ही जगहों पर पूर्वजन्म की याद रखनेवाले बालकों की जबर्दस्त प्रदर्शनियाँ भी की गई हैं—और क्यों न हो, पूर्वजन्म की कमाई के नाम से मुफ्त की मिली सम्पत्ति और प्रभुता के औचित्य को सिद्ध करने का इतना बड़ा हथियार कैसे छोड़ा जा सकता है? कितनों ही ने तो इसे आमदनी का अच्छा जरिया समझा है। इनके अतिरिक्त कभी-कभी ऐसी घटनाएँ भी हो सकती हैं, जिनके वैज्ञानिक विश्लेषण न होने से भी कुछ का कुछ अर्थ लगाया जाने लगता है। मेरे एक दोस्त की स्त्री अपनी एक लड़की के बारे में कह रही थी कि वह छुटपन में अपने से कुछ पहले मर गये भाई की बातें बतलाती थी। उनके घर में लड़कियाँ कई थीं; किन्तु लड़का एक ही हुआ था, जो कि कुछ वर्षों का ही होकर मर गया। मैंने पूछा—बच्ची के गर्भ में रहते वक्त आपको क्या वह बच्चा याद आता था। उन्होंने कहा—याद? मेरी तो बड़ी साध ही थी कि बेटा पैदा हो। यह नई समस्या है गर्भावस्था, गर्भाधान की अवस्था में क्रोमोसोम में अवस्थित जेनस (जनक-बीज) में क्या कोई इस तरह का संस्कार पैदा किया जा सकता है। आनुवंशिकता के वाहक यही जेनस हैं। अभी इनके सम्बन्ध की गवेषणा पिछले बीस सालों में होने लगी है। वैज्ञानिकों को इन अन्वेषणों में कितनी कठिनाई उठानी पड़ रही है, मानव वीर्य-कीट और रज-अंड के नाभि-कण में अवस्थित क्रोमोसोम तथा जेनस (जनक-बीज) के इस परिमाण से जान सकते हैं—

	व्यास	भार
क्रोमोसोम	१/६००० इंच	...
जनक-बीज	...	४ परमाणु
परमाणु (साधारण)	१/१० करोड़ इंच	१/५ लाख-लाख अरब तोला

यह भी खयाल रखने की बात है, कि पूर्वजन्म की स्मृति रखने वाले लड़के सिर्फ उन्हीं घरों में पैदा होते "पाये जाते" हैं, जिनके यहाँ पुनर्जन्म का विश्वास बहुत जबर्दस्त है।

पुनर्जन्म के बारे में तो बहुत से मजहब सहमत नहीं हैं, किन्तु नित्य आत्मा की सत्ता को अधिकांश ही स्वीकार करते हैं, हाँ, आत्मा के लिए सब की परिभाषा एक नहीं है। यह एकता सिर्फ यही बतलाती है कि सब का आधार और उद्देश्य

एक है, और वह है ठोस साकार दुनिया और उसके जीवन तथा सामाजिक अन्याय से लोगों के ध्यान को हटाना, एवं आत्मा और शरीर के उदाहरण से वर्गभेद को समाज में कायम रखना। इसलिये साइंसवेत्ता हल्डेन के शब्दों में हमें सावधान रहना चाहिये।[१]—

"जिनको आत्मा की अमरता पर विश्वास है, वह भी स्वीकार करेंगे कि इस सिद्धान्त के मरने और जीते रहने पर अत्यन्त शक्तिशाली (वर्ग-) स्वार्थों को मरना-जीना निर्भर है और इस सिद्धान्त का विश्वास ज्यादातर भावुकता तथा सामाजिक दबाव का परिणाम है।"

ख. आचार-विचार

वैज्ञानिक भौतिकवादियों पर 'धर्मात्माओं' की ओर से आक्षेप होता है कि ये लोग आचार के शत्रु हैं इसके उत्तर में लेनिन ने लिखा है[२]—

"आमतौर से पूँजीपति कहते हैं कि कमूनिस्त सभी (तरह के) सदाचारों को नहीं मानते। यह असली बात को घचपच में डाल देने का उनका तरीका है, जिससे वह मजदूरों तथा किसानों की आँखों में धूल डालना चाहते हैं। किस अर्थ में हम आचार-नियम से इनकार करते हैं? इसी अर्थ में कि ये आचार-नियम भगवान् के विधान हैं।"

१. आचार-विचार परिवर्त्तनशील

वैज्ञानिक भौतिकवाद के दार्शनिक विचारों से अनुप्राणित समाजवादी आन्दोलन, आराम-कुर्सी पर बैठकर लेक्चर झाड़नेवाले वाक्शूर, राजनीतिज्ञों की राजनीति नहीं है; इसमें पड़नेवालों को आग से खेलना होता है; फिर वहाँ आचारहीन पुरुष की टाँग कैसे ठहर सकती है? वर्ग-संघर्ष एक ऐसी भट्ठी है, जिसमें वह आदमी टिक नहीं सकता, जिसमें जबर्दस्त नैतिक बल नहीं है। लाखों की तादाद में जो कमूनिस्त हँसते-हँसते स्पेन, फ्रांस और रूस में फासिस्तों की गोलियों के शिकार हुए; उन्हें आचार-हीन कहने वाले कौन हैं; जरा उनके चेहरे को देखिये तो। निर्लज्जता की आखिर हद्द भी कोई है! ये हिजड़े, कायर, लंपट, पतित, सब तरह की ईमानदारी से रहित, नीच, स्वार्थी, मानवता के कलंक उन कमूनिस्तों पर हमला करने चले हैं, जो जगत् में स्वार्थ और लोभ की जगह

---

१. The Marxist Philosophy and the Sciences, p. 130.

२. Lenin : On Religion.

मानवता की बेल को अपने खून से सींचकर लगा रहे हैं, जिनकी कुर्बानियों और बहादुरी के कारनामों से इतिहास के सबसे सुन्दर पृष्ठ लिखे जा रहे हैं।

कमूनिस्त सचमुच ऐसे सदाचार को मानने के लिए बिलकुल तैयार नहीं जिसकी मंशा कुछ व्यक्तियों की स्वार्थ-सिद्धि है। उनके सदाचार की नींव किसी ईश्वरीय विधान या इल्हाम पर नहीं, बल्कि बुद्ध के शब्दों में 'बहुजन-हिताय बहुजन-सुखाय' है। समाज के स्वार्थ को वह व्यक्ति के स्वार्थ के ऊपर मानते हैं। वह चाहते हैं, व्यक्ति खुशी से अपने तात्कालिक सुख और जीवन तक को भी वर्ग-संघर्ष, क्रान्ति तथा नये संसार के निर्माण के लिए त्याग करे। समाजवादी सदाचार इसी बेहतर दुनिया की स्थापना के लिए विरोधियों के मुकाबिलों में किये जाने वाले वर्ग-संघर्ष के समय प्रकट होता है और उसकी पूर्णता समाजवादी समाज की स्थापना पर होती है।

२. प्राचीन भारत में यौन सदाचार

धर्मात्मा लोग जिस वक्त सदाचार की बात करते हैं; उस वक्त उनके खयाल में रहता है कि सदाचार एक ऐसा अटल-अचल विधान है जो कि सभी देश-काल में एक-सा बना रहता है; किन्तु यह धारणा बिलकुल गलत है। उत्तरी भारत में मामा-फूफी की लड़की सगी बहिन के समान मानी जाती है, जब कि उड़ीसा और गुजरात से दक्खिन उन्हें ब्याहने का हक सबसे पहले ममेरे-फुफेरे भाई का होता है। और प्राचीन भारत के सदाचार को चाहते हैं; तो पुरानी पुस्तकों को उलटकर देखिये; मैंने इनके बारे में अन्यत्र[१] काफी लिखा है, यहाँ उससे कुछ पंक्तियाँ उद्धृत करता हूँ—

"नदी पार होते-होते पाराशर का सत्यवती (मल्लाहपुत्री) के साथ समागम प्रसिद्ध है।"[२] यद्यपि यहाँ ग्रंथकार ने पाराशर के दिव्यशक्ति से कोहरा पैदा कर लज्जा ढाँकने की कोशिश की है, किन्तु उत्तथ्यपुत्र[३] दीर्घतमा—ऋग्वेद के कितने ही सूक्तों के कर्त्ता तथा पीछे गौतम नाम से प्रसिद्ध गौतम-गोत्रियों के प्रथम पूर्वज—ने लोगों के सामने ही स्त्री समागम किया।

---

१. "मानव-समाज" ८८-९६।
२. महाभारत, आदिपर्व ६३।
३. वही १०।

"उस पुराने युग में ऋतुकाल के अवसर पर स्त्री किसी पुरुष से रति की भिक्षा माँग सकती थी। शर्मिष्ठा ने इसी तरह ययाति से रति-भिक्षा माँगी[१] थी। यही नहीं, ऐसी भिक्षा का देना न स्वीकार करने पर गर्भपात के समान पाप होता है, यह भी वहीं[२] बतलाया गया है। "उलूपी ने भी अर्जुन से रति-भिक्षा माँगते हुए कहा था कि स्त्री की प्रार्थना पर एक रात का समागम अधर्म नहीं।[३] उतंक ने ऋतु-शान्ति के लिए अपनी गुरु-स्त्री के साथ गमन किया और उसे बुरा नहीं समझा गया।[४] चन्द्रमा ने अपने गुरु बृहस्पति की भार्या तारा के साथ रति की, जिससे बुध पुत्र हुआ। गौतम पत्नी अहल्या का इन्द्र के साथ संबंध प्रसिद्ध है; किन्तु गौतम ने अपनी पत्नी को सदा के लिए त्याज्य (तिलाक के योग्य) नहीं बनाया।

"महाभारत काल में विवाह-बंधन कितना शिथिल था, इसके कितने ही उदाहरण तो कुमारी कन्याओं से प्रतिष्ठित पुत्र (कानीन) हैं। पांडवों की माँ कुन्ती जब कुमारी थी, तभी उससे कर्ण पैदा हुआ था। कुमारी गंगा से शान्तनु ने भीष्म को पैदा किया था। पाराशर ने कुमारी सत्यवती (मल्लाह-पुत्री) से व्यास को पैदा किया था, पीछे यही सत्यवती शान्तनु की रानी बनी। कुन्ती की सौत माद्री की जन्मभूमि मद्रप्रदेश (वर्त्तमान स्यालकोट के आसपास के जिले) के उन्मुक्त स्त्री-पुरुष संबंध की कर्ण ने बड़ी कड़ी आलोचना की है।...मद्रदेश में पिता, पुत्र, माता, सास, ससुर, मामा, जमाई बेटी, भाई, पाहुना, दास, दासी का यौन-सम्मिश्रण बहुत ज्यादा था। वहाँ की स्त्रियाँ स्वेच्छापूर्वक पुरुष-सहवास करतीं। अपरिचित के साथ भी प्रेम के गीत गातीं। गांधारियों की भाँति माद्रियाँ भी शराब पीतीं, नाचतीं। वहाँ वैवाहिक संबंध नियत न था, स्त्रियाँ मनमाना पति करतीं। एक स्त्री के कई पति का उदाहरण प्रातः-स्मरणीय पंच-कन्याओं में एक द्रौपदी हमारे सामने मौजूद है।

"बहिन, बेटी-पोती के साथ के ब्याह के भी कितने ही उदाहरण हमें इन पुराने ग्रंथों से मिलते हैं। इक्ष्वाकु के निर्वासित कुमारों ने अपनी बहिनों से ब्याह कर

---

१. महाभारत, आदिपर्व ८२।

२. वही ६३।

३. अनुशासन पर्व १०२।

४. अनुशासन पर्व ३।

शाक्य वंश की नींव डाली[१]—इस तरह का ब्याह स्याम के राजवंश में अब भी मौजूद है। दशरथ जातक के अनुसार सीता राम की बहिन और भार्या दोनों थीं। ब्रह्मा की अपनी पुत्री सरस्वती पर आसक्ति पुराण-प्रसिद्ध है। ब्रह्मा के पुत्र दक्ष की कन्या ने अपने दादा (ब्रह्मा) से ब्याह किया था। बिना ब्याह के स्त्री-पुरुषों का जिस तरह का उन्मुक्त संबंध था उसे देखते ही कोई कह नहीं सकता कि यौन सदाचार भारत में सब देश-काल में एक-सा चला आया है। जो बात भारत के बारे में है, वही दुनिया के दूसरे मुल्कों पर भी लागू है।''

यौन ही नहीं सभी प्रकार के सदाचार बराबर बदलते रहते हैं। एन्गेल्स ने इसी बात की ओर ध्यान दिलाते हुए लिखा है—

''यदि सच-झूठ के सम्बन्ध में हमने बहुत तरक्की नहीं की, तो भलाई-बुराई के बारे में तो हम और भी पीछे रहे। भलाई-बुराई का खयाल एक जाति से दूसरी जाति, एक काल से दूसरे काल में इतना बदला है कि अक्सर वह एक-दूसरे से बिलकुल उलटा है।

अथेन्स का न्याय वही नहीं था, जो कि आज के इंग्लैण्ड या भारत का है। याज्ञवल्क्य की भाँति सुकरात के श्रोता भी दासता को अन्याययुक्त नहीं समझते थे। बीसवीं सदी के भारत में कितनी ही बातें न्यायानुमोदित हैं, जिन्हें २२वीं सदी का भारत अन्याय नहीं समझेगा और आज भी जिसे सोवियत्-भूमि में अन्याय समझा जाता है।

३. हमारा और पूँजीवादी सदाचार

इसीलिए वैज्ञानिक भौतिकवादी ''किसी तरह के सदाचार-सम्बन्धी मतवाद को नित्य, अन्तिम तथा अटल मानने से साफ इनकार करते हैं।'' खासकर, जब वह देखते हैं कि हर एक सदाचार के पीछे शोषक-वर्ग का स्वार्थ छिपा हुआ है।

वैज्ञानिक भौतिकवाद किसी अटल नित्य सदाचार के मानने से इनकार करता है, उसका अर्थ यह नहीं कि वह किसी प्रकार के सदाचार को नहीं मानता। आज भी वह क्रान्तिकारियों के सदाचारों को मान रहा है, जिनके बिना उच्च आदर्श को पूर्ण नहीं किया जा सकता। वह जिन शोषक-शोषित वर्गों से हीन समाज को कायम करने में लगा हुआ है, उसमें वैयक्तिक सम्पत्ति की कोई गुंजाइश नहीं रहेगी। जिसका आवश्यक परिणाम यह होगा कि वेश्यावृत्ति—दुनिया के सबसे

---

१. बुद्धचर्या।

पुराने धर्मानुमोदित व्यवसाय—का नाम तक सुनने में नहीं आयेगा। साथ ही जिसे हम आज का परिवार मानते हैं, उसके लिये भी गुंजाइश नहीं रहेगी। साम्यवादी परिवार ग्राम और देशव्यापी होगा, जिसमें हमारापन बहुत विस्तृत क्षेत्र में लागू होगा। स्त्री आज भार्या = खाना कपड़ा देकर पोसी जाने वाली समझी जाती है, साम्यवादी समाज में कोई स्त्री किसी पुरुष की—अपने पति की भी—कमाई खानेवाली नहीं मिलेगी। दोनों आर्थिक तौर से भी पूर्ण समान होंगे; इसलिये आज परिवार के नाम पर हम जो कुछ देख रहे हैं, उसमें कितने अंश का पता नहीं रहेगा, इसका आप खुद अनुमान कर सकते हैं।

वैज्ञानिक भौतिकवादी वैयक्तिक सम्पत्ति को नहीं रखना चाहते; किन्तु इसका अर्थ यह नहीं कि वह चोरी को वैयक्तिक सम्पत्ति उठाने का साधन मानते हैं। 'ऋणं कृत्वा घृतं पिवेत्' की भावना तो उनमें ही हो सकती है जो कि वैयक्तिक सम्पत्ति को कायम रखना चाहते हैं।

और सत्य भाषण! वैयक्तिक सम्पत्ति ने चोरी को पैदा किया—बुद्ध ने अपने एक उपदेश में[१] बड़ी सुन्दर रीति से बतलाया है कि कैसे वैयक्तिक सम्पत्ति आई और फिर वही मार-काट का कारण बनी। इस बात में बुद्ध गाँधी से बहुत आगे बढ़े हुए थे, जो कि राजकोट के लाख तजरबे के बाद भी संरक्षता के सिद्धान्त को छोड़ने के लिए तैयार नहीं हुए। उसी वैयक्तिक सम्पत्ति ने आदमी को झूठ बोलने के लिए मजबूर किया। सभ्यता में ही आदमी जितने ज्यादा दीक्षित होते जाते हैं, उतने ही वह झूठे फरेब में बढ़ते जाते हैं, इसे साबित करने की जरूरत नहीं। जंगली जातियों तथा सीधे-सादे पहाड़ी लोगों में आप झूठ बहुत कम पायेंगे। सभ्यता से हमारा मतलब वैयक्तिक सम्पत्ति के भाव से भरी हुई सभ्यता से है, जिससे ऊपर उठकर हम 'मानवता' की अवस्था में पहुँचना चाहते हैं।

फिर पूँजीवादी आचारों की सूची पुराने आचारों तक ही समाप्त नहीं हो जाती है। भोज में अमुक रंग-ढंग की पोशाक पहनकर जाना चाहिए, नाच में अमुक तरह की। दरबार में चूड़ीदार पायजामा होना चाहिए या फैले पाँव का, शेरवानी होनी चाहिए या पारसी कोट—यह सभी वर्तमान पूँजीवादी वर्ग द्वारा समाज पर लागू किये आचार हैं। इन आचारों का यदि संबंध सिर्फ काट-छाँट तक ही रहता, तो कोई वैसी बात न थी, किन्तु इनका मतलब है, अपने वर्ग को शोषितों से अलग

---

१. देखो 'मानव-समाज' पृष्ठ ५५-५९ तथा 'दीघ-निकाय', पृष्ठ २४२-४४।

कर वर्ग-संगठन को मजबूत करना। वैसे पूँजीवादी दोष देते हैं, साम्यवादियों पर, कि वह वर्ग-भेद फैलाते हैं; लेकिन आप समाज के भीतर पूँजीवादियों—सामन्तों को भी ले लीजिए—की रहन-सहन तथा बर्त्ताव को देखें तो पता लगेगा कि अपने खर्चीले खान-पान, रहन-सहन से उन्होंने अपने को ऐसा बना लिया है कि साधारण मजदूर-किसान उनसे मिल ही नहीं सकते। वर्ग-भेद जिनका बनाया और मजबूत किया हुआ है, वही बूट की ठोकरें भी लगा रहे हैं। साम्यवादियों ने इन ठोकरों के लगाने का परामर्श पूँजीपतियों या सामन्तों को कभी नहीं दिया। यदि उनका कोई अपराध है, तो यही है कि जो बूट तुम्हें ठोकर लगाते हैं, उन्हें चाटना छोड़ ही न दो, बल्कि 'जैसा देवता वैसा अच्छत' की नीति स्वीकार करो। इसका अर्थ लगाया जाता है वर्ग-विद्वेष फैलाना। हिंसा और पशुबल के बल पर शताब्दियों से जिन लोगों ने मनुष्य के शोषण और गुलामी को कायम रखा है, जरा भी साँस लेने की कोशिश को, जो अपने उसी बल से दबाना चाहते हैं, उससे बचने के लिए जो कुछ भी किया जाय, उसे वह हिंसा के नाम देते हैं—इसे कहते हैं—'उलटा चोर कोतवाल को दंडे।'

४. समाज-हित सदाचार की कसौटी

वैज्ञानिक भौतिकवाद जगत् को परिवर्त्तनशील मानता है; इसीलिये वह ऐसे आचार-विचार का पक्षपाती है जो ऐसे जगत् की तात्कालिक अवस्था के अनुकूल हो। जिस तरह 'बहुजनहिताय' आचार को पूँजीपतियों—सामन्तों के आचार से हीन नहीं, बल्कि श्रेष्ठ कहा जायेगा, वैसे ही देशकालानुसार परिवर्त्तनशील आचार भी श्रेष्ठ है। 'बहुजन-हित' के पुराने शब्द को 'समाज हित' से बदल दीजिये और फिर इसी समाजहित को आचार की कसौटी बना दीजिए। बस, इसी कसौटी पर जो आचार ठीक उतरता है, उसे ही सदाचार-आचार कहना चाहिए।

(समाज)— समाज को न तो ईश्वर ने उत्पन्न किया और न ही मनुष्यों ने मिलकर तय कर लिया कि आओ, हम अपनी स्वतन्त्रता का इतना भाग सर्व-हित के लिए छोड़कर व्यक्ति की जगह समष्टि में रहने लगे। वास्तविक बात यह है कि आदिम मानव को प्रकृति ने मजबूर किया कि यदि वह जीवित रहना चाहता है तो सामाजिक जीवन स्वीकार करे। मानव प्रकृति के चैलेंज को समाजबद्ध ही होकर स्वीकार कर सकता था। इस तरह भीतर से नहीं, बल्कि बाहरी परिस्थिति ने वैयक्तिक मानव को समाजबद्ध बनने के लिए मजबूर किया। वैयक्तिक

स्वतन्त्रता के कुछ हिस्से को छोड़ देना यह भी अभावात्मक तथा निराकार-सी बात है; मानव ने समाज को सामूहिक श्रम पर स्थापित किया। वह दासों और स्वामियों का युग ही नहीं था, बल्कि स्वतन्त्र-जांगल मानव का युग था। अभी तक जो हर एक आदमी अलग-अलग अपना काम करता था, अब उसने श्रम को सामाजिक—सामूहिक या सम्मिलित—बनाया। भाषा से लेकर आगे की सारी उन्नति उसके इसी समाजबद्ध होने—सम्मिलित श्रम करने—का परिणाम था। सामाजिक श्रम ने जहाँ अपने उत्पादन को अधिक करके दिखाया वहाँ अब वह प्रकृति तथा दूसरे (वन्य) शत्रुओं से मुकाबिला करने में भी अधिक सक्षम हो सका; और तब से पशु-मानव, मानव-मानव हो गया। मानव के आगे के विकास के बारे में हम अन्यत्र[१] लिख चुके हैं, इसलिए उसे यहाँ दुहराने की जरूरत नहीं।

मानव पहिले प्रकृति से सीधे मुकाबिला करने के लिए मजबूर था; किन्तु अब उसे मानव-समाज का भारी सहारा प्राप्त हुआ। पहिले मानव के लिए प्रकृति रहस्यमयी और बिलकुल अज्ञात थी, किन्तु समाज ने उसकी रहस्यमयता को कम करना शुरू किया और मानव का पैर दृढ़ता के साथ धरती पर पड़ने लगा। यह स्मरण रखना चाहिए कि समाज सिर्फ अपने भीतर के व्यक्तियों का योग **मात्र** नहीं है। वह मनुष्यों का **सक्रिय** आपसी संबंध तथा प्रकृति के साथ उसकी सक्रिय, **सामूहिक,** प्रयोगात्मक क्रिया प्रतिक्रिया है। इस प्रकार समाज सिर्फ मानव + मानव + मानव...नहीं, बल्कि मानव × मानव × मानव है।[२] मनुष्यों के साधारण जोड़ के अतिरिक्त वहाँ उनकी मानसिक तथा व्यावहारिक क्रिया-प्रतिक्रिया में एवं परिमाण के समागम से हुआ गुणात्मक परिवर्तन समाज की कीमत को कहीं ज्यादा बढ़ा देता है। हम समाज के मूल्य को इतने ही से नहीं आँक सकते; क्योंकि आज का मानव स्वयं समाज की उपज, तैयार किया माल है। बचपन से ही उसे समाज की एक बहुत बड़ी देन—भाषा का सहारा नहीं मिलता है; बल्कि उसके विचारों के निर्माण में भी समाज का जबर्दस्त हाथ है—समाज की लोरियों से लेकर कानून, आचार, ज्ञान-प्रचार आदि सभी मिलकर आज के मानव का निर्माण करते हैं। वस्तुतः कहना चाहिये, आज का मानव उतना प्रकृति का पुत्र नहीं है, जितना समाज का।

---

१. 'मानव समाज'

२. The Logic of Marxism (by T. A. Jackson), pp. 123-24.

१९२० ई० के मेदिनीपुर में जंगल में पादरी जे० ए० एल० सिंह ने भेड़िये की माँद से दो लड़कियों को निकाला; जिनकी रक्षा में उनकी पोषिका माँ मादा भेड़िये ने अपनी जान गँवाई। पादरी सिंह ने इन बच्चियों का नाम कमला (८ वर्ष) और अमला रखा। छोटी अमला एक साल बाद मर गई; किन्तु बड़ी ९ वर्ष तक जिन्दा रही, १७ वर्ष की हो १९२९ ई० में मरी। पादरी सिंह ने कमला के भेड़िया से आदमी बनने की प्रगति को अपनी डायरी में दर्ज किया है।[१] जिससे पता लगता है कि कमला मानव समाज में जाने के दो वर्ष के बाद दूसरे की सहायता से खड़ी होने लगी, तीन वर्ष बाद बिना सहायता के खुद खड़ी होने लगी। चार वर्ष रहने के बाद उसने अपने हाथ से गिलास लेकर पानी पिया। छः वर्ष रहने के बाद उसने आदमी की भाषा के ३० शब्द सीखे; इसी समय उसे समझ में आने लगा कि बिना तन ढाँके बाहर जाना लज्जा की बात है, प्रारम्भिक वर्षों में कमला कपड़ा पहिनाने पर फार डालती थी। सत्रह वर्ष की उम्र में पहुँचने पर कमला का भेड़ियापन और मानवता का द्वन्द्व खतम हुआ और वह एक भोली-भाली प्यारी बच्ची की तरह रहने लगी।

भेड़िया की 'बच्ची' कमला का सिर्फ नौ वर्ष का जीवन हमारे सामने गुजरा, और उसे भी विशेषज्ञों की देख-रेख में विकसित नहीं होने दिया गया, नहीं तो और भी कितनी ही बातें मालूम होतीं; किन्तु कमला ने यह साबित कर दिया कि जिसे हम मानवता कहते हैं, वह व्यक्ति की नहीं समाज की देन है। समाज से उसे सीखने की व्यक्ति में शक्ति है, जो कि बचपन में ज्यादा तेज होती है और उमर के साथ कम होती जाती है, कमला ने छः वर्ष में ३० शब्द सीखे थे, यह उसी को प्रकट करता है और खड़े होने में चार वर्ष लगना यह भी बतलाता है कि आदमी के शरीर के विकास में भी समाज का जबर्दस्त हाथ है। धर्म-ईश्वर-विश्वास, आचार-विचार स्वाभाविक हैं; इस बात को कमला एकदम झूठ साबित करती है।

वैज्ञानिक भौतिकवादी भलाई-बुराई सदाचार-दुराचार में मानवता की साकार प्रतीक इसी समाज-हित को कसौटी मानते हैं और ईश्वर, धर्म जैसी धोखे की टट्टियों से खबरदार रहने के लिये सारी शोषित और कमकर जनता को आगाह करते हैं। चूँकि समाज परिवर्तनशील है, इसलिये सदाचार भी यदि उससे

---

१. "Wolf Child and Human Child" (Methuen. London), "देखिए Statesman, Calcutta 23-3-1942, p. 4.

पिछड़ना नहीं चाहता, तो उसे भी परिवर्तनशील होना चाहिए।

ग. दृष्टि के विकार

दृष्टि या नजर पर यदि कोई पर्दा पड़ जाय, अथवा उसे प्रकाश के अभाव—अंधकार—की सहायता मिले तो वह बेकार हो जाती है, किन्तु यदि उसे उलटे प्रकाश या चश्मे की मदद हो तो वह देखेगी तो सही, मगर वास्तविक की जगह कुछ और ही देखेगी—सफेद रंग उसे पीला मालूम होगा और गोल चीज लम्बी। इसलिये सहायता लेते वक्त हमें खयाल रखना होता है कि हम विकार पैदा करने वाले सहायकों के फेर में न पड़ जाएँ। संस्कृति के शब्द दर्शन और दृष्टि दोनों एकार्थवाची हैं, इसलिये दृष्टि के विकार से हमारा अभिप्राय दर्शन के विकार से है, जिसके कारण कितने अनर्थ किये जा सकते हैं; इसके कई उदाहरण हमको अब तक मिल चुके है। यद्यपि दर्शनों का दिग्दर्शन कराते वक्त हम दर्शनों के विकारों का संकेत अन्यत्र[१] काफी कर चुके हैं, इसलिए उन सबको यहाँ दुहराया नहीं जा सकता। तो भी दर्शन-विचारों—दर्शन-मलों —पर हम थोड़ा और लिखना चाहते हैं, ताकि दर्शन-मल-प्रक्षालन में पाठकों को सहायता मिले—सिर्फ यहाँ आए दर्शन-मलों के बारे में ही नहीं, बल्कि इनके उदाहरण से सभी प्राचीन-नवीन; पौरस्त्य-पाश्चात्य दर्शनों के बारे में भी। यह ध्यान में रखना होगा कि 'दृष्टि-संयोजन'[२] (= दृष्टि का बन्धन) सबसे जबर्दस्त बन्धन है। जब तक द्वन्द्ववादी दर्शन की सहायता से उसे मुक्त नहीं कर लेते तब तक अपनी 'दर्शन शक्ति' को आप ठीक तौर से इस्तेमाल नहीं कर सकते।

१. उदयन का ईश्वरवाद

धर्म की कल्पना वर्ग-स्वार्थ को दृढ़ करने के लिए हुई और समय के साथ धर्म के बन्धन को शिथिल न होने देने, अथवा कवि सोफोकल के शब्दों में—"सारा (प्रभु—शोषक) जगत् व्यस्त हो जायेगा, यदि धर्म उठ गया"—का खयाल कर शोषक-जगत् को बचाने के लिये धर्म की नई व्याख्या या नये-नये अवतारों की जरूरत पड़ती है। धर्म और ईश्वर की धाक को अक्षुण्ण रखने के लिए भारी प्रयत्न पहले भी हुए हैं और आज भी हिटलर कह रहा था कि मैंने नास्तिक

---

१. 'दर्शन-दिग्दर्शन।'

२. बुद्ध का गढ़ा शब्द।

बोलशेविकों को न-क्षत्र करने के लिए तलवार उठाई है, इस प्रकार मेरा युद्ध धर्म युद्ध है। प्रायः हजार वर्ष पूर्व उदयनाचार्य (९८४ ई०) ने एड़ी चोटी तक की ताकत ईश्वर की सत्ता सिद्ध करने के लिए लगाई थी। यद्यपि उदयन के लिए प्रायः सभी हेतु बासी हो गये हैं और आज के स्वार्थ-संरक्षकों ने उसके लिये दूसरा ही तरीका स्वीकार किया है, तो भी भारत के लिए वह कुछ ऐतिहासिक महत्व रखता है—और कुछ दिवान्ध तो अब भी समझते हैं कि उदयन की 'न्याय कुसुमांजलि' आज के जगत् में भी ईश्वर की सत्ता को सिद्ध कर सकती है। उदयन ने ईश्वर होने के ये हेतु दिये हैं।[१]—

(१) हर एक कार्य का कोई कारण होता है, इसलिए जगत्‌रूपी कार्य का कारण चाहिये;

(२) मूल परमाणुओं को जोड़े बिना स्थूल जगत् बन नहीं सकता, इसलिए जोड़नेवाला चाहिए;

(३) धारण बिना जगत् ठहर नहीं सकता है, इसलिए धारण करने वाला चाहिए;

(४) शिल्प या ज्ञान परम्परा से प्राप्त होता है, इसलिए कोई आदिगुरु चाहिए;

(५) वेद जैसे वाक्यों का प्रमाण माना जाता है, ऐसे प्रमाण के होने का कोई प्रमाणदाता होना चाहिए;

(६) वेद (श्रुति) भी ईश्वर का होना बतलाता है;

(७) वेद वाक्यों का भी रचयिता चाहिए;

(८) दो, तीन, चार...संख्या की कल्पना का भी कोई आदिकर्त्ता चाहिए; और

(क) वह सर्वज्ञ (विश्वविद्) होना चाहिए;

(ख) वह अ-विनाशी (अव्यय) होना चाहिए।

उदयन ने आठ युक्तियों से ईश्वर को सिद्ध करना और दो शब्दों में उसके रूप को बतलाना चाहा है। इन युक्तियों का खंडन पहिले ही जगह-जगह हो चुके हैं, तो

---

१. "कार्यायोजन-धृत्यादेः पदात् प्रत्ययतः श्रुतेः।
वाक्यात् संख्याविशेषाच्च साध्यो विश्वविदव्ययः॥" —*न्याय कुसुमांजलि ५/१*

भी यदि इकट्ठा करने की जरूरत है, तो हम कह सकते हैं।[१]

(१) कार्य एक कारण से नहीं अनेक कारण ("हेतु-सामग्री" अनेक हेतु संगति) से उत्पन्न होता है, इसलिए उससे एक कारण ईश्वर सिद्ध नहीं होता;

(२) भौतिक तत्त्व—घटना प्रवाह—विरोधि-समागम हैं, इसलिए आयोजन, वियोजन के स्वाभाविक हेतु वहाँ भीतर ही मौजूद हैं;

(३) जगत् में धारण (धृति) स्थिरता आँख न रखने वालों को दीख पड़ती है;

(४) शिल्प या ज्ञान अविच्छिन्न परम्परा से नहीं आये हैं, बल्कि विच्छिन्न परंपरा (विच्छिन्न सन्तति) से प्राप्त होते हैं, एक बार वह बिलकुल नये पैदा होते हैं, फिर उनकी परम्परा चल पड़ती है;

(५-७) वेद के प्रामाण्य आदि की बात धर्मकीर्त्ति के गिनाये ध्वस्त-प्रज्ञों के पाँच चिह्नों में है, जिनका जिक्र आज स्वगोष्ठी छोड़ कोई विद्वन्मंडली में नहीं उठा सकता; वेद मनुष्यों की कल्पना, मनुष्यों की सृष्टि है, इतिहास प्रेमियों तथा आदिम मानव सभ्यता के जिज्ञासुओं के लिए वह उपयोगी सामग्री प्रदान करते हैं;

(८) दो, तीन...आदि संख्या की कल्पना मानव ने की और उसकी कल्पना से निकले आज के गणित के सामने उदयन के सामने का गणित नगण्य-सा है;

(९) कोई विश्वविद् (सर्वज्ञ) नहीं, क्योंकि सर्वज्ञ होने का अर्थ है, आज और आज से करोड़ों वर्षों बाद भी तिनके से लेकर मानव-मस्तिष्क में जो कुछ हो रहा है या होगा, वह सब उस विश्वचेत्ता के ज्ञान में पहले से जैसा मौजूद है, वैसा ही वह हो रहा है; ऐसे भाग्यवाद का गुणात्मक परिवर्त्तन द्वारा हम पहले खंडन कर चुके हैं;

(१०) अ-विनाशी किसी का कारण नहीं बन सकता, क्योंकि कारण बनाने के लिए उसे सक्रिय होना चाहिये, जो सक्रिय है, वह स्वरूप और स्वभाव में अपरिवर्तित नहीं रह सकता, इस तरह अविनाशी

---

१. "विरोधि-हेतु-संगम्याऽधतिर्विच्छिन्न सन्ततिः। सष्टिः. संख्या श्रुती, कल्प्ये नहिं विश्वविन्नाव्ययः।" *न्यायवज्रांजलि (राहुलस्य)*

और कारण यह दोनों प्रकाश-अन्धकार की भाँति एक दूसरे के विरोधी हैं।

उदयन ने, वस्तुत: ईश्वर को सिद्ध करने के लिए जो युक्तियाँ दी हैं उनका जबर्दस्त खंडन उनसे पौने चार सौ वर्ष पहले धर्मकीर्त्ति (६०० ई०) कर चुके थे[१] और जिससे उदयन पूर्णतया परिचित थे, किन्तु फिर दुहराना प्रोपेगंडा की बर्कत है। इससे भी वह पूर्णतया परिचित थे, इसलिए पुनरुक्ति को दूषण नहीं भूषण बना वह अपना काम करते गये।

२. प्रयोजनवाद

जब हम एक घर को देखते हैं, तो समझ जाते हैं कि इसे एक आदमी ने बनाया और उसने इसे एक विशेष प्रयोजन के लिए एक विशेष योजना के अनुसार बनाया है। इसलिये ''यदि प्रकृति एक केकड़े, एक तूफान या बाघ की पीली-काली धारियाँ बनाती हैं'' तो इसका कोई प्रयोजन है।—यह है यूरोप के बीसवीं सदी के ह्वाइटहेड जैसे कुछ दार्शनिकों का महान् दर्शन। हम जानते हैं, देवफोंफी (थ्योसोफी) के अभिन्न धर्म की भाँति यह महान् दर्शन भी काफी पुराना है और बीसवीं सदी के प्रयोजनवादी दार्शनिकों ने पुराने सूत्र को ही फिर से उज्जीवित करने की कोशिश की है, जिसका अर्थ यही है कि सोफोकल की आत्मा ह्वाइटहेड के रूप में तार लेने की जरूरत समझती है।

विद्या का काम है, अज्ञात की व्याख्या ज्ञात से करके उसे समझने लायक बनाये किन्तु प्रयोगवादी दार्शनिक अपनी दार्शनिकता का जबर्दस्त अपव्यय कर रहे हैं, जब कि वह ज्ञेय विश्व की व्याख्या अज्ञात की सहायता से करने का प्रयत्न करते हैं, जिस तरह प्रयोगवादी बाघ की काली-पीली धारी के भीतर खास प्रयोजन बतला रहे हैं, उसी तरह कहा जा सकता है कि समूरी लोमड़ी शिकार के प्रयोजन से पैदा हुई; और जैसे गाय भैंस खाने के प्रयोजन से पैदा की गई। उसी तरह हिन्दुस्तानी तथा दूसरी काली जातियाँ गुलाम बनने के लिए एवं सफेद जर्मन आर्य-जाति दुनिया पर शासन करने के प्रयोजन से पैदा हुई। और हिन्दुओं की गीता तो गला फाड़-फाड़कर कह ही रही है कि —''भगवान (मैं) ने चारों वर्णों को गुण-कर्म से अलग-कर-करके बनाया'';[२] जिसमें शूद्रों का काम तीनों ऊँचे वर्णों

१. देखिये 'दर्शन दिग्दर्शन' में धर्मकीर्त्ति, पृष्ठ ७४०-८०४।

२. 'चातुर्वर्ण्य मया सृष्टं गुण-कर्म-विभागश:।'

की खिदमत करना भर है। बीसवीं सदी का प्रयोगवाद भी हमें वृद्धों के उसी 'ज्ञान-भंडार' तक पहुँचा देता है जिसमें "भगवान की मर्जी के बिना पत्ते का भी न हिलना" सबसे बड़ा ज्ञान है और जो शोषकों कामचोरों के प्रयोजन का सबसे बड़ा हथियार है।

हमको यह मालूम है कि जब तक दार्शनिकों का प्रयोजनवाद मानव बुद्धि को बाँधे हुए था और हर एक अज्ञात वस्तु की अज्ञेय से व्याख्या कर डालने की प्रवृत्ति थी, तब तक साइंस आगे नहीं बढ़ सका और जैसे ही बुद्धि प्रयोजनवाद के यांत्रिक बंधन से मुक्त हुई; वैसे ही उसने प्रयोग के द्वारा साइंस का रास्ता साफ किया। प्रयोजनवाद साइंस का जबर्दस्त दुश्मन है; वह ठीक उससे उलटा रास्ता लेने को कहता है। बाघ की पीली जमीन पर काली धारी को ही ले लीजिये, प्रयोगवादी मुल्ले कहेंगे, प्रकृति—(ईश्वर को वह इस नाम के भीतर छिपाना चाहते हैं, क्योंकि जड़ प्रकृति के साथ उनकी इतनी छोह नहीं हो गई है कि उसे प्रयोजन-चेतना रखनेवाली मान लें) ने बाघ को काली-पीली धारी इसलिए प्रदान की है कि वह अपने को छिपाकर दुश्मन से बच सके। साइंस-वेत्ता इस धारी को लेकर **प्राकृतिक निर्वाचन** और **जाति परिवर्त्तन** के महान् सिद्धान्तों का आविष्कार करने में सफल हुए जो कि प्रयोजनवाद से बिलकुल उलटे हैं—"जो वस्तु (घटना-प्रवाह) खास विशेषताएँ रखती हैं, वह चिरस्थायी होती है। कुछ व्यक्ति नये परिवर्त्तन द्वारा अपने में नई विशेषताएँ लाते हैं। अपने आहार-विहार के लिए, अपने शत्रुओं से बचने के लिए, जो विशेषताएँ उपयोगी सिद्ध होंगी, उन विशेषताओं का धनी बचा रहेगा, और जो अनुपयोगी या हानिकारक सिद्ध होंगी उनके धनी का विनाश अवश्यम्भावी है। बरसात में कई कीड़े पैदा होते हैं, जिनमें से कुछ रंगरूप में हरे पत्तों से मिलते हैं, कुछ का रंग किसी वृक्ष की छाल जैसा होता है और कुछ का वहाँ की मिट्टी जैसा। इन रंगों पर यदि हम गौर करें तो मालूम होगा कि ये रंग दुश्मन की नजर से छिपने में बड़ी मदद देते हैं, गोया यह वर्ण उनके रक्षा-कवच हैं। एक कीड़ा सूखी काली जगह में पीढ़ियों से रहता था। समय बदला, अब वह जमीन हरी-भरी हो गई। अब कीड़ा हरी पत्तियों और हरे पौधों में रहता है। उनकी सन्तानों में अधिकांश कीड़े, चमकीले, लाल और काले रंग के हैं और दो-चार जातिपरिवर्त्तन के कारण हरे रंग के। कीड़ों के खाने के लिए कितने ही पक्षी कितने ही दूसरे कीड़े भी मुँह बाये हुए हैं! जो कीड़ा अपने आसपास की जमीन, हरी घास से बिलकुल अलग रंग रखता है और इसके कारण दूर से ही शत्रु की

नजर उस पर गड़ जाती है ऐसे कीड़े का जल्दी संहार होना निश्चित है।—उपरोक्त कीड़ों में अपने रंग के कारण बचे हुए ये हरे कीड़े वंश को आगे ले जायेंगे, गोया प्रकृति ने हरे कीड़ों को जाने के लिए चुन लिया है। इसे ही **प्राकृतिक निर्वाचन** कहते हैं।[१]

प्रयोजनवाद का असल मतलब है, आप जगत को बदलने का इरादा न करें, समाज जैसे चल रहा है, वैसे ही चलने दें। प्रयोजनवाद का उद्देश्य है, फाटक से निकाल बाहर किये ईश्वर को फिर से खिड़की के रास्ते ला सिंहासन पर बैठाना। —यह हम यूरोप के प्रयोजनवादियों की बात कह रहे हैं, जो कि अपने इस उद्देश्य को बहुत छिपा कर रखना चाहते हैं।

३. विज्ञानवाद

विज्ञानवाद का जिक्र पहिले ही हो चुका है, किन्तु आँख में धूल झोंकने का काम जितना इस दर्शन से लिया जाता है, उतना दूसरे दर्शनों से नहीं। सर राधाकृष्णन् शंकराचार्य के हिमायती होने के नाते विज्ञानवाद का समर्थन करना अपना फर्ज समझेंगे। किन्तु राधाकृष्णन् टूटी नाव हैं, जो उन पर भरोसा करेगा, वही मँझधार में गिरेगा। हम बतला चुके हैं, कैसे उन्होंने बुद्धि को शंकर के ज्ञान पथ से विचलित कर भक्ति की शरण लेने का परामर्श दिया था। बौद्ध दर्शन पर पोचारा पोतते हुए एक जगह वह विज्ञानवाद भूत भौतिक जगत् असत्, चेतनामय ब्रह्म (मन या विज्ञान) ही सही—के प्रति अपने उद्‌गार को इस प्रकार निकालते हैं।[२]

"विश्व बिलकुल ही व्यर्थ, एकदम अ-वास्तविक होता, यदि यह किसी प्रकार से वास्तविक (ब्रह्म?) का प्रकाश न मिलता। जन्म और मरण की दुनिया अमर (ब्रह्म?) का प्राकट्य है...परम (चरम) वास्तविकता '**सर्वसत्त्व**' वास्तविक तथा काल्पनिक सभी वस्तुओं की आत्मा है।"

'**सर्वसत्त्व**' अंग्रेजी की पुस्तक में भी यह संस्कृत शब्द लिखा गया है। धरती माता! फोटो, हम समाएँ!! एकां लज्जां परित्यज्य त्रैलोक्य विजयी भवेत! और सर्व-सत्य का अर्थ "वास्तविक तथा काल्पनिक सभी वस्तुओं का आत्मा!" श्रद्धेय

---

१. देखिये 'विश्व की रूपरेखा' पृष्ठ ३१६-३२३।

२. Indian Philosophy. V. I. p. 596.

धर्मानन्द कौसम्बी! आपने बौद्ध शास्त्रों के पढ़ने-पढ़ाने में नहीं, धूप में अपने बाल सफेद किये हैं, यदि इस तत्त्व को नहीं समझा। और भदन्त आनंद कौसल्यायन! अब भी काशी के दूसरे छोर पर आप अपना दंड-कमंडल रखना चाहते हैं। यदि हाँ, तो ठीक अर्थ लगाइये—

"सब्बे सत्ता भवन्तु सुखितत्ता" (सर्वे सत्त्वा भवन्तु सुखितात्मानः) = "वास्तविक तथा काल्पनिक सभी वस्तुओं की आत्मा सुखी हो।" छंदस् (वेद) के नियम के अनुसार बहुवचन को एकवचन कर देने से यही अर्थ ठीक आयेगा।

और बिहार के राजा मदनपाल देव (११३४-५३ ई०) के सत्रहवें राज्य-संवत् में लिखी पुस्तक के अन्त में जो "माता-पितृ-पूर्वांगमं कृत्वा सकल-सत्त्वराशेनुत्तर ज्ञानावासये"[१] लिखा हुआ है, उसमें 'सकल सत्त्व राशेः' का अर्थ करना होगा—सभी वस्तुओं के आत्माओं की राशि का अब मालूम हुआ न, बुद्ध और बौद्धों के दर्शन पर कलम चलाने के लिए कितनी हिम्मत चाहिए। हमें आशा है भविष्य के भारतीय दर्शन पर कलम उठाने वाले सारे लेखक सर राधाकृष्णन् की इस 'सर्वसत्त्व' की गहरी सूझ के लिए कृतज्ञता प्रकट करने से कभी बाज न आवेंगे।

राधाकृष्णन् के सर्वसत्व (= सारे प्राणी, सारे जलचर, नभचर, पशु, मनुष्य) ने हमारी जान को ही ले छोड़ा था। लेकिन बुद्ध ने अपने दर्शन की इतनी नाकाबन्दी की है, खास कर अनात्मवाद और क्षणिकवाद के द्वारा, कि सर राधाकृष्णन् कितना ही 'वास्तविक', 'अमर' या खुद बुद्ध के अपने मुँह से निकले वचन 'सर्वसत्व' का चोगा पहनाकर ब्रह्मवाद को वहाँ घुमाना चाहें; बेचारा शंकर का प्यारा ब्रह्म क्षणिकवाद के एक ही प्रहार में बाप-बाप करता फिर उधर नजर उठाकर देखने की भी हिम्मत न करेगा। हमें सर राधाकृष्णन् की इस हिम्मत की दाद देनी चाहिये, जो कि ऐसी निराशाजनक परिस्थिति में भी उन्होंने हिम्मत न छोड़ी। इससे एक बात तो साफ है कि वह 'जन्म-मरण की दुनिया' के पीछे 'अमर' तत्त्व को सिद्ध करने पर तुले हुए हैं। आइये, हम उनकी मदद करें।

इंग्लैंड का महान् दार्शनिक बर्कले' (१६८५-१७५३ ई०)—लार्ड क्लाइव का समकालीन विज्ञानवाद का जबर्दस्त समर्थक था। उसका कहना था—"स्वर्ग...

१. देखिए Journal of the Bihar and Orissa Research Society Vol. XXI. pt. I. p. 23.

और धरती के सभी सामान संक्षेप में...सभी पिंड मन को छोड़ और किसी द्रव्य के नहीं (बने) हैं। ....जब तक मेरे द्वारा वह उपलब्ध (ज्ञात) नहीं होते अथवा मेरे या दूसरे उत्पादित जीव के मन में अस्तित्व नहीं रखते, तब तक वह या तो अस्तित्व ही नहीं रखते अथवा किसी नित्य आत्मा में अवस्थित है।[१]

बर्कले दार्शनिक होते भी लाट-पादरी था और आजकल की दुनिया पादरियों से भड़कती बहुत है, इसलिये आइये एक प्रसिद्ध साइंसवेत्ता, सर जेम्स जीन्स के पास चलें, यद्यपि 'सर' होने से आपको जरूर कुछ शंका हो उठेगी; क्योंकि आप जानते हैं, पूँजीवाद-शिरोमणि सरकार कैसों को इस पदवी का पात्र समझती है तो भी यह याद रखना चाहिये कि जीन्स एक अच्छे गणितज्ञ अच्छे ज्योतिषी—फलितवाले नहीं खाँटी (गणित) ज्योतिष वाले—रहे हैं। सुनिये वह क्या कहते हैं[२]—

"मुझे मालूम होता है, आधुनिक साइंस हमें एक बिलकुल दूसरे रास्ते से (बर्कले मत के) बिलकुल असमान परिणाम पर नहीं पहुँचा रहा है..."

"इसमें कोई अन्तर नहीं पड़ता, चाहे पदार्थ मेरे मन में या किसी दूसरे उत्पादित जीवन के मन में अस्तित्व रखते हैं या नहीं, उनका विषय (गोचर) होना तभी होता है, जब कि वह किसी नित्य आत्मा के मन में अस्तित्व रखते हैं।

"यदि यह सच है कि पदार्थों का वास्तविक सार" (कान्ट का वस्तु-अपने-भीतर या वस्तु-सार) हमारे ज्ञान से परे है, तो वस्तुवाद और विज्ञानवाद की सीमा-विधायक रेखा सचमुच अत्यन्त अस्पष्ट हो जाती है.., विषयाकार वास्तविकत: अस्तित्व रखती है; क्योंकि कुछ वस्तुएँ मेरी और आपकी चेतना को एक समान प्रभावित करती हैं, किन्तु (ऐसा करके) हम एक ऐसी किसी चीज को मान ले रहे हैं, जिसके मान लेने का हमें हक नहीं है, यदि हम उसे वास्तविक (वस्तुरूपा) या विज्ञानीय (विज्ञान-रूप, मन-रूप) नाम देते हैं। ठीक नाम रखने पर उसे 'गणितीय' कहना चाहिये।

सर जेम्स जीन्स जिस वक्त विशप बर्कले के साथ आसमान में उड़ते जा रहे थे, उस वक्त उन्हें डॉक्टर जॉन्सन की बात याद आ गई। डॉक्टर जॉन्सन

---

१. विशेष के लिये देखिये 'दर्शन दिग्दर्शन' पृष्ठ ३३०।

२. The Mysterious Universe (by Sir James Jeans, Pelican Series April 1940), pp. 172-75.

ने बर्कले के दर्शन की बात सुनकर विज्ञान से पृथक् भौतिक तत्त्व की सत्ता को साबित करने के लिये फर्श पर पैर पटक कर कहा—"नहीं; साहेब! मैं इस तरह (पैर से धरती की सत्ता को सिद्ध कर) उसे (विज्ञानवाद को) गलत साबित करता हूँ।"

सर जेम्स जीन्स डॉक्टर जॉन्सन के खंडन का उत्तर अपनी मुस्कराहट से देना काफी समझते हैं, क्योंकि डॉक्टर जॉन्सन अपने समय में जो काम कर गये, उसे ही अब उन्हें नई परिस्थिति में अंजाम देना है। यदि डॉक्टर जॉन्सन जानते कि धरती पर लात पटक कर वह भौतिकवाद को सिद्ध कर रहे हैं, जो कि शोषक प्रभुवर्ग तथा उसकी संस्कृति, सभ्यता, धर्म का जानी दुश्मन है तो वह कभी वैसी गलती न करते। सर जेम्स जीन्स जानते हैं कि वह जो महान् सेवा कर रहे हैं, उसे अपकृत वर्ग भुला नहीं सकता, इसीलिये आगे बढ़ते हुए कहते हैं[१]—

"आज ज्ञान की धारा एक अयांत्रिक वास्तविकता की ओर बढ़ रही है; विश्व एक बड़े यंत्र की अपेक्षा एक बड़ी विचार कल्पना-सा जान पड़ता है। मन अब भौतिक जगत में आकस्मिक भटक आया (बटोही) जैसा नहीं मालूम पड़ता : हमें भान होने लगा है कि (पहिली धारणा को हटा कर) हमें भौतिक जगत् के स्रष्टा और शासक के तौर पर उस (मन) का स्वागत करना चाहिये—हाँ, अपने वैयक्तिक मनों को नहीं; बल्कि उन मनों को, जिनमें कि परमाणु.. विचार (कल्पना) के तौर पर सत्ता रखते हैं।...भौतिक तत्त्व स्वयं ....मन की सृष्टि और प्राकट्य हैं। हमें जाहिर होता है कि विश्व हमारे मनों जैसे एक मन का पता दे रहा है, जो कि (उसकी) योजना बनाता तथा नियंत्रण करता है।"

देखा सर जेम्स जीन्स कैसे चुपके से प्रयोगवादी ह्वाइटहेड के पास पहुँच गये; और इन बूढ़ों की मंडली में हमारे सर राधाकृष्णन् जो शोभा दे रहे हैं! आप इनकी बातों का आदर्श वाक्य बना अपने बैठकखाने—ड्राइंगरूम—में लगा लीजिये, यदि घर की लक्ष्मी को भुखमरों के घर जाने नहीं देना चाहते हैं—

विश्व के पीछे वास्तविक अमर 'सर्वसत्त्व' है—सर राधाकृष्णन्।

विश्व के पीछे खास प्रयोजन काम कर रहा है—ह्वाइटहेट्।

---

१. The Mysterious Universe (by Sir James Jeans Pelican Series, April, 1940) pp. 186-8.

"एक मन..जो कि (विश्व की) योजना बनाता तथा नियन्त्रण करता है।"—सर जेम्स जीन्स।

और जर्मन मजदूर दियेत्ज़ेन[१]—ये दार्शनिक कहलाने वाले लोग "जनता को अज्ञान में रखने के लिये अपने झूठे विज्ञानवाद को इस्तेमाल कर रहे हैं।"[२]

इसके उत्तर में प्रोफेसर लेवी ने जली-कटी सुना इन बूढ़े शोषण के समर्थकों को जो उत्तर दिया है, उसे हम पहिले उद्धृत कर चुके हैं। नई पीढ़ी का दूसरा दार्शनिक जॉन लेविस कहता है[३]—

"बिना एक कल्पना (विज्ञान) के चूँकि हम किसी वस्तु को नहीं जान सकते, इसका यह अर्थ हरगिज नहीं कि हम सिर्फ कल्पना को ही जानते हैं। ज्ञान का अस्तित्व ही साबित करता है कि ज्ञाता और ज्ञेय भी अस्तित्व रखते हैं, चूँकि बिना उसकी कल्पना किये हम बाह्य (भौतिक) जगत् का चिन्तन नहीं कर सकते, इसका अर्थ यह नहीं कि तुम जो कुछ अनुभव करते हो, वह सिर्फ अपनी कल्पना का ही करते हो। हम अपने प्रथम (इन्द्रिय-) प्रत्यक्ष में खुद प्रकृति (भौतिक तत्त्व) को ही जानते हैं। (यह ठीक है) हम उसे पूर्णतया नहीं जानते, और न उसके बारे में सब कुछ जानते हैं, किन्तु हम यह जानते हैं कि वह है।"

यदि आप विज्ञानवाद की नब्ज ढूँढ़ें तो मालूम होगा—उसका आजकल सबसे बड़ा काम है, साइंस से प्राप्त होने वाले काम के प्रति संदेह पैदा करना—सापेक्ष बतलाना नहीं, क्योंकि सापेक्षता को तो साइंस स्वीकार करता है। दूसरा काम है प्रत्यक्ष या अप्रत्यक्ष रूप से धर्म को हस्तावलम्ब देना; इसे सर जेम्स जीन्स के 'मन' में हम अभी देख चुके।

---

१. Dietzgen.

२. Lenin-Materialism and Euperio-criticism.

३. Introduction to Philosophy (London, 1937), pp. 50-51 में उद्धृत।

तृतीय अध्याय

भूत और द्वन्द्ववाद

वैज्ञानिक (द्वन्द्वात्मक) भौतिकवाद के बारे में अधिक कहने से पहले यह जानना जरूरी है कि भौतिकवाद क्या है, और भौतिकवाद को समझने के लिये भूत (भौतिक तत्त्व) को बतलाना आवश्यक है।

क. भूत या भौतिक तत्त्व

१. भूत की व्याख्या

जो कुछ हम अपनी इन्द्रियों से देखते-समझते (इन्द्रिय-गोचर) हैं, जो कुछ इन्द्रिय-गोचर वस्तुओं का मूल स्वरूप है, जो देश (लम्बाई चौड़ाई, मुटाई) में फैला हुआ है, जो कम या बेशी मात्रा में दबाव की रोक-थाम करता है, जिसमें इन्द्रियों से जानने लायक गति पाई जाती है, वह भूत है।

इन्द्रिय से यहाँ मनुष्य की जन्मजात इन्द्रियों की ही शक्ति को नहीं लेना चाहिये; बल्कि उस शक्ति को भी, जो कि सहायक यंत्रों अणुवीक्षण[१] दूरवीक्षण[२] शब्द प्रसारक द्वारा कई गुना बढ़ी प्राप्त होती है।

दार्शनिक लॉक (१६३२-१७०४) के मत में परिमाण (लम्बाई, चौड़ाई, मुटाई तथा भार) के रूप में भूत का जो स्वरूप हमें इन्द्रिय गोचर होता है, वही वास्तविक है; और गुण (गद्य, रस आदि) के रूप में दिखलाई देने वाला स्वरूप अ-वास्तविक, काल्पनिक या भ्रान्त है। वैशेषिक रूप, रस आदि गुणों द्वारा ही भूतों की वास्तविकता (द्रव्यता) मानता है—पृथिवी वह है, जो गंध वाली होते गुण वाली है। यहाँ यह कहने की आवश्यकता नहीं है कि गुण की वास्तविकता

---

१. Microscope.
२. Telescope.

मानने के कारण ही वैशेषिक विकसित होकर पदार्थ विज्ञान या साइंस के रूप में परिणत नहीं हो सका; और विस्तार तथा भार को भूत का वास्तविक स्वरूप मानने वाली यूरोपीय विचार-परंपरा नित्य नव-विकास वाले आधुनिक साइंस के रूप में परिणत हो गई।

यद्यपि साइंस विस्तार और भार के रूप में भूत को देखता है; किन्तु उनमें भी वह, जहाँ तक उसकी इन्द्रिय-गोचरता का संबंध है, भार को प्रधानता देता है—

'बाहरी जगत् (भौतिक तत्वों) का ज्ञान उन कम्पनों (अतएव दबावों) से होता है, जिनको लेते वक्त दस लाख से ऊपर ज्ञान-तंतुओं के झटके हमारे मस्तिष्क और रीढ़ के भीतर के तन्तु गुच्छकों में पहुँचते हैं; उन गुणात्मक 'झटकों' पर (वह ज्ञान निर्भर) नहीं है। परिमाण का गुण में और गुण का परिमाण में परिवर्त्तन (जिसके द्वारा कि हम किसी पदार्थ को इन्द्रिय-गोचर करते हैं) मस्तिष्क में होता है; जगत का जो ज्ञान हमें होता है, यही परिवर्त्तन उसमें मुख्य साधन है।"[१]

गुण (गंध, रूप आदि) कैसे परिमाण (भार आदि) में परिवर्तित होते हैं?— प्रकृति का स्वभाव ही ऐसा है, उसमें गुणात्मक परिवर्त्तन—स्वरूप में मौलिक परिवर्त्तन—होना बराबर देखा जाता है; जिसे कि हम आगे कहने वाले हैं। वैज्ञानिक भौतिकवाद गुण और परिमाण दोनों को वास्तविक जगत् का स्वभाव (आसानी के लिये गुण कह लीजिये) मानता है।

भूत की व्याख्या करते हुए लेनिन ने कहा है—

"भूत का एकमात्र गुण (स्वरूप) यह है, जो कि वह हमारे प्रत्यक्षीकरण से बाहर अपनी सत्ता को (रखता है, और) इन्द्रियगोचर वास्तविकता के रूप में रखता।"[२]

"भूत दार्शनिक परिभाषा में उस 'साकार' वास्तविकता को कहते हैं, जिसका ज्ञान मनुष्य को उसकी इन्द्रियों-द्वारा मिलता है। वह ऐसी वास्तविकता है, जिसकी नकल की जा सकती है जिसका फोटो खींचा जा सकता है, जो हमारी वेदनाओं (विषय-इन्द्रिय-मस्तिष्क-सम्पर्क) द्वारा (मस्तिष्क) में प्रतिबिम्बित की

---

१. The Marxist Philosophy and the Sciences by J.b.S. Haldane, 1938, p. 32-33.

२. The Materialism and Empirio-Criticism, p. 220.

जा सकती है—किन्तु, इसकी सत्ता इन (वेदनाओं) पर निर्भर नहीं है।[१]

"भूत वह है, जो कि हमारी इन्द्रियों पर क्रिया करते हुए वेदना (मस्तिष्क-गति) को उत्पन्न करता है। भूत वह 'साकार' वास्तविकता है, जिसका पता हमें वेदनाओं में मिलता है।"[२]

यहाँ 'साकार' उस 'निराकार' से उलटे अर्थ में है, जिसका अस्तित्व बाहरी जगत् में कहीं नहीं मिलता और जो सिर्फ मस्तिष्क की कल्पना-मात्र है।

२. विरोधियों के आक्षेपों का उत्तर

भौतिकवाद के विरोधी आज नये नहीं पैदा हुए हैं; वह दर्शन के इतिहास के आरम्भ से चले आते हैं और एक तरह दर्शन पैदा ही हुआ, भौतिकवाद के वास्तविक जगत् को विचारों द्वारा खतम करने के लिये। उपनिषद् के दार्शनिकों ने 'नेह नाना' (यहाँ अनेक नहीं) कहा, अफलातूँ ने 'झूठे', भौतिक जगत् की जगह 'सच्चे' अभौतिक (विज्ञानमय) जगत् की 'सृष्टि' की। नागार्जुन ने जगत् और उसकी वस्तुओं की सत्ता चूँकि सापेक्ष-अन्योन्याश्रित—है, इसलिए ऐसी सत्ता से इनकारी हो सब कुछ शून्य (अभाव) का प्रतिपादन किया। प्रसंग ने अफलातूँ के विज्ञानमय जगत् में बौद्ध दर्शन के क्षणिकवाद की पुट दे भौतिक जगत् के 'ठोसपन' को ध्वस्त किया। शंकर और रोश्द ने पहले ही के भौतिकवाद-विरोधियों का चर्वित-चर्वण किया। लेकिन, क्या इन बड़े-बड़े दिमागों के छब्बीस सौ वर्षों के प्रयत्न से 'ठोस' जगत् खतम हो गया?—नहीं, बिलकुल नहीं याज्ञवल्क्य, अफलातूँ, नागार्जुन, ७.संग, शंकर और रोश्द ने अपने मत को स्वयं अपने आचरण द्वारा झूठा साबित किया। वास्तविक जगत् की सत्ता यदि वस्तुतः नहीं है, तो भूख भी कोई चीज नहीं और भूख मिटाने के लिये यदि अफलातूँ या शंकर ने थाली की ओर अपने पाँच सेर के हाथ को बढ़ाया, तो खुद अपने आचरण से अपने मत का खंडन किया।

खैर, इन पुराने भौतिकवाद विरोधी दार्शनिकों तथा उनके आधुनिक वंशजों को छोड़िये, आज ऐसे कोरे तर्कवादों का महत्व नहीं है। लेकिन हाँ, भौतिकवाद के विरोधी एक दूसरी तरह के नये लोग पैदा हुए हैं। ये लोग स्वयं वैज्ञानिक हैं और

---

१. The Materialism and Empirio-Criticism, p. 102.

२. वही, पृ० ११६।

उसी विज्ञान के अनुसंधान में निरत हैं—जो कि निर्भर करता है भूत के अस्तित्व पर। एक बार यदि भूत के अस्तित्व से इनकार कर देते हैं, तो किसकी नाप-तोल किस पर अणुवीक्षण, दूरवीक्षण,. रश्मिवर्णवीक्षण का प्रयोग? किन्तु यह भी कोई नई बात नहीं। दर्शन के इतिहास में हम अकसर नागार्जुन, गजाली, श्रीहर्ष जैसे विद्वानों को देखते हैं, जो दर्शन की सहायता से दर्शन का संहार करना चाहते हैं, जैसे कि हमारे ये आधुनिक कितने ही देह या दिमाग के बूढ़े वैज्ञानिक। उनके ऐसा करने में भी भारी रहस्य है और उनका साइंस से कोई सम्बन्ध नहीं है; किन्तु अभी उसे रहने दीजिये। आइये, देखें भूत (भौतिक) के अस्तित्व को इनकार करने के लिये यह युक्ति क्या देते हैं—

"भूत नहीं है, यह साबित हो गया।"

"कैसे?"

"साइंस—उच्च भौतिक विज्ञान—ने साबित कर दिया कि भूत कुछ नहीं है, वह वस्तुत: शक्ति है?"

"शक्ति! भौतिक या अभौतिक—आत्मिक या दिव्य-शक्ति?"

"भौतिक नहीं।"

"तो अ-भौतिक; दिव्य! और फिर उस अ-भौतिक दिव्य शक्ति को सिद्ध कौन कर रहा है?-साइंस! और फिर वह साइंस!"

"हाँ; क्योंकि साइंसवेत्ता जो उसे प्रमाणित करते हैं।"

"मुँह से कहना, यदि साइंस से प्रमाणित करना है, तो साइंसवेत्ताओं की सारी चेष्टाएँ साइंस हैं। सर ऑलिवर लॉज की भूत प्रेत-विद्या अतएव ओझा-विद्या—तथा उसके आधुनिक अवतार थ्योसोफी भी साइंस है। सर चन्द्रशेखर वेंकटरमन का वेद-मन्त्र और वर्तमान सामाजिक असमानता की रक्षा के पक्ष में भाषण भी साइंस है? सर जेम्स जीन्स का समर्थन भी साइंस है।..वस्तुत:; आप उनके उतने ही कथन को साइंस की कोटि में मान सकते हैं, जिसके ऊपर वेधशाला, प्रयोगशाला और उसके सैकड़ों छोटे-बड़े यन्त्र अपनी मुहर लगा चुके हैं। तो क्या इन वेधशालाओं ने गवाही दी है कि भूत नहीं है और फिर भूत नहीं का मतलब? जब वृक्ष का न होना निश्चयपूर्वक घोषित कर दिया गया, तब 'आम है' सवाल ही कैसे उठ सकता है? फिर साइंस किसकी नाप-तोल कर रहा है?

"वास्तविक जगत्—प्रकृति और (उसके) साहित्य—को उसी तरह ग्रहण करना, जैसी कि वह ऐसे हर आदमी को मालूम होती है, जो कि विज्ञानवादी (दार्शनिक) कल्पनाओं की पूर्ण धारणाओं से मुक्त हैं।"[१]

२. विरोधियों के आक्षेपों का उत्तर

लेकिन जरा ठहरिये, भौतिकवाद की व्याख्या उसके शत्रुओं के मुँह से सुनिये। भारत के धर्माचार्य कहते हैं—

'जब तक जिये सुख से जिये, ऋण करये घी (शराब?) पिये।
देह के भस्मीभूत हो जाने पर फिर आना कहाँ से।'[२]

—अर्थात, भौतिकवाद परम पामर स्वार्थी, लोलुप, मनुष्य रूप में मृगा है? और यूरोप के धर्माचार्य उसे भौतिकवादी कहते हैं, जो कि—शराबी, इन्द्रियलंपट, समाजशत्रु अहंकारी जीव है। साथ में उनकी राय में विज्ञानवादी दार्शनिक होते हैं—संयमी, जितेन्द्रिय, समाज-सुहृद, निरहंकारी, स्वार्थत्यागी, महात्मा।

भारत में भौतिकवादियों के लिये यह गाली क्यों मिली, इसका पता इतिहास में सुरक्षित नहीं—आखिर हमारे इतिहास को राजा-रानी के स्वयंवरों से फुरसत हो तब न! हाँ, यूरोपीय भौतिकवादियों को जो गालियाँ पिछली सदी में दी गई, उनके लिखने के लिए एक प्रत्यक्षदर्शी तथा दर्शन के इतिहास-लेखकों में प्रसिद्ध व्यक्ति—जार्ज हेनरी लेविस (१८१७-७४ ई०) मौजूद था। देखिये, वह क्या लिखता है—और इतिहास अकसर अपने सामान्य रूप को दुहराया करता है यदि इस बात पर ध्यान रखें तो इससे अपने यहाँ की गाली का भी रहस्य खुल सकता है। जिस समय के बारे में लेखक लिख रहा है, यह वह समय था जब कि फ्रेंच क्रान्ति (अपने उत्पीड़कों—शोषकों के विरुद्ध कमकर जनता के सशस्त्र विरोध) को देख-सुनकर फ्रेंच और इंग्लैंड के सम्पत्तिशाली शासकों के होश उड़े हुए थे और चारों ओर उन्हें अपना पीछा करते कबंध दिखलाई पड़ रहे थे[३]—

"भौतिकवाद एक भद्दा शब्द है, जो कि कुछ खास सम्मतियों को प्रकट करता है। यह सम्मतियाँ जिन भौतिकवादी लेखकों के सिर थोपी जाती हैं, वे ऐसी

---

१. Ludwing, p. 53.

२. 'यावज्जीवेत् सुखं जीवेत ऋणं कृत्वा घृतं पिवेत्।
भस्मीभूतस्य देहस्य पुनरागमनं कुत:'—सर्वदर्शन संग्रह (चार्वाकदर्शन)

३. History of Philosophy (by G. H. Lewes), Vol. II, pp, 743-44.

सम्मति रखते भी रहे, इसमें सन्देह है। वैसे भी यह सम्मतियाँ बेवकूफी औ बदनामी से भरी हैं और उन्हें गैर-जिम्मेवार उजड्ड विरोधियों ने जान-बूझकर उ (भौतिकवादी) लेखकों के मत्थे थोपा है...भौतिकवादियों को कम से कम यह खास सुभीता (अपने सिद्धान्त में) है कि वह सभी अतिभौतिक (या अलौकिक) पदार्थों से पिंड छुड़ाने की कोशिश करते हैं; और प्राकृतिक जगत् की व्याख्या प्राकृतिक जगत् के नियमों से करना चाहते हैं।...यदि भौतिकवादी विचार गलत हो, तो (भी) वह जितना गलत है उतनी ही मात्रा में खतरनाक भी है; और बहुत से (प्रभु-वर्ग के) लोग इन विचारों को इसलिए गलत कहते हैं, क्योंकि उनका विश्वास है कि वह (उनके स्वार्थ के लिए) खतरनाक है।.....

"अठारहवीं सदी के (भौतिकवाद-प्रसाधन) दर्शन के विरुद्ध जो प्रतिक्रिया (देखी जाती) है, वह अयोग्य सिद्ध हुए किसी एक सिद्धांत के खिलाफ उतना नहीं है, जितना कि भयंकर **दुराचार** (प्रभुता सम्पत्ति अपहरण) **के स्रोत समझे जाने वाले** सिद्धांत के खिलाफ। (यह) प्रतिक्रिया जबर्दस्त थी, क्योंकि वह उस क्रूरता से प्रेरित हुई थी, जो कि फ्रेंच क्रांति के **अत्याचारों**[१] (!!!) के रूप में यूरोप में हलचल मचाये हुई थी।...कदिलाक, दीदेरो और कबानी के दार्शनिक (भौतिकवाद) विचार कन्वेंशन (क्रांति-परिषद्) के अपराधों के जिम्मेवार ठहराये जाते थे।...जिस किसी विचार में भौतिकवाद की गंध पाई जाती थी, उसे धर्म, सदाचार और सरकार के नाश के लिये प्रयत्न करने वाला विचार समझा जाता था। जो कोई विचार अध्यात्मवाद (विज्ञानवाद) की दिशा की ओर जाता मालूम पड़ता था, उसका बड़े उत्साह के साथ स्वागत किया जाता था; उसका प्रचार और साधुवाद किया जाता था। (इससे) हम समझ सकते हैं कि उस पीढ़ी के (धनी लोगों के) दिमाग में **भौतिकवाद के साथ क्रांति का संबंध** कितना अटूट (सा जान पड़ता) था।"

भौतिकवाद-विरोधियों के मनोभाव को व्यक्त करते हुए वह कहता है—

उनका मुख्य उद्देश्य है (वर्त्तमान) सदाचार और (राज्य) व्यवस्था का समर्थन करना, जिसको वह उस (भौतिकवादी) दर्शन के कारण खतरे में पड़ा समझते हैं; क्योंकि वह उन पर प्रहार करना चाहते हैं। (उनके भाषणों में) लगातार (लोगों के पुराने) पक्षपातों और जोशीले भावों को भड़काया जाता है।...

---

१. फ्रेंच-क्रान्ति में कमकर-जनता ने ज्यादा अत्याचार या खून-खराबी की, अथवा सत्ताधारियों ने, इसे यहाँ बतलाने की जरूरत नहीं।

(जिससे श्रोता सभी उच्च भावनाओं को अध्यात्मवादी (विज्ञानवादी) सिद्धांतों के साथ जोड़ने की आदत डालता है और सभी नीच भावनाओं को भौतिकवादी सिद्धांतों के साथ; यहाँ तक कि एक (अध्यात्मवादी) संप्रदाय का उसके मस्तिष्क में पूज्य भावनाओं के साथ अटूट सम्बन्ध हो जाता है और दूसरे (भौतिकवाद) का...घृणा की भावनाओं के साथ।''

३. भौतिकवादियों का आदर्श

जिन लोगों को नरपशु बनाकर यह गालियाँ सुनाई जाती थीं, उनका सबसे बड़ा अपराध दूसरा ही था; जिसे उस समाज के दो सरताज अपराधियों—मार्क्स और एन्गेल्स—के मुँह से सुनिये[१]—

''इसे समझने के लिये भारी चातुरी की आवश्यकता नहीं है कि भौतिकवाद का साम्यवाद और समाजवाद के साथ कितना घनिष्ठ सम्बन्ध है। भौतिकवाद के सिद्धान्तों से (साबित है)—मनुष्य का मूलतः भला होना, बौद्धिक क्षमता में समान होना, तजरबा, आदत और शिशुवर्द्धन की सर्वशक्तिमत्ता, मनुष्य पर बाह्य परिस्थितियों का प्रभाव, उद्योग-धंधे का भारी महत्व, (जीवन के) उपभोग का औचित्य आदि-आदि। यदि मनुष्य अपने सारे ज्ञान, प्रत्यक्ष आदि को इन्द्रिय-जगत से तैयार करता है; तो इसका अर्थ यह है, कि व्यवहार-जगत् को इस तरह व्यवस्थापित किया जाए, जिसमें कि (मनुष्य) इस (जगत्) में (जो वस्तु) सच्चे अर्थों में मानवीय है, उसे अनुभव कर सके, तथा **मानव के तौर पर स्वयं अनुभव** करने की उसे आदत पड़ जाय।

''यदि (व्यापक अर्थ में) समझदारीवाला स्वार्थ ही सारे आचार (नियमों) का मूल है, तो मनुष्य के वैयक्तिक स्वार्थों को **मानवीय** स्वार्थों से एक कराना होगा। यदि मनुष्य भौतिक अर्थों में अ-स्वतन्त्र है, तो अपराधों के लिये व्यक्तियों को दण्ड न दे, समाज-विरोधी अपराधों के प्रसव-स्थान को नष्ट कर हर स्त्री-पुरुष को अपने जीवन को दिखलाने के लिये सामाजिक अवसर देना चाहिये। **यदि मनुष्य का निर्माण परिस्थितियाँ करती हैं, तो परिस्थितियों को मानवीय बनाना होगा।** यदि मनुष्य स्वभावतः सामाजिक है, तो वह अपने वास्तविक स्वभाव को सिर्फ समाज में ही विकसित कर सकता है; फिर तो उसके स्वभाव की, शक्ति की नाप एक अकेले व्यक्ति की शक्ति से न कर समाज की शक्ति से करना चाहिये।

---

१. Holy Family (by Marx & Engels 1845).

"ये और इसी तरह के विचार प्राय: शब्दश: सबसे पुराने फ्रेंच-भौतिक वादियों[१] में पाये जाते हैं।"

भौतिकवाद के लिये रात-दिन गालियाँ कोई इतिहास में पढ़ने की ही बातें नहीं हैं। हमारे सामने ही भौतिकवादी सोवियत् देश और उसकी सरकार को कितनी गालियाँ पिछले २४ वर्षों से दी जाती थीं, यह हम सब जानते हैं—यद्यपि आज सोवियत् जनता और लालसेना ने अपनी कुर्बानियों, मृत्यु-निर्भयता से बतला दिया है कि भौतिकवादी किसी से भी ज्यादा हँसी-हँसी मरना जानते हैं। फ्रांस के कमूनिस्त अद्भुत आत्मोत्सर्ग का एक महान् उदाहरण हर रोज पेश कर रहे हैं। आज (मार्च, १९४२ ई०) से चन्द ही सप्ताह पहले हिटलर की गोली से उड़ाये गये फ्रेंच कमूनिस्त[२] साथी गब्रील पेरी ने मृत्यु से कुछ ही क्षण पहिले लिखा था[३]—

"मेरे मित्रों को मालूम होना चाहिये कि मैं अपने उस आदर्श के प्रति (अन्त तक) सच्चा रहा हूँ, जिसे कि अपने सारे जीवन में मैंने (अपने सामने) रखा। मेरे देशवासी जानें कि मैं इसीलिये मर रहा हूँ, जिसमें कि फ्रांस जीता रहे।...अन्तिम बार मैं अपने हृदय को टटोल रहा हूँ। मैं वहाँ कोई पछतावा नहीं अनुभव करता। यदि मुझे फिर (जीवन) आरम्भ करना पड़े तो फिर उसी पथ का अनुसरण करूँगा। चन्द मिनटों में मैं आनेवाली प्रभामयी ऊषा के लिये अपनी (जीवनरूपी) भेंट चढ़ाऊँगा। विदा, चिरंजीव फ्रांस!"

ग. द्वन्द्ववाद

द्वंद्ववाद या द्वन्द्वात्मकवाद अंग्रेजी भाषा के डायलेक्टिक्स शब्द के अर्थ में इस्तेमाल होता है। यह शब्द भी यूनानी दियो-लोग शब्द से आया है, जिसका अर्थ है कि द्वि-संवाद-दो आदमियों का प्रश्नोत्तर। बुद्ध के बहुत से सूत्र प्रश्नोत्तर के रूप

---

१. पुराने यूनानी भौतिकवादी दार्शनिकों तथा सत्रहवीं-अठारहवीं सदी के यूरोपीय भौतिकवादियों (बेकन, हॉब्स, लॉक—अंग्रेज; कन्दिलाक, कबानी, दालम्बर लामेत्री, लाप्लॉस, दो' लूबाख, दीदेरो, हेलवेशियो, दुप्वा, वोल्नी—फ्रेंच) के मतों के बारे में दर्शन-दिग्दर्शन, पृष्ठ २९७-३२४ को देखो।

२. कमूनिस्त दैनिक La Humanite (मानवता) के विदेश-विभाग के सम्पादक।

३. रायटर, लन्दन ८ मार्च, १९४३ ई०।

में ही सुत्त-पिटक में मिलते हैं, इसीलिये उन्हें 'बुद्ध का डायलाग'[१] भी कहा गया है। उनसे पहले उपनिषद् में भी द्वि-संवादात्मक उपदेश बहुत हैं। यूनान के दार्शनिक सुकरात (४६९-३९९ ई०पू०) ने भी अपने उपदेशों के लिये यही ढंग स्वीकार किया था और प्रश्नकर्त्ता के प्रश्न का जो उत्तर वह देना चाहता था, उसे प्रश्नोत्तर द्वारा स्वयं उसी के मुँह से कहलवाता था। यह ढंग सुकरात के बाद इतना पसंद आया कि उसके शिष्य अफलातूँ (४२७-३४७ ई०पू०), ने इसे 'परम सत्य' तक पहुँचने का साधन बतलाया। यदि 'डायलेक्टिक्स' का प्रयोग सिर्फ द्विसंवादात्मक अर्थ में ही होता, तो हम भी इसी शब्द को इसके लिये इस्तेमाल करते; किन्तु डायलेक्टिक्स का दर्शन में जिस अर्थ में प्रयोग होता है, वह डायलाग का मुख्य नहीं, लाक्षणिक अर्थ है; और 'वादे-वादे जायते तत्त्वबोधः' (वाद विवाद करते हुए तत्व बोध होता है) के अर्थ में ज्यादा आता है। आप एक बात कहते हैं, हम उसका विरोध करते हैं; फिर हमारी और आपकी परस्पर विरोधी बातों से एक तीसरी बात तै पाती है—इस तरह जहाँ परस्पर विरोधी बातों से तीसरे तत्त्व की उत्पत्ति होती है, उसे डायलेक्टिक्स कह सकते हैं; जिसे हिन्दी में हम द्वन्द्ववाद या द्वन्द्वात्मकवाद कह सकते हैं; यद्यपि इसमें मूल यूनानी शब्द का सिर्फ पूर्वार्द्ध 'दियो' (द्व) भर ही आता है। द्वन्द्वात्मक प्रक्रिया में जिस क्रम से हम परिणाम या तत्त्वबोध पर पहुँचते हैं, उसे तीन सीढ़ियों में विभक्त किया जा सकता है—

(१) **वाद**—जीव भूत है।

(२) **प्रतिवाद**—जीव भूत नहीं, बिलकुल अलग चेतन तत्व है।

(३) **संवाद**—जीव न भूत है, न अलग तत्व है, बल्कि वह भूत के गुणात्मक परिवर्तन से उत्पन्न एक नया तत्त्व है।

१. व्याख्या

उपरोक्त कथन पर ध्यान रखते हुए हम द्वन्द्ववाद की व्याख्या इस प्रकार कर सकते हैं। भाषण में द्वन्द्ववाद वह प्रक्रिया (तरीका) है जिसमें दो परस्पर विरोधी मतों के संघर्ष के बाद हम सत्य तक पहुँचते हैं। प्रकृति में द्वन्द्ववाद का अर्थ है, अपने भीतरी विरोधी स्वभावों के द्वन्द्व से प्रकृति का एक तीसरे रूप में विकसित

---

१. Dialogues of the Buddha.

होना—हाइड्रोजन के प्राणपीड़क तथा आक्सीजन के प्राणदायक तत्त्वों से तीसरे तत्व जल का निर्माण। विचार क्षेत्र में इस प्रक्रिया का अर्थ है, दो विरोधी विचारों के द्वन्द्व से तीसरे विचार पर पहुँचना। जैसे—

(१) वाद— (यांत्रिक भौतिकवादी)—जगत् भौतिक (परमाणु-) तत्वमय है, क्योंकि इन्द्रियगोचर तथा इन्द्रियगोचर ज्ञान द्वारा सिद्ध है।

(२) प्रतिवाद—(विज्ञानवादी)—जगत् अभौतिक (विज्ञान-) तत्वमय है, क्योंकि भूत से विलक्षण चेतना तत्व विज्ञान के मानने पर ही संभव है।

(३) संवाद— जगत् द्वन्द्वात्मक भौतिक तत्वमय है, भौतिक होने से वाद वाली बात आ जाती है और द्वन्द्वात्मक होने से भूत में नये गुण के उत्पादन करने की शक्ति, जिससे गुणनात्मक परिवर्त्तन द्वारा चेतना का पैदा होना बिल्कुल संभव है।

इसीलिए एन्गेल्स का कहना है[१]—

२. द्वन्द्वात्मक विधि की विशेषता

"अतिभौतिक (अध्यात्म) शास्त्रियों के लिये वस्तुएँ तथा उनकी मानसिक झलक (प्रतिबिंब) विचार-अलग-अलग हैं; उन पर एक के बाद एक तथा दूसरे से अलग करके विचार करना चाहिये; (क्योंकि) वही स्थिर ठोस एक ही बार सदा के लिये बने बनाये शोध के विषय हैं।...

"इसके विरुद्ध द्वन्द्ववाद वस्तुओं तथा उनके (मानस) प्रतिबिंबों—विचारों—को उनके **वास्तविक सम्बन्धों**, उनकी...गति आरम्भ, और अन्त के साथ हृदयंगम करता है।...द्वन्द्ववाद जीवन और मृत्यु की असंख्य क्रियाओं-प्रतिक्रियाओं, प्रगतिशील तथा प्रगति-विरोधी परिवर्त्तनों पर बराबर ध्यान रखता है।"

किसी चीज और उसके विरोधी भाग का विभाजन द्वन्द्ववाद का सार है।"[२] प्रचलित तर्कशास्त्र और द्वंद्ववाद में भारी अन्तर यह है कि तर्कशास्त्र उसी वस्तु को अपने विचार का विषय बना सकता है, जो कि स्थिर, ठोस, एक ही बार सदा के लिये पकी-पकाई मिल गई है। किन्तु, जगत् और उसकी वस्तुयें ऐसी नहीं

---

१. Socialism : Scientific and Utopian, pp. 31-34.

२. Materialism and Emperio-Criticism (Lenin), p. 321.

हैं—गति और परिवर्त्तन उनकी नस-नस में भरा है। रोजमर्रा के साधारण व्यवहार के लिये प्रचलित तर्कशास्त्र काम दे सकता है, जैसे साधारण कामों के लिये अंकगणित या बीजगणित; किन्तु जब हम चल-ग्रहों, चल-उपग्रहों, चल-सूर्य, चल-नक्षत्रों की दुनिया में पहुँचकर हिसाब लगाना चाहते हैं, तो स्थिर गणित, अंकगणित, बीजगणित—वहाँ काम नहीं दे सकता, वहाँ चल-कलन की जरूरत पड़ती है। इसी तरह सौर परिवार के भीतर न्यूटन के गुरुत्वाकर्षण से हमारा काम बहुत कुछ चल जाता है, किन्तु सौर परिवार में भी बारीक गणित तथा सौर परिवार के बाहर की समस्याओं के हल करने में गुरुत्वाकर्षण काम नहीं दे सकता, वहाँ जरूरत होती है आइन्सटाइन की **सापेक्षता** के अनुसार विश्व की **वक्रता** की।[१]

३. द्वंद्ववाद के सोलह सूत्र

संक्षेप में 'विरोधियों की एकता (समागम)' के सिद्धान्त को द्वन्द्ववाद कहते हैं। इस पर हम आगे सविशेष कहने वाले हैं। द्वन्द्ववाद के स्वरूप को समझाने के लिये लेनिन ने १६ सूत्र रचे हैं, डेविड गेस्ट की छोटी व्याख्या के साथ हम उन्हें यहाँ देते हैं[२]—

हम आम पर विचार कर रहे हैं; इस विचार के लिये 'साकार' (भौतिक) आम चाहिये यह कहने की आवश्यकता नहीं; किन्तु आम का स्वरूप हजारों विशेषतायें रखता है, जिन विशेषताओं के साथ कि वह 'सजीव' विश्व का अंग बना हुआ है। आम पर विचार करते वक्त हम उसकी सारी विशेषताओं को एक साथ विचार का विषय नहीं बना सकते। आम में गोलाई-मुटाई, नरमपन-कड़ापन, पीलापन-हरापन, मिठास-खटास, मीठी सुगंध, तीखी सुगन्ध, कच्चापन-पक्कापन, सड़ापन...और इनके सैकड़ों प्रभेद पाये जाते हैं। निश्चय ही हम सोचते वक्त आम की इन सारी विशेषताओं पर एक ही समय नहीं विचार सकते; इसलिये हम एक समय आम की किसी एक विशेषता—रंग, स्वाद या गन्ध—को बाकी विशेषताओं से पृथक् कर उसे विचार का विषय बनाते हैं। यह सिर्फ सुभीते के खयाल से किया जाता है। किन्तु, यहाँ हमें यह ध्यान रखना है कि कोई भी विचार या चिन्तन असम्भव है, जब तक कि उसका विषय—वस्तु—न हो; और

---

१. देखो, 'विश्व की रूप-रेखा' (सापेक्षवाद)।

२. Dialectical Materialism (by David Guest), pp. 47-48.

वस्तु अपनी हजारों विशेषताओं के साथ विश्व का अभिन्न अंश है; इसलिये द्वन्द्ववादी तरीके से सोचते वक्त हमें वस्तुओं को उसी रूप में देखना चाहिये, जिसमें कि वह वस्तुत: है। इसलिये लेनिन का पहिला सूत्र—

१. प्रत्यवेक्षण (के विषय) को 'साकार' (वस्तुसत्, खुद वही वस्तु) होना चाहिये, (न कि उदाहरण या प्रतिनिधि होने के लिये अयोग्य आकार।)

विचार की पहिली अवस्था में हम वस्तु को अपने दिमाग में विश्व—द्वन्द्वतापूर्ण 'सजीव' विश्व—से अलग कर लेते हैं, जो कि वास्तविकता नहीं है। वास्तविकता लाने के लिये उस पृथक्कृत वस्तु को फिर उसके 'घर' में रखना होगा, जिसमें कि वह फिर 'सजीव' विश्व का अंग बन जाये—गोया इस प्रकार हम पहिली अवस्था (पृथक्करण) का प्रतिषेध करते हैं, ऐसा किये बिना हम अध्यात्मवाद, विज्ञानवाद की मानसिक भूल-भुलैयों से बच नहीं सकते। इसलिये लेनिन का दूसरा सूत्र—

२. हमें प्रत्येक वस्तु के दूसरी वस्तुओं के साथ अनेक प्रकार के जो सम्बन्ध हैं, उनके सारे योगफल पर विचार करना चाहिए।

प्रत्येक वस्तु यही नहीं कि विश्वव्यापी घटना का एक अंश है; बल्कि वह स्वयं भी वस्तुत: एक घटना—अन्तस्तम भाग में भी किसी तरह के स्थिर सार शून्य से नित्य परिवर्त्तनशील प्रवाह—है; इसलिये उसके 'स्वभाव' को उसकी प्रकृति में समाये रूप में समझा जा सकता है; न कि उसे परिवर्तन के रूप से अलग करके। अतएव, हमारे लिये विचारणीय हैं—

३. वस्तु या प्रतीयमान विश्व का[१] विकास, उसकी अपनी गति, उसका अपना 'जीवन'।

किन्तु, यह विकास ऐसा नहीं है, जो कि हेतु के बिना 'दैवी चमत्कार' की तरह अपने आप जारी हो गया हो; यह विकास सदा आंतरिक द्वन्द्व (विरोध) तथा बाहरी सम्बन्धों—जिनमें खुद द्वन्द्व भी शामिल है—का परिणाम है। हम विकास की व्याख्या—उतनी ही कर सकते हैं; और बुद्धिसम्मत तरीके से उसे उतना ही समझ सकते हैं, जितने परिमाण में कि हमने वस्तु के आन्तरिक द्वन्द्व की खोज की है। अतएव—

४. हमें वस्तु में (उसकी) आन्तरिक विरोधी प्रवृत्तियों (तथा पहलुओं) की तलाश करनी चाहिये; उन्हें देखना चाहिये।

---

१. Phenomena.

५. वस्तु (या आकार आदि) को विरोधों के योग या एकता के तौर पर भी देखना चाहिये।

६. हमें इन विरोधियों के संघर्ष या प्राकट्य तथा जो इन संघर्ष आदि के साथ टकराता है, उसका परीक्षण करना चाहिये।

हर एक वस्तु अपने स्वरूप में अनगिनत पेचीदगियों से भरी है। उसके बनाने वाले सारे पहलुओं और विशेषताओं की गिनती नहीं की जा सकती। वह विश्व दूसरी वस्तुओं में से प्रत्येक के साथ भिन्न-भिन्न प्रकार के सम्बन्ध रखती है। उनका परिज्ञान हमें तभी हो सकता है, जब कि हम उसे इन भागों से विभक्त (विश्लेषण) करके देखें और इन भागों को उनके पारस्परिक सम्बन्ध के साथ सम्बद्ध (संश्लेषण) करके विचार करें। अतएव, वस्तु के यथार्थ ज्ञान के लिये जरूरी है—

७. विश्लेषण और संश्लेषण की एकता, भिन्न-भिन्न भागों में तथा पूर्णयोग में विभाजन--इन भागों को एक साथ जमा करना।

८. प्रत्येक वस्तु (या आकार आदि) के सम्बन्ध--विभिन्न ही नहीं, बल्कि साधारण, सामान्य (सम्बन्ध भी) प्रत्येक वस्तु (आकार, घटना आदि) सभी दूसरी वस्तुओं से सम्बद्ध है।

९. सिर्फ विरोधों की एकता (समागम) ही नहीं, बल्कि सभी दूसरी स्वविरोधी (वस्तुओं) का प्रत्येक निश्चय, प्रत्येक गुण, प्रत्येक विशेषता, प्रत्येक पहलू, प्रत्येक स्वभाव का भी।

१०. नये पहलुओं, सम्बन्धों आदि के प्रकट होने की अपरिमित प्रक्रिया।

११. मनुष्यों द्वारा वस्तुओं, आकारों, घटनाओं आदि के ज्ञान के गम्भीर होने—बाहरी रूप से सार-रूप तथा कम गहराई से अधिक गहराई तक पहुँचने—की अनगिनत प्रक्रियाएँ।

१२. सह-भाव से कार्य-कारण-सम्बन्ध-(हेतुता) और जोड़ (सन्धि) तथा एक दूसरे की निर्भरता के एक रूप से दूसरे अधिक गहरे तथा अधिक बहुव्यापी (साधारण) रूप में पहुँचने की अनगिनत प्रक्रियाएँ।

विरोधों के बीच होता यह संघर्ष विकास का कारण बनता है, तथा एक सीमा पर पहुँचकर पूर्व की स्थिति-प्रवाह से एक बिलकुल क्रान्तिकारी विच्छेद उपस्थित करता है और पुराने की जगह एक नई वस्तु (या गुण) प्रकट होती है।

इस प्रकट होने की विशेषता है, एक स्थिति से बिलकुल भिन्न स्थिति में कूदना—शान्त प्रवाह का प्रवाहित होना नहीं, बल्कि पिछले प्रवाह का विच्छेद कर नये प्रवाह का उपस्थित होना। इस कुदान के स्वरूप को लेकिन ने अपने शेष चार सूत्रों में बतलाया है—

१३. (वस्तु की) निम्न अवस्था में पाई जाने वाली कुछ विशेषताओं गुणों आदि की उच्च अवस्था में आवृत्ति होना।

१४. पुरानी (अवस्था) की ओर दिखावटी लौटना (प्रतिषेध का प्रतिषेध)।

१५. (बाहरी) आकार का (भीतर रहने वाले) सार के साथ संघर्ष तथा सार का आकार के साथ संघर्ष।

१६. परिमाण का गुण तथा गुण का परिमाण के रूप में परिणत होना।

१५वें और १६वें सूत्र की व्याख्या है। याद रखना चाहिये कि द्वन्द्ववाद मार्क्सवाद के ज्ञान का सिद्धान्त है—इसके द्वारा ही वास्तविक ज्ञान प्राप्त किया जा सकता है। सूत्र में कई बातों की व्याख्या अपेक्षित है, जिसे हम आगे कहने वाले हैं; इसलिये यहाँ कहने की जरूरत नहीं।

४. क्षणिकवाद

द्वन्द्ववाद के रूप का जो दिग्दर्शन ऊपर हुआ है, उससे स्पष्ट है कि वह विश्व और उसकी वस्तुओं—वस्तु नहीं घटना—को परिवर्त्तनशील गतिशील प्रवाह मानता है। इसके समझने के लिये आइये इन बातों पर अलग-अलग विचार करें।

(१) परिवर्तन— जिस वक्त मनुष्य भाषा का विकास कर रहा था—और उसमें काफी आगे तक पहुँच चुका था, उस वक्त द्वन्द्ववाद पैदा नहीं हुआ था, जिसके कारण कुछ अपरिहार्य दोष हमारी भाषाओं में रह गये हैं। हम विश्व को घटनाओं का प्रवाह न समझ, उसे वस्तुओं का समूह मानते हैं, उसी के अनुसार हम भाषा में गति-परिवर्त्तन-द्योतक क्रियापद 'होता है' (भवति) न कहकर, 'है' (अस्ति) कहते हैं। हमारी बहुत-सी दिक्कतें, गलतफहमियाँ दूर हो जाएँ, यदि हम 'अस्ति' का बायकाट कर हर जगह 'भवति' का प्रयोग करें। हर 'चीज', 'है' कि अवस्था में नहीं, बल्कि 'होने' की अवस्था में है। द्वन्द्ववाद का 'है' से कोई सम्बन्ध नहीं, चाहे भाषा की अनिवार्यता से हमें उसका प्रयोग भले ही न करना हो—वह सिर्फ 'होना' से सम्बन्ध रखता है।

परिवर्त्तनशीलता (क्षणिक) वाद को अधिक विकसित कर उसे एक साइंस का रूप देने का भारी श्रेय मार्क्सवाद को बहुत हद तक जरूर है; किन्तु यह सिद्धान्त बहुत पुराना है। बुद्ध (५६३-४८३ ई०पू०) और उनके समकालीन यूनानी दार्शनिक हेराक्लितु (५३५-४२५ ई०पू०) दोनों ही क्षणिकवाद (अनित्यवाद) के महान् समर्थक थे। बौद्धों का तो हर समय यह नारा रहा कि 'जो है वह क्षणिक है'[१] जो क्षणिक नहीं है वह है ही नहीं। हेराक्लितु कहता था, "(जगत् की) सृष्टि उसका नाश है, उसका नाश उसकी सृष्टि है; कोई चीज नहीं है, जिसके पास स्थायी गुण हो। संगीत का समन्वय निम्न और उच्च स्वरों का समागम—**विरोधियों का समागम** है—। यह (क्षणिकता) एक ऐसा नियम है, जिसे न देवताओं ने बताया, न मनुष्यों ने। यह सदा से रहा है और रहेगा।" बुद्ध और हेराक्लितु के क्षणिकवादी दर्शन पर हम अन्यत्र[२] कह चुके हैं।

हेगेल (१७७०-१८३१ ई०) यद्यपि विज्ञानवादी था; किन्तु वह असंग (४०० ई०) की भाँति मानता था कि विज्ञान स्थिर नहीं, क्षणिक है; इसीलिये उसे शंकराचार्य की तरह मायावाद—रस्सी में साँप के भ्रम की भाँति यह जगत् अपने से सर्वथा विलक्षण ब्रह्म में भ्रम नहीं, मायामात्र है—का सहारा नहीं लेना पड़ा। हेगेल ने पहले से चले आते विज्ञानवाद में परिवर्त्तनशीलता (क्षणिकता) को मिलाकर उसे एक कदम आगे बढ़ाया। किन्तु पहले ही से मौजूद असंग के क्षणिकवाद को 'प्रच्छन्न बौद्ध' शंकराचार्य का स्थिर ब्रह्मवाद मायावाद—का रूप देना, उनके प्रयत्न को प्रगति की ओर नहीं; बल्कि पतन की ओर बतलाता है मार्क्स-एन्गेल्स के **वैज्ञानिक (द्वन्द्वात्मक) भौतिकवाद** ने हेगेल के द्वन्द्वात्मकवाद को काल्पनिक विज्ञानवाद से मुक्त कर उसे और आगे बढ़ाया।[३]

एन्गेल्स परिवर्त्तन शीलतावाद के बारे में समझाते हुए कहते हैं—

"जब हम सारी प्रकृति या मानव-जाति के इतिहास या खास अपनी ही बौद्धिक (मानसिक) क्रिया पर विचार, मनन करते हैं, तो सबसे पहले सम्बन्धों, टक्करों, योगों-विभागों की न खतम होनेवाली उलझनों का चित्र हमारे सामने आता है। इस (चित्र) में पहले जो जहाँ जैसा था, (दूसरे क्षण) उसमें का कुछ भी बच नहीं रहता; सब कुछ चल रहा (गतिशील) है, अस्तित्व में आ रहा और

---

१. 'यत् सत् तत क्षणिकम्'

२. देखो 'दर्शन-दिग्दर्शन', पृष्ठ ५१०, ७२३, ७५७।

३. Socialism, Utopia and Scientific, pp. 29-34.

विलीन हो रहा है।

"अतएव पहले-पहल हम **चित्र को संपूर्ण (रूप) के तौर पर** देखते हैं, उस वक्त उसकेअलग-अलग अवयव कम या अधिक (नजर से) ओझल रहते हैं; **हम (वहाँ गति, परिवर्त्तन, सम्बन्ध देखते हैं, न कि (ऐसी) चीजें, जो कि गति या सम्बन्ध कराती हैं और (परस्पर) सम्बद्ध हैं।**

"यह विचार, यद्यपि दृश्यों के चित्र के सामान्य स्वरूप को पूरे आकार के तौर पर ठीक से प्रकट करता है; लेकिन वह तब तक चित्र को बनाने वाले विस्तार (अंगों में) को समझाने के लिए पर्याप्त नहीं हैं; और जब तक हम इन (अंगों-विस्तारों) को नहीं समझते, तब तक हमें सारे चित्र का स्पष्ट ज्ञान नहीं हो सकता। **इन अंगों को जानने के लिए हमें उन्हें उनके प्राकृतिक या ऐतिहासिक सम्बन्ध से अलग करना होगा; फिर प्रत्येक की**—उसके स्वभाव, विशेष कारण कार्य आदि के साथ—**परीक्षा करनी होगी।** प्राकृतिक (भौतिक) साइंस और ऐतिहासिक गवेषणा का यह मुख्य काम है।

"लेकिन, (साइंस के) काम करने के इस ढंग ने हमारे में यह आदत लगा दी है कि हम प्राकृतिक वस्तुओं तथा घटनाओं को पृथक् कर—विशाल सम्पूर्ण (आकार) से उनके सम्बन्ध को हटाकर—देखते हैं, उन्हें हम गति की अवस्था में नहीं; स्थिति की अवस्था में; परिवर्त्तनशील नहीं, स्थायी (रूप) में; जीवन (की अवस्था) में नहीं, बल्कि मृत्यु (की अवस्था) में देखते हैं।...

"इसके विरुद्ध द्वन्द्ववाद **वस्तुओं और उनके (मानस-) चित्रों को उनके आवश्यक सम्बन्ध, सहभाव गति, आरम्भ और अन्त (के रूप) में देखता है।**

"प्रकृति द्वन्द्ववाद का प्रमाण है।...प्रकृति अतिभौतिक (आध्यात्मिक) रीति से नहीं, बल्कि द्वन्द्वात्मक रीति से (अपना) काम करती है। वह सदा से आवृत्ति करने वाले चक्र (युग) की **सनातन अद्वैतता** (के रूप) में नहीं, बल्कि एक **वास्तविक ऐतिहासिक** (न दुहराये जाने वाले) **विकास** के रूप में काम करती है।"

विश्व वस्तुओं का समूह नहीं, घटनाओं का समूह है; अर्थात जिसे हम वस्तु कहते हैं, वह वस्तुतः परिवर्त्तनशील तरंग-प्रवाह है। एक पीपल के पत्ते को लीजिये। यह उस समय छोटे-छोटे कणों का **समूह** जान पड़ता है; किन्तु यदि अणुवीक्षण की सहायता से लाखों गुना बढ़ा कर देखें; तो वे कण अपने समूह के भीतर निरन्तर बदलते दिखलाई पड़ेंगे। इस तरह हम नंगी आँखों से पत्तों में जिस

स्थिरता को देखते हैं, सूक्ष्मता में जाने पर उसे उसका अवयव स्वीकार नहीं कर सकते।

परिवर्त्तन विश्व के रोम-रोम में है, प्राणी-अप्राणी सारा जगत् इस नियम से जकड़ा हुआ है। विचार बदलते रहते हैं, राय बदलती रहती है, हमारी रुचि-अरुचि, हमारी सदाचारीय मूल्य आँकने की भावना, हमारी समझ, खुद हमारा स्वभाव भी बदलता रहता है अपने वातावरण के कारण हम बदलते; नये बन रहे हैं; और हमारे प्रभाव में आकर वातावरण भी बदल रहा है और नया बन रहा है। हम भी उसके लिये वातावरण हैं। विश्व स्वयं को बदलता, नया बनता प्रकट करता है। उसका हर एक भाग गति कर रहा है। हर एक दृश्य वही नहीं है, जो कि एक क्षण पहले था। कोयले के एक टुकड़े को हम जलाते हैं—वह अब कोयला नहीं, बल्कि धुआँ और प्रभास्वर ताप है। वह अब चमकता काला ढेला नहीं है, बल्कि बिखरे हुए कण हैं, जो कि आकाश में फैल रहे हैं। उसका हर एक परिवर्त्तन पहले क्षण किसी वस्तु या वस्तु-समूह की गति के रूप में दिखाई देता है, जिस गति के साथ उस वस्तु की कुछ विशेषताएँ तथा दूसरी वस्तुओं के साथ उसके सम्बन्ध में भी तब्दीली हो रही है।

लेकिन इस गति को सीधे-सादे तौर से देश में एक स्थान से दूसरे स्थान में जाना नहीं समझना चाहिये; बल्कि जैसा एन्गेल्स ने कहा है; "यह वास्तविक ऐतिहासिक (न दुहराया जाने वाला) विकास है।" विश्व में घटित हो रहा, प्रत्येक परिवर्त्तन, एक नवीन भाव (वस्तु) को अस्तित्व में लाता है। विश्व परिवर्त्तनशील विश्व है। एक क्षण से दूसरे क्षण में भी वह वही (पहिले क्षण वाला ही) नहीं है। प्रत्येक साँस, जो मैं अपने सेल में इस वक्त ले रहा हूँ, वह सेल के वायुमंडल के आक्सीजन, कार्बन आदि के परिमाण में अन्तर पैदा कर रहा है। परिवर्त्तनशील विश्व कहने का यह भी मतलब है कि उसके गुण भी बदल रहे हैं।

इस आमूल परिवर्त्तन में सन्देह करने की जरूरत नहीं, जब कि हमें मालूम है कि भौतिक तत्वों के भीतर घुसने पर हम जिन हाईड्रोजन आदि (९२) तत्वों पर पहुँचते हैं, जिन्हें रेडियो-क्रिया वाले परमाणु[१] स्वतः टूट कर बदलते हुए एक दूसरे तत्व में परिणित होते रहते हैं। रेडियो-क्रिया वाले परमाणु—उनके

---

१. प्लोमियम्, रडोन्, रेडियम्, अक्टीनियम्, थोरियनम् आदि। देखो, 'विश्व की रूपरेखा।'

नाभिकण—जो टूटते हैं वह किसी बाहरी प्रहार के कारण नहीं, बल्कि अपने भीतर की विरोधी शक्तियों के समागम के ही कारण। स्यूट्रन से गोला-बारी करके हाल में साइंसवेत्ताओं ने परमाणु के आकार गुण सब में परिवर्त्तन कर हजारों तरह के नये रासायनिक मिश्रित तत्त्वों को तैयार किया है।

सदृश्य उत्पत्ति—प्रकृति के अन्तस्तम में परिवर्त्तन और भी क्रान्तिकारी है, और भी आमूल है, यह तो मालूम हुआ। अब सवाल उठेगा कि ऐसा होने पर हमें ''यह वही है'' का खयाल क्यों होता है? यहाँ हमें लेकिन के १३वें १४वें सूत्र को फिर दुहराना पड़ेगा। परिवर्त्तन की कुदान निम्न शर्तों के साथ होती है—''निम्न अवस्था में पाई जाने वाली कुछ विशेषताओं, गुणों आदि की उच्च अवस्था में आवृत्ति होना, और पुरानी (अवस्था) की ओर दिखावटी लौटना।'' इसका अर्थ है कि हर एक नई उत्पत्ति पुराने के सदृश होती है। इस सदृश-उत्पत्ति के कारण वैसा भ्रम होना आश्चर्य की बात नहीं है।

(२) गति— ''गति के बिना भूत (भौतिक तत्त्व) रह नहीं सकता; कोई ऐसी गति नहीं जो कि भूत-गति नहीं है'', देमोक्रितु, लुक्रेसिउसे से लेकर मार्क्स, एन्गेल्स, लेनिन होते आज तक सारे भौतिकवादियों का यही नारा रहा है। एन्गेल्स ने लिखा[१]—

''**गति भूत के (अपने) अस्तित्व (रहने) का स्वरूप है।** बिना गति के भूत न कभी था और न कभी रहेगा। (हम देखते हैं)—विश्व आकाश में गति, नाना प्रकार की आकाशीय पिंडों के ऊपर छोटे-छोटे पिंडों की यांत्रिक (गुरुत्वाकर्षणवाली') गति ताप या विद्युत्-चुम्बकीय तरंगों, रासायनिक मिश्रण और बिछुड़न या प्राणि-शरीर के रूप में अणु-गुच्छकों की गति—किसी भी समय विश्व में भूत का प्रत्येक परमाणु इन गति-प्रकारों में से एक या दूसरे रूप में, अथवा एकाएक इन प्रकारों में से अनेक रूपों में होता है। सभी (तरह का) विश्राम, सभी साम्यावस्था सिर्फ सापेक्ष है और उसे गति के प्रकारों में से किसी एक की अपेक्षा से ही समझा जा सकता है।

(३) विश्व-विच्छेदयुक्त-प्रवाह— परिवर्त्तन के बारे में लिखते वक्त हम बतला आये हैं कि किस तरह विश्व और उसके क्षुद्र परमाणुओं तक पर परिवर्त्तन

---

१. Anti-Duhring (1878), p. 71.

का नियम लागू है। भौतिक तत्त्व के सूक्ष्मतम ज्ञात अंश एलेक्ट्रॉन[१] को ले लीजिये। साइंस की ताजा गवेषणाओं ने सिद्ध किया है कि वह कण-तरंग है—अर्थात् उसमें कण-जैसी एकदेशीयता के गुण भी हैं और तरंग-जैसे प्रवाह के गुण भी; जिसका साफ अर्थ है कि वह सीमित—परिच्छिन्न—विच्छिन्न (विच्छेदयुक्त) प्रवाह है। द्वन्द्ववाद इसी विच्छिन्नता में तथा उसी के द्वारा होते विश्व का घटना-प्रवाह मानता है। विश्व और उसके पदार्थों के प्रत्येक अभिनव रूप, अभिनव गुण के उत्पन्न होने के साथ ही अतीत रूप, अतीत गुण से विच्छेद हो जाता है। इसीलिये, द्वन्द्ववाद सिर्फ प्रवाह कहकर ही नहीं ठहर जाता, बल्कि उसे विच्छिन्न प्रवाह भी कहता है। विच्छिन्न और प्रवाह दो परस्पर विरोधी बातों को सुनकर घबराना नहीं चाहिये। द्वंद्ववाद विरोधी-समागमवाद का ही दूसरा नाम है। यदि सनातनी तर्कशास्त्र की समझ में यह नहीं आता, तो उसे जंगल की खाक छानने दीजिये। प्रकृति जब स्वयं इसका समर्थन करती है, तो तर्क बपुरा किस खेत की मूली है।[२]

विच्छेदयुक्त प्रवाह के समझने के लिए दो तरह की गतियों को लीजिये, साँप सरकता है—हर स्थान को छूता जाता है, उसकी गति निरंतर प्रवाह है। और, मेढक की कुदान (मंडूक प्लुति) एक दूसरे ही तरह की गति है, जिसमें मेढक हर स्थान को छूता नहीं है, इस स्थान पर है और फिर कूदकर पाँच हाथ के स्थान से कोई सम्पर्क रखे बिना नये स्थान पर आ पड़ता है जिस विच्छेदयुक्त प्रवाह के बारे में हम कह रहे हैं, वह इसी तरह की मेढक-कुदान है, अंकगणित को हम इस तरह की मेढक-कुदान से भरा देखते हैं। संख्या को एक की संख्या से दो की संख्या पर क्या हम सर्प-गति से जाते देखते हैं; या मेढक कुदान से? हर अंक पर यही बात है, अंक में हम जहाँ १, २, ३...का प्रवाह पाते हैं, वहाँ १ से दो, २ से तीन... के कुदान-विच्छेद को भी पाते हैं, यह साफ़ विच्छेद (कुदान) युक्त प्रवाह है।

इस विरोधी—समागम—विच्छेदयुक्त प्रवाह—के न होने पर, प्रकृति 'निर्जीव' वैचित्र्यहीन होती। आजकल सिनेमा का बहुत प्रचार है। नागरिक, ग्रामीण सभी लीला चिटनीस और रेणुका देवी के अभिनयों का आनंद लेते हैं। जानते हैं, सिनेमा के चलचित्र किस तरह रुपहले पर्दे पर प्रतिबिंबित हो हमारे

---

१. देखो, 'विश्व की रूपरेखा', पृष्ठ ८९।

२. 'यदिदं स्वयमर्थानां रोचते तत्र के वयम्'—प्रमाणवार्त्तिक।

मनोरंजन के कारण बनते हैं। वहाँ भी कण-तरंग, विच्छेदयुक्त-प्रवाह मौजूद है। फिल्म सैकड़ों फीट लंबा पारदर्शक (काँच-सा) फीता है, जिस पर छोटी-छोटी चौकोर तसवीरें हैं। इन इंच-दो इंच लम्बी-चौड़ी चौकोर तसवीरों को कागज पर लेकर यदि आप आतशी शीशे से देखें, तो वह चौखटी में लगी 'निर्जीव' (गतिशून्य) तसवीरें हैं। किन्तु, जब यह छोटे-छोटे तसवीर-मनकों की माला (कण-तरंग) के रूप में एक के बाद एक परदे पर गुजरती हैं तो उनको हम उस रूप में देखते हैं, जिसे चल-चित्रपट कहते हैं। किन्तु यहाँ एक बात और खयाल रखिये, यदि सिनेमा की मशीन-लालटेन के मुँह से गुजरते वक्त एक तसवीर को दूसरी तसवीर से 'अविच्छिन्न' क्रम में लगा दिया जाये, तो जानते हैं तसवीर आपको कैसी दिखलायेगी?—बिलकुल अस्पष्ट, बिना फोकस किये कैमरे से खींची तसवीर अथवा साठ वर्ष के बूढ़े की ऐनक को लगाकर चलने वाले बालक की आँखों से देखी जाने वाली 'दुनिया' की तरह। इसीलिये, सिनेमा की चित्र-माला में एक तसवीर को दूसरी से विच्छेद करने का इन्तजाम किया गया है। इसी विच्छेद-युक्त चित्र-प्रवाह का चमत्कार है, जिसे कि हम सिनेमा की चलती-फिरती तसवीरों में पाते हैं।

घ. द्वन्द्वात्मक (वैज्ञानिक) भौतिकवाद

भौतिकवाद के कई भेद हैं, खासकर उसके ऐतिहासिक प्रवाह में। एक पुराण भौतिकवाद था, चार्वाक को जिसका समर्थक बतलाया जाता है; और कहा जाता है कि वह सिर्फ प्रत्यक्ष प्रमाण को मानता था—गोया वह मनुष्य की मस्तिष्क-शक्ति के इस्तेमाल को ठीक नहीं मानता था। लेकिन, हम नहीं समझते, चार्वाक इतना बच्चों का-सा दार्शनिक था। उसका प्रत्यक्ष प्रमाण पर जोर देने का यही मतलब हो सकता है कि इन्द्रियों द्वारा प्राप्त होनेवाला ज्ञान 'परमार्थ' सत् है, दूसरी तरह—कल्पना आदि के द्वारा अनुमान—उपमान...शब्द—से जो ज्ञान प्राप्त होते हैं, वह उतने ही अंश में प्रामाणिक होंगे, जितने अंश में कि उन्हें प्रत्यक्ष प्रमाण की सहायता प्राप्त है।—प्रत्यक्ष मूर्धाभिषिक्त प्रमाण है, दूसरे उसके चाकर हैं। चार्वाक के समय कुंजी पर चलने वाली घड़ी अथवा वाष्प-चालित यंत्रों का पता नहीं था। पीछे इन यंत्रों के अस्तित्व में आने पर जो भौतिकवाद प्रचलित हुआ, उसे **यान्त्रिक भौतिकवाद** कहते हैं।

(१) यान्त्रिक भौतिकवाद—पुराण भौतिकवाद में 'किण्व' डालने से शराब के नशे की उत्पत्ति की भाँति भूत से चेतन की उत्पत्ति बतलाये थे। लेकिन,

जब चाभी देकर हफ्तों नहीं, वर्षों चलने वाली घड़ियाँ बनने लगीं, तो इसे लेकर दो तरह के दार्शनिक विचार पैदा हुए, जिनमें एक तो दे-कार्त जैसे उन ईश्वर-विश्वासियों का गिरोह, जो कि विश्न को भारी घटी-यंत्र और ईश्वर को चाभी लगानेवाला मानते थे। इस यांत्रिक ईश्वरवाद में ऐसे विचार भी शामिल थे, जिनमें ईश्वर को प्रलय तक के लिये चाभी लगा आराम करते बतलाया गया था और इसीलिये उनका कहना था, बीच में सारी बातें प्राकृतिक नियम से चलती हैं। दूसरा विचार यांत्रिक भौतिकवादियों का था, जो घड़ी, घड़ीसाज सबको भौतिक मानकर कहते थे कि किसी ईश्वर को सृष्टि के आदि के चाभी देने तथा प्रलय (**कयामत**) के समय नाश करने की जरूरत नहीं। सत्रहवीं-अठारहवीं सदी में यंत्र के जो तरह-तरह के आविष्कार हुए थे, उनका प्रभाव भौतिकवाद पर पड़ना जरूरी था। यांत्रिक भौतिकवादियों के लिये मन और भूत एक ही चीज थी। इस अर्थ में नहीं कि प्रकृति से मन विकसित हुआ है, बल्कि दोनों अभिन्न हैं। गुणात्मक परिवर्तन से—विच्छेदयुक्त प्रवाह द्वारा—किस तरह बिलकुल नई वस्तु—घटना—पैदा होती है, इसे वह महत्व नहीं देते थे। उनके लिये जिस तरह घड़ी उसके पुर्जों का योग है; वैसे ही मन भी उसके बनाने वाले भौतिक तत्वों का योग है। अठारहवीं सदी के यांत्रिक भौतिकवाद के बारे में एन्गेल्स ने लिखा था[१]—

"पिछली सदी का भौतिकवाद बहुत अधिक **यान्त्रिक** था, क्योंकि उस समय सभी प्राकृतिक साइंसों में यंत्रशास्त्र और (वहाँ भी) वस्तुतः ठोस पार्थिव तथा आकाशीय पिंडों का यंत्रशास्त्र संक्षेप में गुरुत्वाकर्षण का यंत्रशास्त्र एक निष्कर्ष पर पहुँच पाया था।...दे-कार्त के लिए जैसे पशु (जीव-रहित स्वयं वह यंत्र) था वैसे ही अठारहवीं सदी के भौतिकवादियों के लिए मनुष्य एक यंत्र था। रसायन और प्राणि-संबंधी स्वभाव (जिन घटनाओं में, यह सच है—यंत्र-शास्त्र के नियम भी लागू हैं; किन्तु दूसरे उनसे उच्चतर नियमों द्वारा वे भी फेंक दिये जाते हैं) की घटनाओं में इस तरह सिर्फ यंत्र-शास्त्र के मानों के प्रयोग का अभाव पुराने फ्रेंच भौतिकवाद की एक खास कमी थी जो कि उस समय के लिये अनिवार्य भी थी।

"दूसरी खास कमी उस भौतिकवाद की इस बात में थी कि वह विश्व को घटना, प्रवाह—ऐतिहासिक घटना-प्रवाह के तौर पर विकसित होते भूत

१. Ludwing Feuerbach, (Moscow, 1946), p. 30-31.

(भौतिकवाद तत्त्व)—के तौर पर समझने की क्षमता न रखता था।...वह समझता था कि प्रकृति निरन्तर गति कर रही है। किन्तु, उस समय के विचार के अनुसार यह गति सदा से एक वृत्त पर हो रही है, इसलिये उस स्थान से कभी नहीं हटती और फिर उन्हीं परिमाणों को उत्पन्न करती है।"[१]

फ्रांसीसी भौतिकवादी द'ल-बाश्[२] (१७२३-८९ ई०) ने लिखा था[३]—"हम (भौतिकवादियों) को कोई आपत्ति नहीं होनी चाहिये, यदि कोई व्यक्ति पहले की कल्पनाओं से इनकार करता है। यदि कोई बतलाता है कि प्रकृति अटल एवं सार्वत्रिक नियमों के खास समूह के अनुसार काम करती है; यदि कोई विश्वास करता है कि मनुष्य, चौपाया, मनेलीं, कीड़े, वृक्ष आदि जैसे आज हैं, वैसे ही सदा से रहते आये हैं और रहेंगे; यदि वह जोर देता है कि तारे नभ-मंडल में अनन्तकाल तक जगमगाते रहेंगे।" यांत्रिक भौतिकवाद की यह यांत्रिक जड़ता ही थी, जिसने विज्ञानवाद को आगे बढ़ने में काफी सहायता पहुँचाई; यद्यपि उसमें सबसे सहायक थी मध्य और उच्च वर्ग के शिक्षितों के दिमाग की क्रान्ति के नाम से उत्पन्न हुई परेशानी।

(२) वैज्ञानिक भौतिकवाद—द्वन्द्ववाद के बारे में हमने बतलाया कि वह द्वन्द्वसमागम, विच्छेदयुक्त प्रवाह और गुणात्मक परिवर्त्तन का सिद्धान्त है। भूत और भौतिकवाद को भी हम बतला चुके और यह भी कि यांत्रिक भौतिकवाद—अपने समय के लिए काफी प्रगतिशील रहते भी—नई उलझनों को अपने काठ के हथियार द्वारा सुलझाने में असमर्थ था। भौतिकवाद + द्वन्द्ववाद = द्वन्द्वात्मक भौतिकवाद जिसे ही वैज्ञानिक भौतिकवाद कहते हैं, भौतिकवाद का उच्चतम विकास है; और वह विश्व के सारे क्षेत्र पर एक-सा लागू होता है।

(i) व्याख्या—वैज्ञानिक भौतिकवाद वह भौतिकवाद है, (क) जो अतिभौतिक (आध्यात्मिक) और विज्ञानवादी धारणाओं से मुक्त है; (ख) जो कि प्राकृतिक जगत् (जिसमें मनुष्य भी सम्मिलित है) को विकसित होते, स्वरूप-परिवर्त्तन के निरन्तर घटना-प्रवाह के रूप में स्वीकार करता है, (ग) इसीलिये जो उसी तरह के विकास हो रहे तरीके पर अपनी विचार-प्रक्रिया को चलाता

---

१. दे-कार्त सिर्फ मनुष्यों और फरिश्तों में ही जीवात्मा की सत्ता को स्वीकार करता था, बाकी प्राणी उसके लिये जीवरहित यन्त्र थे।

२. D'Holbach.

३. Essays in History of Materialism (by Plekhanov), p. 13 में उद्धृत।

है—वह सभी वस्तुओं को उनकी बहु-पार्श्वता के एक दूसरे भिन्न स्वरूपों, उनकी अनेकता में एकता और उनके विकास-सम्बन्धी बाहरी-भीतरी परिणामांशों (की दृष्टि) से देखना चाहता है।[१]

साइंस-युग के आरम्भ में एक समय था, जब कि दर्शन भी धर्म की भाँति उपेक्षित था; किन्तु कांट, हेगेल-जैसे दार्शनिकों ने उसे बचाने की कोशिश की। कान्ट ने प्रतिभा और प्रयोग की सारी कसौटियों को कुण्ठित करके और हेगेल ने साइंस के आधार द्वन्द्वात्मक भूत (भौतिक) तत्व को ही द्वन्द्वात्मक विज्ञान नाम देकर अपने दर्शन के लिए साइंस की सहायता प्राप्त की। इसमें शक नहीं कि कान्ट और हेगेल के प्रयत्न ने दर्शन की वह गत नहीं बनने दी, जो कि धर्म की हुई। और उसके बाद तो दर्शन यहाँ तक दावा करने लगा कि वह सब साइंसों के ऊपर महासाइंस है; वैज्ञानिक भौतिकवाद अपने को साइंसों का निरंकुश शासक—महाराजा—नहीं समझता; उसकी इस विषय में क्या राय है, इसे एन्गेल्स के शब्दों में सुनिये[२]—

(ii) उद्देश्य—"आधुनिक (वैज्ञानिक) भौतिकवाद सारत: द्वन्द्ववादी है और उसे उस प्रकार के (दर्शन-विद्या) क़ी कोई जरूरत नहीं, जो कि महाराजा की भाँति बाकी सभी साइंसों की भीड़ पर 'मेरा शासन है' यह दिखलाना चाहता है। प्रत्येक खास साइंस के लिए वस्तुओं के बड़े समुदाय और वस्तु-सम्बन्धी हमारे ज्ञान के बीच अपनी स्थिति को साफ करना जरूरी है और जैसे ही वह यह कर लेता है, वैसे ही इस सारे समुदाय के लिए उपयोगी एक खास साइंस की जरूरत नहीं रहती। **अब भी पहले के सभी दर्शनों में से जो कुछ बच रहा है, वह है विचार और उसके नियमों का साइंस-प्रचलित तर्कशास्त्र और द्वन्द्ववाद**। और बाकी सभी बातें इतिहास और भौतिक (प्राकृतिक)...साइंस के अन्तर्गत हो गई हैं।

इस तरह साफ है कि वैज्ञानिक भौतिकवाद अपनी वही स्थिति नहीं समझता, जो कि दूसरे दर्शन। पैसों के लिए—दो-चार नहीं, दो-चार हजार, दो-चार लाख के लिए—जूआ-चोरी, रिश्वत, बेईमानी, बही-खाते का जाल...सब कुछ करने वाला शिक्षित धनिक-वर्ग तथा उसके पिट्ठू जिस तरह रोटी की बात करते ही नाक-भौं सिकोड़ सातवें आसमान पर बैठे देवता की तरह बोल उठता

१. The Logic of Marxism (by T. A. Jackson) p. 22.
२. Socialism, Scientific and Utopian, pp. 39.41.

है—मनुष्य रोटी से नहीं जीता रोटी का सवाल रखना मानवता का अपमान है; मनुष्य को 'नेह नाना', 'सत्यं शिवं सुन्दरं', 'तदेव ब्रह्म त्वं विद्धि नेदं यदिदं उपासते।'[१] ठीक इसी तरह दर्शन भी अपने को सातवें आसमान का देवता समझ 'राम बादशाह के हुक्मनामे' निकालता है, जो नितान्त परिहासास्पद हैं, इसे कहने की आवश्यकता नहीं।—और इसे दार्शनिकों में अधिक सोचने-समझने की शक्ति रखने वाले बूझते हैं। इसीलिये तो वह भी पुराने समय में (और अब भी जब तब)— जैसे कणाद, गौतम, गजाली, रोश्द ने—और दुनिया की आँख में धूल झोंकने के लिए कान्ट और विलियम जेम्स ने भी—धर्म और दर्शन के समन्वय की कोशिश की थी उसी तरह आज भी कुछ लोग दर्शन और साइंस का समन्वय करना चाहते हैं।

इससे एक बात और साफ हो जाती है कि मानव की प्रगति में दर्शन धर्म के आगे आने वाली स्थिति रखता है। इसलिये दुनिया में सभी जगह दर्शन को गाली देते देख भी धर्म को उसकी सहायता पाने के लिए अपना हाथ पसारना पड़ा। साइंस दर्शन से भी आगे की प्रगति है, इसलिये 'लोग क्या कहेंगे' के खयाल से दर्शन चाहे साफ स्वीकार न करे; किन्तु वह भी साइंस का मुँह जोहता है। 'राम बादशाह का हुक्मनामा' निकालने से दर्शन साइंस का महाराजा नही हो सकता। वैज्ञानिक भौतिकवाद अपने को साइंसों के ऊपर नहीं समझता और न साइंसों से अलग। वह सभी साइंसों-ज्योतिष, भौतिकशास्त्र, रसायन, प्राणिशास्त्र...के गवेषणीय विषय द्वन्द्वात्मक भूत को आँखों से ओझल न होने देने की कोशिश करता है। इसकी वर्त्तमान अवस्था में कितनी जरूरत है यह आप आसानी से समझ सकते हैं, जब कि जीन्स और एडिंग्टन जैसे साइंसदानों को धर्म-दर्शन-राज तथा वर्त्तमान समाज—व्यवस्था—की चापलूसी करते हुए अपने पद की ठीकरों ('सिर'...?) के मूल्य बेचते देखते हैं। वैज्ञानिक भौतिकवाद की आज आवश्यकता है, विचार-क्षेत्र में इन प्रक्रियावादी विचारों (दर्शनों) से लोहा लेने के लिए। वस्तुतः, वैज्ञानिक-भौतिकवाद विज्ञानों (साइंसों) का अधिनायकत्व है, जो कि कमकर-अधिनायकत्व की भाँति नीचे से भिन्न-भिन्न साइंसों से—शक्ति प्राप्त करता है और जैसा कि एन्गेल्स ने अभी कहा, जैसे ही साइंसों को "आत्मचेतना आ जायेगी, और नामधारी साइंसदानों की धाँधली तथा अनधिकार-चेष्टा खतम हो

---

१. " 'यहाँ नाना नहीं है', 'सत्य, अच्छा, सुन्दर', उसी ब्रह्म का ज्ञान करो, इसका नहीं जिसकी कि (पामर लोग) उपासना करते हैं।"

जायेगी; वैसे ही यह अधिनायकत्व और विचार-क्षेत्र की सरकार भी सूख मुर्झा-मुर्दा हो जायेगी; तथा जो काम वैज्ञानिक भौतिकवाद के रूप में आज संगठित हुआ है, उसे खुद साइंस अपने आप करने लगेंगे, इस प्रकार राज्यहीन वर्गहीन चेतनावान कमूनिस्त समाजी जनता की भाँति अपने भीतर वह किसी ऑलिवर, लॉज, जीन्स और एडिंग्टन (रमन को भी ले लीजिये) जैसे पुरान-पोषक को नहीं पैदा होने देंगे।

(iii) साइंसवेत्ता और वैज्ञानिक भौतिकवाद—उपरोक्त कथन सिर्फ जबानी जमा-ख़र्च नहीं है, इसे आप वैज्ञानिक भौतिकवादी सारी विचारधारा में पायेंगे। मैंने स्वयं जब इस पुस्तक को लिखना चाहा, तो तब तक कलम नहीं चलाई, जब तक कि वैज्ञानिक भौतिकवाद के मूल आधार भौतिक साइंस और सामाजिक साइंस पर हिन्दी में पुस्तकें—'विश्व की रूपरेखा' और 'मानव-समाज' पहिले नहीं तैयार कर लीं। इसकी ईमानदारी का सबसे बड़ा प्रमाण है, प्रयोग पर जोर देना; इसे हम अभी थोड़ा ठहर कर कहने वाले हैं, किन्तु यहाँ इतना जान लेना चाहिए कि वैज्ञानिक भौतिकवाद किसी वाद, विचार, दिमागी कल्पना को तब तक मानने के लिए तैयार नहीं, जब तक कि प्रयोग—भौतिक विश्लेषण और परीक्षण—पर वह ठीक न उतरे, जैसा कि आज के वैज्ञानिक भौतिकवाद के जीवित सर्वश्रेष्ठ विचारक स्तालिन का कहना है—"प्रयोग बिना वाद (सिद्धान्त) नपुंसक-बाँझ है, वाद बिना प्रयोग अंधा है।"

वैज्ञानिक भौतिकवाद साइंस-वेत्ताओं के कितने काम का है यह तो इसके नाम वैज्ञानिकों (साइंस-वेत्ताओं) के भौतिकवाद—से ही साफ है, किन्तु यदि इसमें साक्षी की जरूरत है तो इंग्लैण्ड के सर्वश्रेष्ठ साइंस-वेत्ताओं में एक जे०बी०एस० हाल्डेन के शब्दों को सुनिये[१]—

"द्वन्द्वात्मक (वैज्ञानिक) भौतिकवाद को आजकल अंग्रेज वैज्ञानिक विचारकों में से कुछ लोग इस्तेमाल करने लगे हैं। किन्तु दुर्भाग्य से उनके (सफल गवेषणों में से) कुछ उत्तम उदाहरणों को यहाँ उद्धृत करना (अच्छा नहीं, क्योंकि) उससे उनकी नौकरी और वेतन पर खतरा हो सकता है।"

देखा, पूँजीवादी समाज के विचार-स्वातंत्र्य की दिखावटी ढोल के अंदर कितनी पोल है! उसने साइंस-क्षेत्र के कमकरों के सिर पर भी कच्चे धागे के सहारे

१. Marxist Philosophy and the Science (by J. B. S. Haldane), p. 46.

नंगी तलवार लटका रखी है!!

(iv) भूत की प्रधानता—'नेह नाना' वाले उपनिषद् के ऋषियों, तथा निर्विकार विज्ञान (मन) मयी (अभौतिक) दुनिया को 'स्रष्टा' अफलातूँ को छोड़ दीजिये, उन्हें अत्याचार के भार से दबा जाती दासों की पृथिवी को भुलाने का वही रास्ता मालूम हुआ; किन्तु आधुनिक साइंस-युग के विचारक भी भौतिक जगत् को भुलवाने की जी-तोड़ कोशिश करके जब बेहतर दुनिया बनाने के प्रयत्न में बाधा डालते हैं, तो आश्चर्य और क्षोभ दोनों की सीमा नहीं रहती। शायद वह कह सकते हैं कि बेहतर दुनिया बनाने में हम बाधा नहीं डालते, किन्तु 'करनी-रहित कथनी' अपने और दूसरों को धोखा देने के सिवाय कुछ नहीं है। यदि उनके विचार में भौतिक दुनिया का अस्तित्व ही नहीं है, तो सर राधाकृष्णन् हिन्दू विश्वविद्यालय की व्यास गद्दी से गीत या शंकराचार्य के अद्वैतवाद—मायावाद—को सुनाकर कुछ नौजवानों के दिमाग में धर्म की सड़ी लाश की माला धारण कराने में भले ही सफल हो सकते हैं, किन्तु उनसे यह आशा नहीं की जा सकती कि वह उसी तरह नई दुनिया के निर्माण करने में प्राण-शरीर लगा सकेंगे, जितना कि वह तरुण लगा सकते हैं, जिसके लिए दुनिया माया, अनिर्वचनीय ब्रह्म की छाया नहीं, बल्कि वह वस्तु-सत्य—हजारों पीढ़ियों और असंख्य मनुष्यों के दु:ख-सुख, जीवन-मरण की वास्तविक दुनिया—है। वह जमाना गया, जब भौतिकवादियों को दुराचारी 'ऋणं कृत्वा घृतं पिवेत्' वादी स्वार्थी कहकर लोगों को भड़काया जा सकता था। अब लोगों की आँखें खुली हैं और वह जानते हैं कि सबसे पामर नरपशु दुराचारी मनुष्य मिलेंगे धर्माचार्यों और उनके इशारे पर गद्गद हो नाचने वाले सेठों, राजाओं, नवाबों में। स्वार्थ के लिए जाति और देश को बेचने वाले भी उसी वर्ग में ज्यादा मिलेंगे, जो कि 'नेह नाना' का अनन्य भक्त हैं।

हाँ, लेकिन आज के दार्शनिकों ने पैंतरा बदला है, वह मायावाद की जगह परिणामवादी विज्ञानवाद—दुनिया कल्पित नहीं, अभौतिक तत्व (विज्ञान या मन) का परिणाम (रूपान्तर) है—को मानते हैं, वह कहते हैं विश्व के भीतर मूलतत्व भूत नहीं अ-भूत (विज्ञान, मन) है लेकिन भूतं के बिना मन (विज्ञान) कभी था, क्या यह कल्पना भी की जा सकती है—वैज्ञानिक विधि के अनुसार? साइंस हमें बतलाता है कि मन के पैदा होने से पहिले अरबों वर्षों तक बिना मन के ही भूत (भौतिकतत्व) मौजूद था। भूगर्भशास्त्री पृथिवी की आयु को दो अरब वर्ष से ऊपर मानते हैं, आइये, देखिये तो वहाँ मन कब उत्पन्न होता है। लेकिन यहाँ पहिले

यह प्रश्न उठ खड़ा होगा—मन को किसके भीतर मानते हैं। प्रभु ईसा के भक्तों का फतवा था कि स्त्रियों में जीव नहीं है। खैर! यह चौदह-पंद्रह सौ वर्षों की पुरानी बात है; और बात बढ़ने पर जीव और आत्मा की बाल की खाल खींचने का डर है। ईश्वर-पुत्र ईसा के परम भक्त दे-कार्त (१५९६-१६५० ई०) को लीजिए, उसे मरे—प्रभु मसीह उसकी आत्मा को शान्ति दें—अभी तीन सौ वर्ष मुश्किल से हो पाये हैं—उसका कहना था; मनुष्य छोड़ बाकी सभी प्राणी—वानर और वनमानुष भी—चलते-फिरते यंत्र हैं। आधुनिक मानव का पता ४०, ५० हजार वर्ष से पहिले बिलकुल नहीं लगता। यदि नेआन्डर्थल, जावी, चीनी पथराई हड्डियों वाले मानवों अथवा मानवाभासों को भी मान लें कि उनमें अफलातूँ और शंकराचार्य जैसा मन था, जो कि अपने भीतर में इह ब्रह्मांड को मदारी की थैली की तरह से निकाल सकता था, तो भी हम १० लाख वर्ष तक ही पहुँचते हैं। यदि आप और आग्रह करते हैं, और आधुनिक पक्षियों तक को मन प्रदान करना चाहते हैं, क्योंकि तोते मनुष्य की तरह बोलते हैं—बोलते ही नहीं गुस्सा या खाना माँगने के शब्दों के अर्थ से भी कभी-कभी परिचित देखे जाते हैं—इसलिए उनके तुफैल से सारी पक्षी जाति को यदि मनवाली मानने का आग्रह करते हैं, तो एवमस्तु, तब भी ५० लाख वर्ष से आप आगे नहीं पहुँचते—साथ ही यह भी खयाल रखिये कि उस वक्त के पक्षी-तोते का तो क्या आज के उल्लू के जूते का तस्मा भी खोलने की योग्यता नहीं रखते थे। तब भी मन की आयु ५० लाख वर्ष होगी, जब कि पृथिवी (उसके मन हीन भूत) की आयु २०,००० लाख वर्ष है। आप यदि सारे पुराण पक्षी, पुराण-सरीसृप, अर्द्ध जलचर, मछली, प्रथम रीढ़धारी से भी आगे अ-रीढ़धारी प्रथम प्राणी को भी मनवाला कहना चाहते हैं, तो हम उसके लिये भी तैयार हैं, यद्यपि इतना बतला देने के साथ कि इन बेचारों को अपने मन से दुनिया बनाने की साध 'सात जन्म' में भी नहीं हो सकती थी; और जोंक, केंचुए जैसी अरीढ़धारी प्राणि-जाति के प्रथम 'वंशज बैक्टीरिया और विरस जैसों को भूत और अ-भूत (जड़-चेतन) दोनों कहलाने का वैसा ही अधिकार था, जैसे चमगादड़ को पशु और पक्षी दोनों कहलाने का। खैर, आपके इस दुराग्रह के मान लेने पर भी मन की आयु सिर्फ ५०० लाख वर्ष होती है, जब कि पृथिवी में मौजूद भूत उम्र में उससे ४० गुना बूढ़ा है। इससे साफ साबित है, विश्व में भूत (भौतिक तत्त्व) पहिले से मौजूद था, मन या विज्ञान पीछे आया। साइंस वेत्ता हाल्डेन के शब्दों में—

"चाहे, बाहरी प्रकृति (जगत्) के बारे में हमारा ज्ञान (साक्षात् नहीं) परम्परा

से (विषय-इन्द्रिय-मस्तिष्क के संपर्क से प्राप्त वेदना द्वारा) ही क्यों न हो, किन्तु हम उसके बारे में जितना जानते हैं उसके सामने हमारा वेदन संबंधी ज्ञान-नगण्य-सा है, क्योंकि इस (जगत्) के बारे में जो ज्ञान हमें प्राप्त है, वह सामाजिक (सारे समाज द्वारा अर्जित) है। मैं अपने हाथ को देखता हूँ और जानता हूँ कि इसमें कितनी ही नस, पेशी, हड्डी, रुधिरविन्दु...हैं। यह ज्ञान हजारों शरीर-शास्त्रियों की वेदनाओं पर आधारित है। मैं प्रत्येक केश के परमाणुओं की स्थिति-व्यवस्था को जानता हूँ (या कम से कम स्थूल रूप से जानता हूँ)। यह ज्ञान आस्टबरी की वेदना से प्राप्त हुआ है, जो कि एक्स-रे के फोटो-चित्रों की परीक्षा करते वक्त उसे हुई। हजारों आदमियों का समाजीकृत (सारे समाज द्वारा अर्जित) ज्ञान, चाहे वह (साक्षात् नहीं, वेदना-) परम्परा से ही प्राप्त क्यों न हो, उससे कहीं अधिक (प्रामाणिक) सूचना हमें देता है, जितना कि एक आदमी का वैयक्तिक ज्ञान।[१] मुझे वास्तविक दुनिया में काम करना है। वे (विज्ञानवादी वेदान्ती) भी यदि पूर्णतया स्वार्थी नहीं हैं, तो अपने विचारों को अपने साथी (दूसरे मनुष्यों) तक भूत (भौतिक तत्त्वों) पर काम करते हुए लेखन या भाषण द्वारा पहुँचाते हैं। यदि आप (विज्ञानवादी) सचमुच विश्वास रखते हैं कि आपने अपनी वेदनाओं द्वारा जगत् को बनाया है, तो आप (ऐसी विषम दुनिया बनाकर अपने ऊपर) बड़ी भारी जवाबदेही ले रहे हैं।...तो भी मैं (जगत् के बनाने वाले) आपको नहीं कहता कि आप एक (दूसरी इससे) बेहतर दुनिया को बनाएँ; बल्कि मैं सिर्फ (इतना ही अर्ज करूँगा, कि आइये) इस सामने (मौजूद जगत्) को बदलने में हमारी सहायता कीजिये। मुझे विश्वास है, ऐसा (बदलने की सहायता) करने में (स्वार्थी वेदान्ती सत्ताधारियों की ओर से) जिस विरोध का सामना आपको करना पड़ेगा, वह आपको पक्का विश्वास करा देगा कि आपका मुकाबला (माया से नहीं बल्कि) वास्तविकता (ठोस जगत्) से हो रहा है।"

(v) **वैज्ञानिक भौतिकवाद के सामने काम**—इसे मार्क्स ने एक सूत्र में कह दिया है[२]—

"दार्शनिकों ने भिन्न-भिन्न तरह से जगत् की सिर्फ **व्याख्या** की है; किन्तु (अब) बात है, उस (जगत्) के बदलने की।"

---

१. Marxist Philosophy and the Science, pp. 140-42.

२. Thesis on Feuerbach XI.

भौतिकवादियों को पिछले सत्ताइस सौ वर्षों में—याज्ञवल्क्य से लेकर हिटलर तक—जो गालियाँ सुननी पड़ी हैं, वह इसीलिये कि वह इस दरिद्रता और अन्याय से भरी दुनिया की गलत-सलत व्याख्या नहीं करना चाहते, बल्कि उसे बदलने में लग जाते हैं। वैज्ञानिक भौतिकवाद वह दर्शन (हमारी भाषा में प्रचलित शब्द के अनुसार) है, जो कि बतलाता है—दुनिया में परिवर्त्तन होता है और कैसे वह परिवर्त्तन होता है। यही नहीं, उस परिवर्त्तन में मनुष्य होने के नाते हमें हिस्सा भी लेना चाहिए। हमारी आँखों के सामने दो प्रकार के भारी परिवर्त्तन घटित हो रहे हैं। एक परिवर्त्तन वह है जो कि साइंस अपने आविष्कारों से उपस्थित कर रहा है।—रेल, तार, बिजली, हवाई-जहाज, रेडियो, सिनेमा जिस तरह के परिवर्त्तन को उपस्थित कर रहे हैं, वह मनुष्य की अचिन्त्य क्षमता को बतला रहे हैं। राजघाट (बनारस) के पुल के पास खड़े होकर देखिए तो इस पार से उस पार मील भर के करीब, लम्बे और भारी-भारी लोहे के गाटरों से बने उस विशाल पुल को और फिर उसके पास खड़े किसी ३॥ हाथ लम्बे आदमी को देखिये। देखिये मनुष्य के जग-परिवर्त्तन करने की शक्ति को। यह विज्ञान (ब्रह्म)-वादियों की तरह की शक्ति नहीं है, वैसे शक्ति वाले आगरे और काँके (राँची) में काफी मिलेंगे, किन्तु उन्होंने एक छछूंदर भी पैदा करके नहीं दिखाई। और जब ५०,००० और ६०,००० टन, (१५,००,००० और १८,००,००० पन्द्रह और अठारह लाख मन) के किसी क्वीनमेरी जहाज को आप देखते हैं, उस वक्त भी डेढ़ मन भारी आदमी की परिवर्त्तन करने की शक्ति को समझ सकते हैं। वैज्ञानिक भौतिकवादी मनुष्य के कोरे सपनाने पर नहीं बल्कि वास्तविक परिवर्त्तन की शक्ति पर विश्वास करते हैं और जगत् को बेहतर रूप में परिवर्त्तित करने के लिए उसे इस्तेमाल करना चाहते हैं। सोवियत् मध्य-एशिया में करा-कल्पक की हजारों मील विस्तृत निर्जल, निर्जन भूमि है। वहाँ छोटी-छोटी घास उगती थी, जिसके सहारे लाखों भेड़ें, घोड़े, ऊँट पाले जा सकते थे, किन्तु वहाँ पीने का पानी नहीं था। जमीन के पेट में पानी प्रचुर परिमाण में था, किन्तु वह कास्पियन समुद्र के जल से भी ज्यादा खारा (नमक वाला) था। नमक बेकार चीज नहीं, पानी बेकार चीज नहीं। घास बेकार चीज नहीं, क्योंकि उनकी सहायता से अपार सम्पत्ति—नफा कमाने की ही नहीं मनुष्य के जीवन को सुखी और समृद्ध बनाने वाली-पैदा की जा सकती—थी; किन्तु आदिकाल से करा-कल्पक पथिक के हृदय में सिर्फ भारी भय संचार करने का कारण बना रहा। जब सोवियतों की घोर भौतिकवादी सरकार

कायम हुई, मनुष्य ने जग परिवर्त्तन करने के लिए साइंस के हथियार को हाथ में लिया; तो करा-कल्पक की उस मरुभूमि में बड़े-बड़े ट्यूब-वेल लगाये गये, बड़े-बड़े जलाशय बनाये गये। जाड़े में पाँच छः महीने तक इस करा (काले) रेगिस्तान में पानी जम जाया करता है। उस समय ट्यूब-वेल से पानी निकालकर इन सीमेंट किये तालाबों में भरा जाता। सर्दी से शुद्ध पानी बर्फ बन जाता और नमक नीचे तल छट के तौर पर बैठ जाता। इन बर्फ की चट्टानों को हजारों मनुष्य और मशीनें दूसरे महान् सरोवरों में डालते रहते हैं। गर्मी आने पर बर्फ पिघलकर वहाँ शुद्ध जल की अपार जलराशि जमा हो जाती। आज करा-कल्पक की भूमि से लाखों टन नमक निकलता है, करोड़ों करोड़ भेड़ें तथा दूसरे पशु मांस, ऊन, चमड़ा और दूध प्रदान कर रहे हैं। आज वहाँ बिजली की रोशनी, रेडियो, सिनेमा, पुस्तकालय, अस्पताल, होटल, रेस्तोराँ से सुसज्जित शहर और कस्बे आबाद होते जा रहे हैं। मनुष्य जगत् के परिवर्तित करने में जोर-शोर से लगा हुआ है।

मनुष्य ने अपने सामाजिक (वैयक्तिक नहीं) प्रयत्न से मस्तिष्क को विकसित किया, साइंस को पैदा किया, अब उसकी सहायता से वह जग-परिवर्त्तन को और तेजी से कर रहा है। तो भी इस परिवर्त्तन के साथ खुद समाज के परिवर्त्तन में गति अन्यन्त मन्द रही है, लेकिन अब वह समझने लगा है, जग-परिवर्त्तन करते हुए अपने तथा अपने समाज को अछूता रखने की कोशिश नहीं करनी चाहिए, बल्कि दान को घर से शुरू करना चाहिए। इसीलिए यहाँ 'समाजवाद की जय' इसीलिए यहाँ 'साम्यवाद की जय' इसीलिए यहाँ 'पूँजीवाद की क्षय' करनी है।

(vi) सत्य बनाया नहीं जाता—वैज्ञानिक भौतिकवाद की घटना-प्रवाह-वाली इस वास्तविक दुनिया में अलग सत्य की दुनिया खोजने की गलती नहीं करता। दार्शनिक काफी ऐसे हैं, और हुए हैं, जो इस भौतिक दुनिया के पीछे एक आत्मा, ब्रह्म, या मन (विज्ञान) की वास्तविक लोकोत्तर दुनिया के पाने का दावा करते हैं। ऐसा दावा करनेवालों के बारे में हम यही कह सकते हैं कि उन्होंने वहाँ 'सत्य' को पाया नहीं—पैदा किया। किन्तु 'सत्य' पाया जाता है, पैदा नहीं किया जाता। इस विद्यमान दुनिया ने इनकार कर इस तरह सत्य का पैदा करना सिर्फ मन का लड्डू है, जिसे हाथ में लेकर परीक्षा नहीं कर सकते, जो किसी की भूख को तृप्त नहीं कर सकता। हम जिसकी वैज्ञानिक परीक्षा नहीं कर सकते, वह सिर्फ मूढ़ विश्वास की बात भर हो सकता है।

(vii) फ्वेरबाख पर ग्यारह सूत्र—हेगेल ने द्वन्द्ववाद को मार्क्स तक

पहुँचाने में लुडविग फ्वेरबाख (१८०४-७२ ई०) का खास हाथ है। फ्वेरबाख ने 'ईसाइयत-सार'[१] नाम से एक बहुत ही विचारपूर्ण पुस्तक लिखी थी,[२] जिसे पढ़ने के बाद मार्क्स (१८१८ -८३ ई०) ने १८४५ ई० में एक नोटबुक में ग्यारह बातें नोट कर दी थीं। मार्क्स की मृत्यु के बाद १८८८ ई० में एन्गेल्स जब मार्क्स के कागजों की देखभाल कर रहे थे, तो उन्हें ये नोट मिले, जो 'फ्वेरबाख पर नोट'[३] के नाम से मशहूर हैं। वैज्ञानिक भौतिकवाद के समझने के लिये तरुण (२७ वर्ष) मार्क्स के ये सूत्र बहुत सहायक साबित हुए हैं—

१. अब तक विद्यमान हर एक भौतिकवाद—"जिसमें फ्वेरबाख का भी शामिल है—में प्रधान दोष यह है कि (उनमें) विषय (बाह्य पदार्थ)" वास्तविकता, इन्द्रियगोचरता को मानुषिक इन्द्रियगोचरीय क्रिया, प्रयोग के तौर पर नहीं, मानसिक तौर पर नहीं, बल्कि सिर्फ विषय या चिंतन के[४] तौर पर ही ग्रहण किया जाता था। इस तरह भौतिकवाद के विरोध में विज्ञानवाद ने क्रिया वाले पहलू को विकसित करने का मौका पाया, किन्तु (हाँ) निराकार रूप में ही, क्योंकि विज्ञानवाद किसी वास्तविक इन्द्रियगोचरीय क्रिया को स्वीकार नहीं करता। फ्वेरबाख विचार के विषयों (मानसिक कल्पना चित्रों) से वस्तुत: भिन्नता रखने-वाले इन्द्रियगोचर विषयों को स्वीकार करता है; किन्तु वह स्वयं मनुष्य की क्रिया को विषयों (बाह्य पदार्थों) के द्वारा होने वाली क्रिया के तौर पर खयाल में नहीं लाता। इसी का परिणाम है, जो कि 'ईसाइयतसार' में सैद्धान्तिक मनोभाव को ही वह एकमात्र शुद्ध मानवीय मनोभाव समझता है, और प्रयोग को ही वह सिर्फ उस (मानवीय मनोभाव) की दिखावटी गन्दी 'म्लेच्छ' मूर्ति मानता और निश्चित करता है, इसीलिये वह व्यवहार गाम्भीर्य-समन्वित क्रान्तिकारी क्रिया (प्रयोग) के महत्त्व को समझ नहीं पाता।

२. साकार सत्य क्या मनुष्य की समझ द्वारा प्राप्त किया जा सकता है? यह प्रश्न सैद्धांतिक नहीं व्यावहारिक प्रश्न है। सत्य—अपने सोचने की वास्तविकता, शक्ति, 'इस-ओर-पन'—को प्रयोग (क्रिया) में मनुष्य को सिद्ध करना होगा। प्रयोग (क्रिया) से रहित चिंतन की वास्तविकता या अवास्तविकता के बारे में

---

१. Essence of Christianity.

२. देखिये 'दर्शन-दिग्दर्शन', पृष्ठ ३४५।

३. Thesis on Feuerbach XI.

४. Contemplation.

विवाद करना सिर्फ मतवादों वाला सवाल (है, अतएव व्यर्थ) है।

३. मनुष्य परिस्थितियों और (पारिवारिक) पालन-पोषण की उपज है; इसीलिए परिवर्त्तित मनुष्य (किन्हीं) और परिस्थितियों[१] तथा परिवर्त्तित पालन-पोषण की उपज हैं।—भौतिकवादी सिद्धान्त यह भूल जाता है कि परिस्थितियाँ भी उसी तरह मनुष्य द्वारा बदलती जाती हैं, और शिक्षक को स्वयं शिक्षा प्राप्त करनी होती है। इसलिये इस सिद्धान्त को समाज को दो हिस्सों में बाँटने की बात पर आना पड़ता है, जिनमें से एक (रॉबर्ट ओवेन के रूप में) समाज के ऊपर आसन लगाता है।

परिस्थितियों और मानवीय क्रियाओं के परिवर्त्तन को एक ही साथ (लाने की बात) क्रान्तिकारक प्रयोग के तौर पर ही माना और बौद्धिक तौर से समझा जा सकता है।

(viii) फ्वेरबाख मजहबी आत्म-बहिष्कार—दुनिया को दो मजहबी काल्पनिक तथा वास्तविक दुनियाओं में बाँटना—को लेकर शुरू करता है। मजहबी दुनिया को उसके संसारी उपादान में विलीन करना फ्वेरबाख का काम है। उसका ध्यान इस ओर नहीं जाता कि यह कर चुकने पर भी मुख्य बात करने को रह जाती है; क्योंकि सांसारिक उपादान अपने को अपने से ऊपर उठा एक स्वतन्त्र लोक के तौर पर स्थापित करता है, (फ्वेरबाख ने जो यह ईसाई स्वर्ग की व्याख्या की है) उसकी यह व्याख्या इस सांसारिक उपादान के आत्मभेद (अपनी फूट) और आत्म-विरोधिता द्वारा ही की जा सकती है। इसलिए सांसारिक उपादान (ईसाई स्वर्ग से भिन्न यह हमारी ठोस दुनिया) को ही सबसे पहले उसके (आन्तरिक) विरोध के रूप में समझना होगा, और तब विरोध को हटाकर प्रयोग में उसे आमूल परिवर्तित करना होगा। इस तरह, उदाहरणार्थ एक बार जहाँ पता लग गया कि (पवित्र संत-परिवार के भीतर) सांसारिक परिवार (का खयाल) छिपा हुआ है, तो खुद सांसारिक परिवार का ही सैद्धान्तिक (शास्त्रीय) तौर से खण्डन और प्रयोग द्वारा मौलिक परिवर्त्तन करना चाहिये।

५. फ्वेरबाख निराकार चिन्तन से सन्तुष्ट न हो, इन्द्रियगोचरतायुक्त चिंतन में प्रवृत्त होना चाहता है; किन्तु इन्द्रियगोचरता को वह एक व्यावहारिक (प्रयोग-लायक) मानवीय इन्द्रियगोचरतायुक्त क्रिया नहीं खयाल करता।

---

१. Secular.

६. फ्वेरबाख मज़हब को उसके मानवीय सार में लेता है। किन्तु, यह मानवीय सार एक-एक व्यक्ति में सदा पाई जानेवाली निराकार-कल्पना नहीं है। तह में पहुँचने पर वह सामाजिक सम्बन्धों का पुंज (मुरब्बा) है।

फ्वेरबाख इस वास्तविक सार को खंडन करने का प्रयत्न नहीं करता; इसलिए वह (निम्न बातों के लिए मजबूर है)—

(क) ऐतिहासिक घटना-प्रवाह से निकाल कर धार्मिक भावना को अपने लिये खास चीज के तौर पर स्थिर करना और एक निराकार—अलग-थलग—मानवीय व्यक्ति को पहले से मान लेना है।

(ख) अतएव मानवीय सार, फ्वेरबाख के मत से, केवल (न्यायशास्त्र की) जाति—जिसका काम है मूक (निष्क्रिया) आन्तरिक समानता (गायपन) के तौर पर, बहुत से व्यक्तियों (गाय-शरीरों) को स्वभावतः मिलाना—के तौर पर समझा जा सकता है।

७. इसीलिए फ्वेरबाख को नहीं सूझ पड़ता, कि 'धार्मिक-भावना' खुद एक सामाजिक उपज है। जिस निराकार व्यक्ति का उसने (अपने ग्रन्थ में) विश्लेषण किया है, वह वस्तुतः एक खास प्रकार से समाज का (व्यक्ति) है।

८. सामाजिक जीवन सारतः व्यावहारिक (प्रयोगात्मक) है। सभी (दिव्य-) रहस्य—जो सिद्धान्त को रहस्यवाद की ओर भगा ले जाते हैं—मानवीय व्यवहार (प्रयोग) तथा उस व्यवहार के समझने से बौद्धिक तौर पर हल हो जाते हैं।

९. चिन्तनमूलक भौतिकवाद के द्वारा सबसे बड़ी बात जो मिली है, यह 'नागरिक समाज' में अकेले व्यक्तियों का दृष्टिकोण है।

१०. प्राचीन भौतिकवाद का दृष्टिविंदु 'नागरिक समाज' है, नवीन (भौतिकवाद) का दृष्टिविंदु मानवतायुक्त समाज या समाजवादयुक्त मानवता।

११. दार्शनिकों ने भिन्न-भिन्न तरीके से जगत् की सिर्फ व्याख्या की है और अब बात है उसके बदलने की।

फ्वेरबाख पर मार्क्स ने जो ये ग्यारह सूत्र लिखे हैं, वह बिना भाष्य और विवरण के समझ में आना इसलिए भी मुश्किल है, क्योंकि उनमें हर जगह फ्वेरबाख की 'मास्टर-पीस' (श्रेष्ठ कृति) ईसाइयतसार की ओर संकेत है। भाष्य-विवरण की जरूरत समझते हुए भी मैं उस लोभ का संवरण करना चाहता हूँ; क्योंकि पुस्तक के विस्तार का खयाल जरूर रखना है और साथ ही फ्वेरबाख और उसके 'ईसाइयतसार' पर मैं 'दर्शन-दिग्दर्शन' में लिख चुका हूँ। यहाँ पाठक यदि

सिर्फ इतना मन में रखें, तो कुछ काम चल जायेगा कि फ्वेरबाख ने ईसामसीह पवित्रात्मा, पिता, ईश्वर, परलोक (स्वर्ग-नर्क), फरिश्ता आदि सभी ईसाई कल्पनाओं का आधार इसी हमारे चातुर्भौतिक जगत् को माना है और ईसाइयत की अलौकिकता पर भारी प्रहार किया है। मार्क्स ने फ्वेरबाख को कुछ बातों में और आगे न बढ़ने के लिए फटकारा भी है, तो भी फ्वेरबाख के महत्त्व को वह कम नहीं मानता। फ्वेरबाख कहता है—

"धर्म मनुष्य को अपने आपसे अलग कराता है; (इसके कारण) वह (मनुष्य) अपने सामने, अपने प्रतिवादी के तौर पर, ईश्वर को ला रखता है। ईश्वर वह है, जो कि मनुष्य नहीं है, मनुष्य वह है, जो कि ईश्वर नहीं है।...ईश्वर और मनुष्य दो विरोधी छोर हैं; ईश्वर पूर्णतया भावरूप, वास्तविकताओं का योग है, मनुष्य पूर्णतया अभावरूप है (अकिंचन) सभी अभावों का योग है[१]—

च. परिवर्त्तन की घटना-शृंखला

जगत् के परिवर्त्तन की व्याख्या जगत् से करना, वैज्ञानिक भौतिकवाद का सबसे मुख्य काम है, यह अब की लिखी पंक्तियों से स्पष्ट हो गया होगा। अब यह बतलाना है कि परिवर्त्तन—आमूल परिवर्त्तन—किन अवस्थाओं, सीढ़ियों से गुजरता है। यह सीढ़ियाँ वैज्ञानिक भौतिकवाद की त्रिपुटी हैं—

(१) विरोधि-समागम, (२) गुणात्मक परिवर्त्तन और (३) प्रतिषेध का प्रतिषेध। वस्तु के उदर में विरोधी प्रवृत्तियाँ जमा होती हैं, इससे परिवर्त्तन के लिए सबसे आवश्यक चीज—गति—पैदा होती है। फिर हेगेल के द्वन्द्ववादी प्रक्रिया के वाद और प्रतिवाद के संघर्ष से संवाद रूप में नया गुण पैदा होता है, इसे दूसरी सीढ़ी गुणात्मक-परिवर्त्तन कहते हैं। पहले जो वाद था, उसको भी उसकी पूर्वगामी कड़ी से मिलाने पर वह किसी का प्रतिषेध करने वाला संवाद था, अब गुणात्मक-परिवर्त्तन—आमूल परिवर्त्तन—जब से उसका प्रतिषेध हुआ, तो यह प्रतिषेध का प्रतिषेध है।

१. विरोधि-समागम

दो या अधिक एक दूसरे के गुण और स्वभाव में विरोधी वस्तुओं का समागम दुनिया में पाया जाता है, यह बात हर एक आदमी को जब-तब नजर आती है

---

१. Atheism, p. 33.

किन्तु, उसे देखकर यह ख़याल नहीं आता कि एक बार इस विरोधि-समागम को मान लेने पर फिर विश्व के संचालक ईश्वर की जरूरत नहीं रहती, न किसी अभौतिक रहस्यमय दिव्य-नियम की आवश्यकता। विश्व के रोम-रोम में गति है, दे-कार्त ने (अरस्तू, उदयन और गजाली ने भी) कहा कि गति का स्रोत ईश्वर है। दो परस्पर-विरोधी शक्तियों (वस्तुओं, घटना-प्रवाहों) का मिलना ही गति पैदा करने के लिए पर्याप्त है। गति का नाम विकास है—या लेनिन के शब्दों में कहिये—"विकास विरोधियों के संघर्ष (का नाम) है।"[१] विरोधी जब मिलेंगे तो संघर्ष जरूर होगा, और संघर्ष नये स्वरूप, नई गति, नई परिस्थिति अर्थात् विकास को जरूर पैदा करेगा, यह बात साफ है। अंटाघर में विलियर्ड खेलने वाले देखते हैं : मेज पर दो विरोधी दिशाओं की ओर गति रखने वाले गेंद चल रहे हैं। यदि उनकी गति विरोधी न हो, तो उनका मिलन न होगा। यदि विरोधी गति होने से एक-एक तरफ से आता है, दूसरा दूसरी तरफ से, तो दोनों विरोधियों का समागम होता है—यह विरोध के समागम पैदा करने में हेतु होने का दृष्टान्त है। किन्तु मामला यहीं खतम नहीं हो जाता। दो विरोधी गेंदों (अंटों) का जब समागम होता है, तो उनके गुणों में भी परिवर्त्तन हो जाता है : एक अंटा पूर्व को जा रहा था, दूसरा उत्तर को; दोनों मिलते—टकराते—हैं, अब उनके वेग (गति) की दिशा पूर्व या उत्तर की ओर न रहकर नई दिशा में होती है, यह वेग का गुणात्मक परिवर्त्तन (दिशात्मक परिवर्त्तन) है। खैर, इसे आगे के लिए छोड़िये। यहाँ यह तो स्पष्ट है कि विरोध शक्ति या क्रिया का नाम है, जो विरोधी के स्वभाव में है। उस क्रिया के होने पर समागम होना, और समागम से नये गुण, नये स्वभाव का पैदा होना अनिवार्य है।

(१) व्याख्या— अफलातूँ बहस करता था—हमारी कुर्सी का काठ कड़ा है, कड़ा न होता, तो हमारे बोझ को कैसे सम्हालता? और काठ नरम है, यदि नरम न होता, तो कुल्हाड़ा उसे काट कैसे सकता? इसलिये, काठ कड़ा और नरम दोनों है—भूत (भौतिकतत्व) परस्पर विरोधी पदार्थ है। अफलातूँ ठीक स्थान पर पहुँच गया था, निशाना ठीक लगा था; किन्तु वह बहक गया। उसने सत्य पर पहुँचने के लिए प्रकृति (प्रयोग) को छोड़, कल्पना पर अधिकतर आधारित तर्क-शास्त्र को अपना पथ-प्रदर्शक बनाया। और परिणाम? दो विरोधी गुणों का एक जगह होना असम्भव है, इसे बुद्धि स्वीकार नहीं कर सकती; इसलिए यह

---

१. Materialism and Emperio Criticism, p. 324.

कड़ापन, यह नरमपन और स्वयं यह भूत ही अ-सत्य—सत्ता न रखने वाला—है; जो सत्ता है, वह इससे परे है, जिसे हमारी पथ-प्रदर्शिका कृपामयी बुद्धि दिखलाती है। उसका खयाल इधर नहीं गया, कि आप चले थे वस्तु (कुर्सी) की परीक्षा करने—कुर्सी क्या है? कुर्सी बेचारी जैसी है (कड़ी + नरम) वैसा रूप दिखलाती है। आपको कुर्सी का ईमानदारी पर विश्वास रखना चाहिए था; क्योंकि उसने आपके मन को लुभाने के लिए (बुद्धिसंगत बनने के लिए) बढ़ा-चढ़ाकर नहीं कहा; बल्कि एक तरह अपनी हीनता दोष को दिखलाया। लोग बाजार में सिर्फ नफ़ा कमाने के लिए बैठे हुए बनिये की भी इस तरह की बात पर ज्यादा विश्वास करते हैं; फिर वहाँ कुर्सी बेचारी आपसे नफा खाने के लिए भी बैठी नहीं है।

कुर्सी क्या है, यह आप जानना चाहते हैं। कुर्सी जो है, उसे उसने प्रकट किया। उसकी बात को इनकार कर जो आप तर्क (कोरी बुद्धि या कल्पना) के फेर में पड़ कर यह कहते हुए लौट रहे हैं "यह गलत कहती है—यह है ही नहीं!!" गलत कहती है—कहती है!! और है नहीं तो भी कहती!!! वाह रे बाँझ के पुत्र के ब्याह रचाने वाले!!! आपके ऐसा पारखी यदि अपने ६ फीट लम्बे-चौड़े दो मन भारी शरीर को सूक्ष्म कर इंच के दस करोड़वें हिस्से के बराबर लम्बे-चौड़े तथा तोला के ५ लाख-लाख अरबवें भाग के बराबर भारी हाइड्रोजन परमाणु के भीतर घुस पाता और वहाँ वह नाभि में अवस्थित १/१० करोड़-करोड़ इंच के १/१२.५ हजार-लाख-लाख-लाख तोला भारी कण (प्रोटॉन) के गिर्द उससे काफी फासिले से १/१५ लाख-लाख इंच के१/६२.५ लाख-लाख-लाख-लाख तोला भारी दूसरे कण (एलेक्ट्रॉन) को बड़ी तेजी से घूमते देखता। शायद किसी 'मानव-बस्ती' से बहुत दूर इस सुनसान बयाबान में इस नृत्य को देखकर प्रसन्नता होती—आखिर अफलातूँ भी प्रकृति की मनोहारिणी छटा का आनन्द कभी-कभी लेता जरूर रहा होगा। (माना सुकरात जैसे मनीषी निरपराध महापुरुष के मारे जाने, तथा अपने सामन्त-परिवार को अधिकार च्युत कर उनका स्थान लेने वाले अथेन्स के बनिया शासकों के उस अत्याचार के कारण उसका मन दुनिया से बहुत छोटा हो गया था, तो भी यौवन में प्रकृतिस्थ रहते् समय सामंत परिवार की सुन्दरी अथेन्स-नागरी अपनी पत्नी के अधरों को उसने कभी मधुर तो जरूर पाया होगा)। हाँ, यदि नृत्य से 'आँखों' को तृप्त कर जैसे ही अफलातूँ उन दोनों कणों के पास पहुँचता, देखता कि बाहर वाला कण (एलेक्ट्रॉन) बड़े जोर से उसे धक्का दे रहा है। शायद

अफलातूँ जैसा तत्त्व-परीक्षक इसे बुरा न मानता, समझ लेता—अभी अथेन्स के नागरिकों की भाँति यह शिष्टाचार-निपुण नहीं हुआ है, या उपनिषद् की 'अतिथि देवो भव'[१] (आगन्तुक को अपना न बना आगन्तुक ही रख घरबार उसके हाथ में सौंप दो) की शिक्षा न पा, ब्राह्मण के अदर्शन से अभी वह म्लेच्छ ही रह गया है। किन्तु यदि किसी तरह वह भीतरवाले कण (प्रोटॉन) के पास पहुँच जाता, तो अन्धे धृतराष्ट्र के लौहभीम के आलिंगन वाला तजुरबा उसके सिर पड़ता।—और मालूम होता वह तो ऐसा आलिंगन (आकर्षण) करना चाहता है कि हड्डी-पसली भी साबित नहीं रहे। एक के धक्के और एक के 'आलिंगन' के ताजे तजुरबे के बाद अफलातूँ जैसे सम्भ्रान्त सामन्त परिवार के एक भद्र पुरुष की क्या राय हो सकती थी, इससे हम यही समझ सकते हैं कि वह उनको असभ्य, जंगली, बर्बर कहता और गुस्सा शान्त होने पर यदि दार्शनिकों की सहृदयता से काम लेता तो क्लाइव या रोड्स को उन्हें सभ्य बनाने के लिए भेजता। किन्तु हमारे इस अफलातूँ ने अपने को सहृदयता-असहृदयता, पाप-पुण्य, धर्म-अधर्म, कर्म-अकर्म सबसे ऊपर उठाया, अपने को ठीक अफलातूनी 'विश्वरूप' में दिखलाया—(हाइड्रोजन) परमाणु = एलेक्ट्रॉन + प्रोटॉन और एलेक्ट्रॉन = बिजली, प्रोट्रॉन = + बिजली।— = ० (ऋण - धन = शून्य)। हमने जो देखा, छोड़ो बाबा उसे, उससे भर पाया, भगवान ऐसी गति किसी की न बनाये। किन्तु हमारी गुरु पथ-प्रदर्शिका बुद्धि (तर्क, कल्पना) जो कुछ कहती है, हम तो उसके मानने वाले हैं। वह बतलाती है, इस तरह की ऋण-धन संयुक्त, परस्पर-विरोधी वस्तुओं का समागम (परमाणु) तीन काल में नहीं हो सकता; इसलिए परमाणु है ही नहीं; एलेक्ट्रॉन है ही नहीं, प्रोट्रॉन है ही नहीं। एलेक्ट्रॉन अब भी अफलातूँ को अपनी उजड्ड भाषा में कह रहा है—"आओ, दार्शनिक प्रवर! मेरे पास आओ, और खुद देखो कि मैं हूँ या नहीं।" दूर से प्रोट्रॉन अपनी दो हजार गुनी तेज आवाज से चिल्लाकर कह रहा है—"स्पार्टन वीर नहीं, अथेन्स के विलासी कायरों की सन्तान! जरा इधर तो आ, यदि मैं हूँ ही नहीं, तो आने में क्या उज्र है?"

हमारा सौभाग्य है कि आज के साइंसवेत्ता अफलातूँ के तर्क का अनुसरण नहीं करते—कम से कम उस वक्त, जब कि वह रविवार के दिन चर्च या विश्वनाथ के मंदिर में हो, साइंस की प्रयोगशाला में रहते हैं। वह प्रकृति के उदर में उसके रोम-रोम में व्याप्त इस विरोधि-समागम को दूषण नहीं, भूषण समझते; और रोटी

१. अतिथि को देवता मानो।

को कड़ी और नरम दोनों पा, उसे फेंककर भूखा मरना नहीं पसंद करते। साइंसवेत्ता हाल्डेन के शब्दों में[१]—"अफलातूँ की भाँति मेज नरम और कड़ी दोनों है (इसलिये नहीं है)—कहने की जगह हम कितनी ही बारीक नापों से पता लगाते हैं कि काठ कितना कड़ा है, इसकी टुटान का जोर कितना है; आदि।"

अफलातूँ के योग्य शिष्य अरस्तू ने मनोमयी दुनिया से नीचे उतरने की कोशिश जरूर की; किन्तु उसकी प्रथम महान् प्रसूति **तर्कशास्त्र** ने अफलातूँ की कृपामयी तर्क-बुद्धि को सामन्त-रानी की जगह चक्रवर्ती राजी (राज-राजेश्वरी, मलका-मुअज्जमा) बनाने की पूरी कोशिश की। संसार के व्यवहार, (प्रयोग) ने तर्क-विद्या को पैदा किया था। मगर, यह शोख लड़की बाजार में अपनी कीमत बढ़ी देख माँ-बाप को पहचानने से इनकार करती है। अरस्तू ने कहा कि वस्तु और तदनुकूल गुण तो ठीक है; किन्तु इससे उलटी बात करनी गलत है। हेगेल ने कहा—वस्तु अपने भीतर अनुकूल ही नहीं, प्रतिकूल—विरोधी—गुण भी रखती है, यही विरोध वस्तु में पर अनपेक्षित स्व-चालित गति का स्रोत है, जिससे वह वस्तु अपनी गति-अपने आत्मविकास—के दौरान में, एक दूसरी ही वस्तु के रूप में अपने को परिणत कर सकती है। लेकिन, **तर्कशास्त्र** के प्रणेता दो दिग्गजों की लड़ाई में बेचारे सर राधाकृष्णन् की बुरी हालत हुई है। विश्वनाथ के बेलपत्र को खाकर मालवीय जी की गद्दी से (सिंहासन बत्तीसी की पुतलियों की भाँति) गीता कथा का श्रद्धा और शर्म से आये तरुणों के कानों में इन्जेक्शन दे, लम्बी धोती पगड़ी सँभालते अभी दरवाजे से वह बाहर निकालते ही हैं कि यूनान और जर्मनी के दो मल्लों को इस तरह हिन्दू विश्वविद्यालय के मैदान में जूझते देखते हैं। राधाकृष्णन् के खयाल में पहले तो आया—जाने दो, दोनों सफेद मूजियों को लड़ने दो। किन्तु, जरा ही देर में मालूम हुआ, इस लड़ाई में बाबा विश्वनाथ (जिनके बेलपत्र को वह उससे भी ज्यादा श्रद्धा-भक्ति से अभी खा चुके थे, जिसे शायद बाबा का नादिया भी न खाता होगा) भी खतरे में हैं। हेगेल की जीत का मतलब एक ही कदम आगे उसके शिष्य फ्वेरबाख की जीत, मार्क्स की जीत, भौतिकवाद की जीत, अनीश्वरवाद की जीत, पुराने समाज और धर्म के ध्वंसकों की जीत। माथा ठनका, राधाकृष्णन् की पतली-दुबली शान्त मूर्त्ति दुर्वासा बन गई। पगड़ी फेंकी, धोती का कच्छा बाँधने में असमर्थ देख विद्यार्थियों ने मदद की। हिरन की भाँति चौकड़ी मारते वह भी अखाड़े के पास पहुँच गये। "बड़े-बड़े डूबे जायें कौन

---

१. Marxist Philosophy and the Science, p. 30.

कहे कितना पानी'' की कहावत की याद आई, कुछ ठमके; और ठमकने में एक और भी कारण हुआ, सोचने लगे ''अफलातूँ और शंकराचार्य दोनों भारी मित्र थे—वेदान्त में देश-काल तीनों काल में असत्य हैं—लेकिन अरस्तू तो अपने गुरु का वैसा ही पक्का चेला नहीं है, जैसा कि मैं अपने गुरु शंकराचार्य का। फिर क्यों मैं इस कम्बख्त अरस्तू के गाढ़े वक्त में काम आऊँ?'' उसी वक्त अन्धपुत्र दुर्योधन (सुयोधन नहीं) की बात याद आई—हम अपने घर में सौ और पाँच हैं, किन्तु बाहर वालों के लिये १०५। बेचारे सर साहेब बेतहाशा बोल गये[१]—''भूत (जड़तत्व) जीवन या चेतना का विकास नहीं कर सकता, जब तक कि उसके अपने स्वभाव में उन (के उत्पादन) की क्षमताएँ न हों। बाहरी वातावरण से चाहे कितना ही धक्का क्यों न दिया जाये, केवल भूत से जीवन को जबर्दस्ती निकाला नहीं जा सकता।'' प्राच्य महाविद्यालय के विद्यार्थियों ने पहले इस रंगरेजी के पढ़आ विदेशियों के लिए दर्शन के एरंड-कल्पवृक्ष के प्रति पहले से चली आई ईर्ष्या के कारण तटस्थ रहना चाहा; किन्तु श्रद्धेय महामहोपाध्याय बालकृष्ण मिश्र की इंगित देख उन्होंने आनन्दबाग के दयानन्द शास्त्रार्थ का नजारा पेश कर दिया। बेचारा हेगेल कहता ही रह गया—विश्व के गर्भ में सर्वत्र विरोधि-समागम है, यह उसकी जबर्दस्त क्षमता है, जिससे वह कुछ से कुछ हो जाता है। सर्वपल्ली रट रहे थे—यह गलत है ''मनुष्य के धार्मिक तथा आचारिक, दार्शनिक तथा ललितकलात्मक उच्चतम तजरबे के प्रति भक्ति हमसे माँग पेश करती है कि हम काल (-ग्रास) भागी वास्तविकता (भौतिक जगत्) के मूल को सनातन (ब्रह्म) में, सान्त के आधार को अन्त में, मनुष्य को ईश्वर से उत्पन्न हुए के तौर पर स्वीकार करें।''[२]

विद्यार्थियों की ताली में हेगेल की आवाज का दूर तक पहुँचना मुश्किल था। अन्त में वह हिन्दू-विश्वविद्यालय को यह कहकर कोसता चला गया—''तो काहे को यह साइंस कालेज, इंजीनियरिंग कालेज, प्रयोगशाला, रसायनशाला, की ईंट-चूने की इमारतों पर रुपया बरबाद किया, यहाँ तो दूसरे विश्वनाथ-मन्दिर और दूसरे नादियों की जरूरत है।'' विद्यार्थियों ने जर्मन दार्शनिक के क्रोधपूर्ण परिहास को बिना समझे एक स्वर से कह डाला—मालवीय जी की कृपा है, दूसरी बार

---

१. Indian Philosophy by Sir S. Radhakrishnan, Vol. I., p. 181.

२. वही, Vol. I., p. 191.

आओगे तो उसे भी देख जाओगे, विदेशी म्लेच्छ कहीं के।"

हाँ, यदि हिन्दू-विश्वविद्यालय की कथा को बीच में लाने से गम्भीर पाठकों को विरक्ति हुई हो, तो क्षमा करें। इस कथा से भी हम यही कहना चाहते थे कि प्रकृति (भूत) पारस्परिक विरोधों की खान है, वही उसका जीवन, वही उसका स्वभाव है। राधाकृष्णन् जिस क्षमता को चाहते हैं वह प्रकृति के अपने पेट में है। "मुझको कहाँ खोजे बन्दे मैं तेरे पास में" के अनुसार जब इतनी बड़ी जबर्दस्त शक्ति—क्षमता—प्रकृति के पास में नहीं, पेट में मौजूद है, तो उसे किसी के सामने हाथ पसारने की क्या जरूरत? और भीतर में मौजूद वह क्षमता न हो, तो "बाहरी वातावरण (ईश्वर को भी कृपया ले लीजिये) से चाहे कितना ही धक्का क्यों न दिया जाये, (विरोधि-समागम रूपी आन्तरिक क्षमता से हीन द्वंद्वात्मक रहित) केवल भूत से जीवन को जबर्दस्ती करके निकाला नहीं जा सकता।"

(२) स्वरूप— विरोधि (यों के)-समागम को विरोधियों का परस्पर-अंतर्व्यापन या एकता भी कहते हैं जिनका अर्थ यह है कि ये विरोधी सचमुच ही हिन्दू विश्वविद्यालय के अरस्तू-हेगेल या भीम-जरासंध की तरह दो अलग व्यक्तियों की तरह मल्लयुद्ध नहीं कर रहे थे; बल्कि वे एक ही (अभिन्न) वास्तविकता के ऐसे दोनों प्रकार के पहलू होते हैं। ये दोनों विरोध, दार्शनिकों को परमार्थ की तराजू पर तुले सनातन काल से एक दूसरे से सर्वथा अलग अवस्थित भिन्न-भिन्न तत्व के तौर पर नहीं रहते; बल्कि वह वस्तुरूपेण एक है--एक ही समय, एक ही स्थान पर, अभिन्न होकर रहते हैं—कृपया इस याज्ञवल्क्य या कबीर साहब (अथवा राधाकृष्णन् की भी) भाषा न समझकर सीधी-सादी प्रकृति की भाषा समझिये। पुराने यूनानी भी इस नियम को जानते थे—

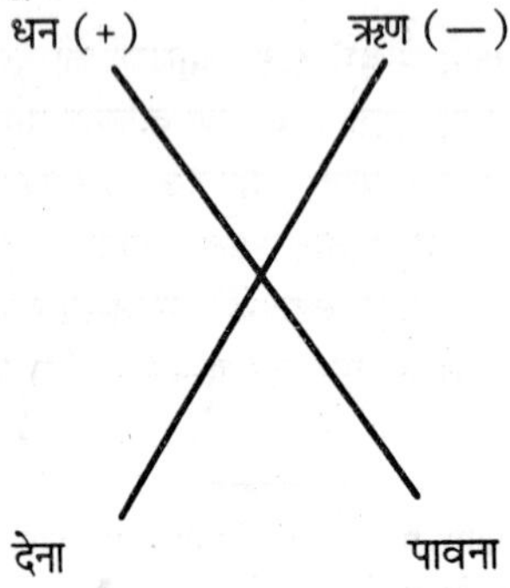

"जो कर्जखोर के लिए ऋण (देना) है, वही महाजन के लिए धन (पावना) है। (हमारे लिए) पूर्व का रास्ता (दूसरे के लिए) पश्चिम का भी रास्ता है। बिजली में धन और ऋण के छोर दो अलग स्वतन्त्र तरल (पदार्थ) नहीं हैं।"[१]

लेनिन ने विरोध को द्वंद्ववाद का क्षार (= सार) कहा है—और यह भी कि "(किसी) एक (वस्तु) का विभाजन और उसके विरोध का ज्ञान द्वंद्ववाद का सार है।"[२] एक एकता अभी-अभी सिर्फ एक क्षण की मेहमान है, जैसे कि चलती मोटर के पहिये का छोर धरती से क्षण भर के लिए छूता है और उसका उतना महत्व नहीं है, जितना कि उसके द्वारा शक्ति पाकर चलते रहे चक्के के रूप में जो गति और परिवर्त्तन है उसका। तो इस प्रकार एक ही वस्तु (घटना-प्रवाह) में हम विरोधियों का समागम भी पाते हैं, जिसका फल होता है, विरोधियों का संघर्ष; और उसका परिणाम होता है समागम (एकता) का टूटना तथा 'नवीन (तत्व) का प्रकट होना। मृत्यु (टूटने) से इस नवीन के प्रकट होने (जीवन) को खरीदा जाता है।

(३) संघर्ष, समागम, साम्यावस्था—सभी वस्तुएँ जड़-मूल से बदलती, नई उत्पन्न होती हैं, सभी वस्तुएँ प्रवाहमय बत्ती की टेम की तरह हैं—विश्व की वास्तविकता के बारे में हम बतला चुके हैं। समाज ऐसे विश्व का एक अंग है, इसलिए वह उसके कानून से बाहर कैसे जा सकता है। समाज में आमूल परिवर्त्तन होता है; क्योंकि समाज के भीतर तथा उसके वातावरण में विरोध समागम मौजूद है। विरोध का अर्थ है हलचल, साम्यावस्था का ध्वंस। प्रकृति में चिर-साम्यावस्था चाहना उससे आत्महत्या की माँग करनी है। वह साम्यावस्था को लाती है; किन्तु मोटर के चक्के के भूमि से छूने की तरह क्षण भर के लिए, साम्यावस्था स्वयं प्रवाहमय चंचल है। वह स्थापित होती है; नष्ट होती है, फिर स्थापित होती है, फिर नष्ट होती है...। किन्तु उन्हीं धागों की उधेड़-बुन नहीं है, सब चीज नई, हर क्षण नये चक्के, नया 'आकाश' (वेग-क्षेत्र), नई भूमि। इसी साम्यावस्था को चढ़ा-बढ़ाकर हम स्थिति नाम देते हैं। अचल-चित्र से चल-चित्र (सिनेमा) को हम ज्यादा पसंद करते हैं; किन्तु प्रकृति को अपना सिनेमा चलाते देख हम तमाशा देखते बच्चों की तरह कहते हैं, "माँ, मैं रेणुका को 'घर आये'

---

१. Logic (by Hegel).

२. On Dialectics.

गाती देखना चाहता हूँ।'' कितना ही माई-दाई करने पर भी जब प्रकृति आपके लिए अपने सिनेमा की गति रोकने को तैयार नहीं होती, तो आप अपने मन से एक नये स्थिर ध्रुव-संसार को रचाने लगते हैं।—वहाँ बसंत और वर्षा के ऋतु, वैचित्र्य तथा उसकी सुषमा न होती होगी, फिर वहाँ अश्वघोष और कालिदास की भी जरूरत नहीं। आखिर—''धोबी बसि के का करे दीगंबर के गाँऊँ।'' यदि आगरा-काँके वाले जग-निर्माताओं की भाँति आपका जगत् न होता और आप किसी इष्ट मित्र या अपनी आजन्म सहधर्मिणी मुन्नू की माँ को भी उस अपने 'हाथ की' बनाई दुनिया में ले जाना चाहते, और बेचारी सती साध्वी हिन्दू पत्नी को उस देश की भनक भी मालूम हो जाती; तो या तो सनातन धर्म के अनुसार वह कुएँ में कूद कर जान दे डालती या किसी अप टू डेट सखी का अनुकरण करते हुए अदालत में तिलाक की भिक्षा माँगने के लिए तैयार पाई जाती!

विरोधियों का समागम विरोधियों का संघर्ष प्रकृति को चिर-नवयौवन प्रदान करता है, चिर-नवयौवन का रास्ता यदि जरा-मरण के श्मशान से जाता है, तो जिस तरह प्रकृति को इसमें एतराज नहीं, उसी तरह सच्चे प्रकृति-पुत्रों और पुत्रियों को भी एतराज नहीं होना चाहिए और न महादेवी वर्मा की तरह 'सान्ध्य गीत' के स्वर में घड़े के घड़े आँसू बहाने के लिए बैठ जाना चाहिए।

द्वन्द्वात्मक भौतिकवाद की त्रिपुटी—विरोधि समागम, गुणात्मक-परिवर्त्तन, प्रतिषेध प्रतिबेध—हेगेल की देन है। यह सुनकर तअज्जुब करने की जरूरत नहीं है कि ऐसा इज्जतदार दार्शनिक ऐसी नामाकूल हरकत क्यों कर बैठा। वह या उसकी तरह के दूसरे इज्जतदार हैं या बेइज्जत, इसका निर्णय सदियों में होगा, फिक्र मत करें, यदि वास्तविक को वास्तविक, परिवर्त्तनशील को परिवर्त्तनशील कहना और अपने मन से गढ़ कर 'नई मौलिकता को न उपस्थित करना इज्जत से हाथ धोने के लिए काफी है, तो ऐसी इज्जत अपने पास रखें। हेगेल बेचारा था भी हमारा आदमी (पंजाबी भाषा में 'साडा-बंदा'।) उसे प्रच्छन्न भौतिकवादी नहीं कह सकते; क्योंकि गौड़पाद के प्रशिष्य प्रच्छन्न बौद्ध शंकराचार्य की भाँति उसने अपने को छिपाने की कोशिश न की। द्वन्द्ववाद प्रकृति का अभिन्न स्वरूप है, इसे उसने पहिचाना और स्वीकार किया; किन्तु जब विचार के आनन्द में विभोर हो वह इस अपने महान् आविष्कार को कागज पर लिखकर साटना चाहता, तो वह प्रकृति की जगह 'विज्ञान' (अ-भौतिक-तत्व) पर सट गया—यों कहिये देवताओं का अमृत गलती से राहु-केतु के मुख में पड़ गया। लेबिल ठीक जगह लगा

दीजिए, सब काम बना बनाया है। मार्क्स ने यही किया, और हेगेल के दर्शन को शीर्षासन की साँसत से बचाया—हाँ, मैं साँसत ही कहता हूँ चाहे, जवाहरलाल जी जैसे संभ्रान्त व्यक्ति भी उसे क्यों न अपना रहे हों। अच्छा अब अपने असली विषय द्वन्द्ववाद के दूसरे सूत्र गुणात्मक परिवर्त्तन पर चलें।

२. गुणात्मक परिवर्त्तन

"केवल परिमाणात्मक (नाप-तौल संबंधी) परिवर्त्तन ही एक खास सीमा पर होने पर गुणात्मक (नये गुणों वाले) भेदों में बदल जाता है।"[१]

(१) व्याख्या— कार्बन डायोक्साइड (द्वि-आक्सित कार्बन) एक जहरीली गैस है, यदि शुद्ध-द्वि-आक्सित कार्बन में कोई साँस ले तो वह मर जायेगा, किन्तु मनुष्य के जीवन-धारण के लिए भी उसकी आवश्यकता है। मनुष्य के रुधिर में ५% (पाँच सैकड़ा) द्वि-आक्सित कार्बन की जरूरत है, जिसके बिना आदमी का स्वास्थ्य और जीवन नहीं रह सकता। यह मात्रा के भेद से गुण (प्राण-रक्षा, प्राण-ध्वंसन) में भेद हो जाता है।

क्लोरीन एक जहरीली गैस है, जिसे रासायनिक युद्ध में इस्तेमाल किया जाता है। सोडियम (सोडा) एक तरह का क्षार है, जिसे पानी पर रखने से आग लग जाती है। इन दोनों के परमाणुओं को खास परिमाण में मिलाने से खाने का नमक पैदा होता है—जिसमें न क्लोरीन जैसी प्राणसंहारक गैस का गुण है न सोडियम का आग लगाने का गुण, बल्कि एक बिलकुल नये गुण का प्रादुर्भाव होता है—वह अब खाद्य नमक है।

ये परिमाण के परिवर्त्तन से गुण के परिवर्त्तन—परिमाणात्मक परिवर्त्तन से गुणात्मक परिवर्त्तन—के उदाहरण हैं। आइये, इसके बारे में कुछ हेगेल के मुँह से सुनें[२]—

"आदमी परिवर्त्तन की मन्द गति से (थोड़ा-बहुत करते हुए) परिवर्त्तन लाने की कोशिश करना चाहते हैं; किन्तु यह मन्दगति (का-परिवर्त्तन) सिर्फ अस्पष्ट परिवर्त्तन है, जो कि गुणात्मक परिवर्त्तन से उलटा है। मन्दगति में दोनों वास्तविकताओं—चाहे उन्हें अवस्था के तौर पर लीजिये या स्वतन्त्र वस्तु के तौर पर—के सम्बन्ध रुके रहते हैं। परिवर्त्तन को (स्पष्टता के साथ) समझने के लिए

---

१. "Capital" by Marx, Vol. I.

२. Science of Logic, Vol I, pp. 381-90.

जिस (बात) की ज़रूरत थी वह हटाई हुई रहती है।...

"संगीत संबंधी संबंधों में...जब आगे-आगे के स्वर आदि-स्वर से क्रमशः आगे और आगे होते जा रहे हैं...(उस वक्त) एकाएक एक मुड़ान (मुड़ना-लौटना) एक ऐसा आश्चर्यजनक स्वर-समन्वय[१] प्रकट हो उठता है; जिस पर कि अभी तक बीती गति से **परिमाणानुसार** बढ़ते हुए नहीं पहुँचाया गया, बल्कि वह एक दूरस्थ क्रिया के तौर पर, एक दूरस्थ वस्तु के सम्बन्धी के तौर पर प्रकट हुआ।

"(रसायनशाला में) धातु वाली आक्साइड (उदाहरणार्थ सीसा आक्साइड) आक्साइड (आक्सीजन-मिश्रित) होने के एक खास परिमाण वाले स्थानों पर (पहुँचकर) बनते हैं, और अपने रंग तथा दूसरे गुणों में फर्क करते हैं। वह क्रमशः एक (रूप) से दूसरे में लीन नहीं होते।

"सभी (तरह के) जन्म और मरण, क्रमशः गति से नहीं होते, बल्कि इस (गति) की रोक हैं और परिमाणात्मक परिवर्तन के गुणात्मक परिवर्तन पर (मेढक) कुदान करते हैं।...उत्पत्ति और लय पर विचार करते वक्त साधारण कल्पना समझती है कि जब उन्हें उसने **क्रमशः** प्रकट होते या विलीन होते कल्पित कर लिया, तो उन्हें समझ लिया। किन्तु सत्ता (सद् वस्तु) में जो आमतौर से परिवर्तन होते हैं, वह सिर्फ एक परिमाण से दूसरे परिमाण के रूप में ही नहीं होते; बल्कि गुणात्मक (एक गुण वाले रूप) से परिमाणात्मक (दूसरे परिमाण वाले रूप में), तथा परिमाणात्मक से गुणात्मक परिवर्तन होते हैं यही दूसरा ब[illegible] जाना है, **क्रम से नाता तोड़ लेना है।...**

"पानी (बर्फ होने के लिए) ठंडा होते वक्त लेई के (कड़े होने के) तरीके [illegible] थोड़ा-थोड़ा करके कड़ा नहीं होता बल्कि **एकबएक** कड़ा (बर्फ) हो जाता है [illegible] जब वह हिम (जमने के) बिन्दु पर अच्छी तरह नहीं पहुँचा हो; हो सकता [illegible] (अभी) वह पूर्णतया तरल है (यदि वह निश्चल है), और हल्के तौर से हिला[illegible] से कठोर अवस्था में आ जाता है।"

(२) जीवन और भूत—भौतिकवादियों पर यह आक्षेप किया जाता है [illegible] वह तो जीवन और मन जैसी उत्तम वस्तु को जड़-तत्त्व की कोटि में ला देते [illegible] इसीलिए हमने सर राधाकृष्णन् को 'हिन्दू-धर्म डूबा' के नाम से तो नहीं, कि[illegible] उससे कुछ ऊँचे तल पर "मनुष्य के धार्मिक तथा आचारिक, दार्शनिक त[illegible]

१. Concerd.

ललित कलात्मक उच्चतम तजरबे की भक्ति'' की गायगुहार लगाते और एक कमलवीर के तौर पर भीष्म-प्रतिज्ञा करते देखा; भौतिकवाद मेरी लाश पर से गुजर कर ही पुण्यभूमि भारत में घुस सकता है। लेकिन हम उन ऐसों को विश्वास दिलाना चाहते हैं कि भौतिकवादी जीवन और मन को जड़ भौतिकतत्व हरगिज नहीं मानते—कौन ऐसा गँवार होगा, जो कन्द को चीनी, चीनी को गुड़, गुड़ को ऊख, ऊख को मिट्टी अतएव कंद (कलाकंद) को मिट्टी कहने की गलती करेगा। वैज्ञानिक भौतिकवादी प्रकृति में सर्वत्र गुणात्मक परिवर्त्तन देखते और मानते हैं; और गुणात्मक परिवर्त्तन का मतलब है 'उससे किन्तु वही नहीं।' मिट्टी में गुण वह हरगिज नहीं था, जो कि कन्द में है, कन्द मिट्टी बिलकुल नहीं है। कन्द और मिट्टी उन्हीं परमाणुओं से बने हैं, और नष्ट होने पर वह उन्हीं 'सृष्टि की मूल ईंटों' के रूप में रह जायेंगे, यह वैज्ञानिक भौतिकवादी नहीं मानते, वैज्ञानिक भौतिकवादियों की मूल ईंटें परमाणु नहीं कण-तरंग, विच्छेद-युक्त घटना-प्रभाव हैं, जिनके खमीर में भी क्षण-क्षण नाश उत्पादन का नियम मिला हुआ है। इसलिये कन्द और मिट्टी में उन्हीं परमाणुओं के समझने की गलती नहीं करना चाहिये। कन्द मिट्टी से हुआ, यह मान सकते हैं, किन्तु कन्द मिट्टी है, इस बात की तोहमत हम पर नहीं लगाई जा सकती। यह सच है जीवन या मन जिससे पैदा हुआ, वह भूत (भौतिकतत्त्व) ही है, किन्तु मन भूत हरगिज नहीं है। किसी तरह से भी नहीं, चाहे उनके अन्तस्थल में घुस कर देख लें। यह बिल्कुल गुणात्मक परिवर्त्तन, पूर्व (भूत) प्रवाह से टूटकर नया प्रवाह। कृष्ण भगवान का बेटा जीवे, उनके गीतोक्त परम सात्विक आहार की महत्वपूर्ण व्याख्या—जिसके समझने में सर राधाकृष्णन् की दार्शनिक बुद्धि भी पूर्णतया कुंठित है और अपने गीतोपदेश में उसके असली अर्थ को उन्होंने कभी श्रोताओं को नहीं बतलाया होगा—पर मुझे पूर्ण विश्वास है, यद्यपि उस महापुरुष के 'सपत्नीक' नाम धारण करने से उनका कर्त्तव्य जरूर इस बात का तकाजा रखता था।—आज संभ्रांत हिन्दुओं के घर-घर में परम सात्विक अंड-खाद्य का प्रचार हो रहा है और ऐसा ही कोई अभागा होगा, जिसने भोग लगाते वक्त पावकपूत इस कोमल श्वेत शालिग्राम को हाथ से फोड़कर देखा न हो। यदि आपने इस वास्तविक ब्रह्म अंड को भीतर से न देखा हो, तो एक बार जरूर तोड़कर देखिये। वहाँ कहीं छोटे-छोटे पंख वाले उस चूजे का पता नहीं मिलेगा, जिसे आप बाईस दिन बाद उससे निकला देखेंगे। यदि जैसा कि मुर्गी माई ने उसे दिया है, उसी

तरह आपने फोड़ा तो बाहरी खोल के भीतर पहले एक सफेद तरल खोल पायेंगे, वह उन्हीं रासायनिक तत्त्वों का है, जो कि हमारी हड्डी, संगमर्मर और चीनी में मिलते हैं। उसके भीतर केसरिया रंग का तरल (रस) भरा हुआ। वहाँ, खूब अँगुली गड़ा-गड़ा कर देख डालिये, सिवाय पीले, सफेद तरल रस के और कुछ नहीं पाइयेगा—यदि उबले हुए अंडे को फोड़ें. दोनों प्रकार के इन तरल तत्वों को दो रंगों के आलू के गुद्दे की शकल में देखें। सद्यः प्रसूत अंडे की अवस्था और चूजे में जमीन-आसमान से भी भारी अन्तर है, इसलिये जीव और भूत को एक कहना सरासर गलती है; साथ ही यह उससे भारी भी गलती है कि गुणात्मक परिवर्तन की अद्‌भुत क्षमता रखने वाली प्रकृति को उसके इस जन्मसिद्ध अधिकार से वंचित कर जीवन या मन को कहीं बाहर से आई चीज माना जाये।

चूजा तो मिट्टी से गुण तक के गुणात्मक परिवर्त्तन-जैसा है। जब हम उसे मिट्टी (भूत) मानने के लिए तैयार नहीं, तो कन्द-जैसे सर्वोच्च विकास के धनी मनुष्य को भूत (भौतिकतत्व) मानना वैज्ञानिक भौतिकवाद से उतना ही सम्बन्ध रखता है, जितना गदहे के सिर से सींग। सींग मनुष्य भूत का सर्वोच्च गुणात्मक परिवर्त्तन है। उसकी मानसिक, आचारिक शक्ति अद्‌भुत है। मनुष्य सोचता है, स्नेह-प्रेम के लिए आत्मोत्सर्ग करता है, कला और सौन्दर्य का आनन्द लेता है, तथा उदार भावनाओं से पूर्ण उत्तम कार्य करने को उसमें क्षमता है। वह प्रकृति की आकस्मिक घटना या उपज नहीं है और न वह केवल पशु है। लेकिन, ये सारे उच्च गुण, सारी श्लाघनीय विशेषताएँ किसी ऐसे आत्मिक—विज्ञानमय (ब्रह्ममय) जगत् से नहीं आई हैं, जो कि हमारे जगत् से भिन्न, परे और पहले से मौजूद था। ये सभी भव्य गुण या विशेषताएँ अपना भौतिक इतिहास रखती हैं और अपने विकास के मार्ग को विश्व पर अंकित किए हुए हैं। उनका वह विकास-पथ बतलाता है कि उनसे करोड़ों वर्षों पहले अरब से अधिक वर्षों से लगातार जीवन-रहित, मन-रहित भूत (भौतिकतत्त्व) मौजूद था। फिर 'अल्पारम्भ क्षेमकर:' को मोटो बनाकर बहुत छोटे से रूप में जीवन का आरम्भ हुआ, इत्यादि। हमारे सामने सभी बातें साफ हो जाती हैं, जब हम इसे देख और समझ लेते हैं कि भूत (भौतिकतत्त्व) कभी निश्चल नहीं रहता, गति उसका गुण (स्व-रूप = स्व-लक्षण) है। भूत की उसकी परिभाषा है—भूत वह है जो गति में रहता है।

(३) दृष्टान्त— हेगेल से ऊपर उद्धृत वाक्यों में गुणात्मक परिवर्त्तन को संक्षेप में—अतएव कुछ क्लिष्ट भाषा में—बतलाया गया है। हमने कुछ सरल

करने की कोशिश की है, यदि उसे और साफ करने की जरूरत है, तो फिर सुनिये। भूत में विकास होता है, मिट्टी से ऊख, गुड़ (या बिना गुड़ के सीधे) चीनी, कन्द तक का विकास हम खुद अपने हाथों करते हैं। प्रकृति इस विकास को क्रमशः और एकाएक दोनों तरह से करती है। क्रमशः विकास के रूप में तिकाते-तिकाते एकदम हथियार छोड़ती है; अथवा लम्बी या ऊँची कुदान वाले खिलाड़ी की भाँति पहले दौड़ते हुए फिर एकदम मेढक कुदान करती है,—नया गुण, नयी वस्तु, नई घटना अस्तित्व में आती है।

१. पानी के जमने का दृष्टान्त हेगेल ने दिया है। बर्फ बनते वक्त पानी धीरे-धीरे गाढ़ा नहीं होता, बल्कि टेम्परेचर गिरते-गिरते जैसे ही हिम-बिन्दु (३२° फार्नहाइट, ०° सेंटीग्रेड) पर पहुँचता है, तो वह एकाएक बर्फ हो जाता है उसका तरलपन लुप्त हो जाता है, उसकी प्रवाहिता लुप्त हो जाती है, वह शीशे के बराबर कड़ा और भारी लॉरी तथा ट्राम को अपने ऊपर से गुजारने लायक हो जाता है। आप स्वच्छ पतीली में कण-धूलि से रहित शुद्ध जल को आग पर रखते हैं, वह गरमाता, फिर सनसनाता है। आप 'थर्मामीटर' से गर्मी की वृद्धि की गति को देखते हैं; ८०°, ९०° तक वह आप को ठण्डा लगता है, ९६°, ९७° में आपके शरीर इतना गरम होने से न ठण्डा, न गरम, जितना ही तापमान ऊपर उठता जाता है पानी की गर्मी बढ़ती जाती है—जितनी गर्मी बढ़ती जाती है, तापमापक यंत्र का पारा उतना ही ऊपर चढ़ता जाता है। १५०° में आप हाथ रखना नहीं चाहते, २००° में और असह्य गर्मी! आपको आश्चर्य होगा पानी खौलता क्यों नहीं? आप इतमीनान रखिये जिस तरह स्वच्छ करके आपने पानी को रखा है, उससे उसकी खौलने की नौबत नहीं आयेगी। ख़ौलने के लिए कण और धूलि चाहिए, जिससे हवा के प्रवेश और बुलबुला बनने की गुंजाइश हो। आपके जल में कोई विजातीय तत्त्व नहीं है, इसलिए उसे भी उससे डर नहीं। यह देखिये टेम्परेचर २१०° फार्नहाइट पर पहुँच गया। सजग हो जाइये। क्या कहा—अभी भी तो वैसा ही है। यह लो यह क्या हुआ? सारा पानी बिना खौले यकायक भाप हो गया, देखिये २१२° फार्नहाइट (१००°) सेंटीग्रेड है।

इस तरह ताप के परिणाम के परिवर्त्तन—परिमाणात्मक परिवर्त्तन—ने एक खास पर पहुँचते ही गुणात्मक परिवर्त्तन कर दिया, तरल को टेम्परेचर ने ठोस या भाप (गैस) बना दिया।

२. तराजू का दृष्टान्त देखने, समझने में इससे ही सहल है। सेर का बटखरा

रख एक बहुत अच्छे तराजू से आप खसखस (पोस्ते के दाने) को तौलिये। पाव, दो पाव, तीन पाव पंद्रह छटांक, १५ छटांक, ४ तोला, १५ छटांक ४ तोला ११ माशा, १५ छटांक ४ तोला, ११ माशा ७ रत्ती, १५ छटांक ४ तोला ११ मा० ७ रत्ती ७ चावल, १५ छटांक ४ तोला ११ मा० ७ रत्ती, ७ चावल, ७ खसखस तक धीरे-धीरे रखते जाइये, तराजू की डाँडी सीधी नहीं होगी, किन्तु जैसे ही आप आखिरी खसखस रखेंगे वह बराबर हो जायेगी और उसके आगे एक खसखस बढ़ाते ही डांडी गिर जायेगी।

३. इसे भी छोड़िये, दूसरा दृष्टान्त लीजिये। चार पहलवान एक पत्थर को उठाना चाहते हैं। सारी ताकत लगाकर हार गये, वह नहीं उठा। उस वक्त एक लड़का उधर से गुजरा। लड़के के यह पूछने पर कि क्या मैं भी हाथ लगा दूँ, तीन पहलवान हँस पड़ते हैं, चौथे को जाने अनजाने वैज्ञानिक भौतिकवाद की गंध लग गई है, वह कहता—आने दीजिये। लड़का हाथ लगाता है, पत्थर उठ जाता है। बाकी तीन पहलवान लड़के को भगवान या सिद्ध पुरुष मानना चाहते हैं, वह उसके चरणों में दंडवत गिरना ही चाहते हैं किन्तु वह भौतिकवादी पहलवान कह उठता है—ऐसी कोई सिद्धाई नहीं है, आखिरी थोड़ा-सा भार बच रहा था, जिसे उठाने के लिए हम चारों की शक्ति बच नहीं रहती थी, इसलिये हम उठा नहीं पाते थे।

४. और उदाहरण लीजिए। स्टोव में आप हवा भर रहे हैं। भरते जा रहे हैं, भरते जा रहे हैं, पूरी हवा भर दी गयी है, स्टोव की सूई खतरे की लाल लाइन पर पहुँच गई है। होशियार हवा भरनेवाले गुणात्मक परिवर्त्तनवादी होने के कारण आप समझ गये कि अब इसकी उदरपूर्ति हो गई। आपका साथी भगवानदास कोरा भाग्यवादी, ब्रह्मवादी-कर्मवादी या मायावादी-शून्यवादी है। वह आपके जरा-सा हटते ही जलते स्टोव में एक ही पिचकारी और कसता है, स्टोव फटने का धड़ाका होता है। आप दौड़कर देखते हैं, घर में आग लग रही है, भगवान दास जलते कपड़ों में तड़फड़ा रहा है। खैर, आप किसी तरह गीले कपड़े की मदद से भगवानदास को बुझाकर बाहर निकालते हैं। अस्पताल में जाकर वह बच जाता है। चंगा होने पर भगवानदास कहता है—भाई! मैंने तो आधी फूँक भर भी हवा नहीं डाली होगी, भगवान ने किसी पुरबिले कर्म का फल दिया। आप कहते हैं—इसी जन्म का कर्म का फल है, वह आधी फूँक हवा का परिमाण गुणात्मक परिवर्त्तन करने की सामर्थ्य रखता था। और यदि भगवानदास—भाई! लगाने में अनुप्रास का

आनन्द तो जरूर मिलता है, किन्तु कितनी बार मैंने आपसे प्रार्थना की कि इस सनीचरे नाम को बदलो—उसी गुणात्मक परिवर्त्तन को आपने भक्ष्य-साधक स्टोव का भक्षक रूप में परिवर्त्तन देखा।

(४) मन— मस्तिष्क और चिन्तन स्मरण आदि की क्षमता किया—जिसे कि हम मन कहते हैं—का क्या संबंध है, इसके बारे में हम अन्यत्र[१] काफी कह चुके हैं। इसलिये उन बातों को यहाँ दुहराने की जरूरत नहीं, साथ ही 'जीवन और भूत' पर लिखते वक्त हम अपनी स्थिति साफ कर आये हैं कि जीवन भूत से उत्पन्न है, किन्तु भूत ही नहीं है। जीवन और मन एक ही घटना का दूसरा पहलू अथवा साधारण जीवन का उच्चतर विकास है, पावलोफ ने इस सदी में मस्तिष्क की अँधेरी कोठरी में घुसकर उसे देखने का काम शुरू किया। पिछले चालीस वर्षों में उसके कितने ही भागों को आलोकित जरूर किया जा सकता है, किन्तु मस्तिष्क की पीली मज्जा के करोड़ों सेलों का रहस्य इतनी जल्दी नहीं खोला जा सकता। तो भी गवेषणाओं का जो कुछ फल मालूम हुआ है, उससे पता लगता है मन की भिन्न-भिन्न क्रियाएँ मस्तिष्क के भिन्न-भिन्न भागों के सेल-समुदायों से संबंध रखती हैं। एक अकेला सेल अलग करके अनिश्चित काल तक अनुकूल आहार के साथ रखा जा सकता है, किन्तु उस वक्त वह अपनी सारी अद्भुत शक्ति खो बैठेगा, और एक साधारण एकसेलीय प्राणी—अमोय्बा—जैसा जीवन व्यतीत करेगा। इसलिये कहना चाहिए कि मस्तिष्क इन सेलों का योग मात्र नहीं है, यहाँ परिमाण-संबंधी परिवर्तन से गुणात्मक परिवर्त्तन होता है—और मस्तिष्क के करोड़ों सेल वह काम करते हैं जिसे उस सेलों की वैयक्तिक क्षमता अलग-अलग नहीं कर सकती। नालंदा के दार्शनिक धर्मकीर्ति (६०० ई०) के शब्दों में[२]—"एक से कोई एक वस्तु नहीं होती, (बहुत से हेतुओं की सामग्री से सबकी उत्पत्ति होती है।") "उनकी संहिता (संघात) में हेतुता है।"

मन के बारे में विचार करने के लिए कुछ भी आगे बढ़ने से पहिले वह खयाल हटा देना चाहिये कि मन एक खास तत्त्व है, जो फूल की तरह अपने भीतर से चिन्तन-स्मरण आदि की सुगंधि निकालता रहता है। आधुनिक मस्तिष्क-विद्या-विशारद मनोविज्ञानवेत्ता मन को एक द्रव्य नहीं, बल्कि घटना-

---

१. 'विश्व की रूप-रेखा।'

२. 'न किंचिदेकमेकस्मात् सामग्रया: सर्वसम्भव:।' प्रमाणवार्तिक ३/५३६; संहतौ हेतुता तेषाम्'—वही २/२८

प्रवाह मानते हैं। जीवन और मन की तुलना करके देखिये तो मालूम होगा, मन तभी तक रह सकता है, जब तक कि जीवन है। जीवन के न रहने पर मन (चिन्तन, स्मरण) का रहना बिलकुल असंभव है। खैर, इसे तो आप फजूल वक्त लेना कहेंगे। किन्तु यह खयाल रखिये की परीक्षा से यह सिद्ध हो चुका है कि मन शरीर के मरने से पहले मर जाता है। इस तरह हमारे यहाँ के नैयायिकों की व्याप्ति—'जहाँ-जहाँ धूम वहाँ-वहाँ आग' की तरह 'जहाँ-जहाँ मन वहाँ-वहाँ जीवन' तो ठीक उतरती है; किन्तु जिस तरह 'जहाँ-जहाँ आग वहाँ-वहाँ धूम' को गलत व्याप्ति (अ-व्याप्ति) कहेंगे; क्योंकि निर्धूम आग भी देखी जाती है; उसी तरह 'जहाँ-जहाँ जीव वहाँ-वहाँ मन' (चिन्तन, स्मरण—) भी अव्याप्ति है; क्योंकि जीवन चिह्न, शरीर की उष्णता श्वास-प्रवास के बंद होने से पहले ही चिन्तन-स्मरण की क्रियाएँ समाप्त हो जाती हैं—'मन' मर जाता है। यही नहीं कि मन के बाद भी शरीर जीता देखा जाता है, बल्कि बाज वक्त तो शरीर के मर जाने पर भी, हिटलर के बंब द्वारा ध्वस्त ग्राम में एकाध बच गये दुधमुँहें बच्चे की भाँति शरीर के कुछ सेलों को जिन्दा रहते देखा जाता है, यद्यपि यह 'दुधमुँहाँ बच्चा' देर तक मेहमान नहीं होता—मुर्दों के नाखून और केश जो कभी-कभी बढ़े पाये जाते हैं, वह इसी के दृष्टान्त हैं। वस्तुतः जिसे हम शरीर कहते हैं, वह अरबों स्वतन्त्र सजीव सेलों (हाँ, यदि हमारे शरीर के किसी सेल को निकालकर खास रस में रखें तो वह अनिश्चित काल तक एकसेलीय जन्तु की तरह जीवित रहेगा)—का संघात है। ये सेल अलग-अलग उस शक्ति को नहीं पैदा कर सकते, जिसे हम मन का नाम देते हैं, किन्तु उनकी संहति में हेतुता होती है और गुणात्मक परिवर्त्तन से चिंतन-स्मरण जैसी अद्‌भुत शक्ति (= मन) पैदा हो जाती है। पंकज (कमल फूल) पंक से पैदा होती है, किन्तु वह पंक नहीं है, मन भी पंकज (पंक से पैदा हुआ) है, किंतु, वह पंक नहीं। जैसे कमल के रूप-गुण को देखकर उसे स्वर्ग से टपक मानना पंक के साथ घोर अन्याय और अपने को जड़-भरत साबित करना है, उसी तरह मन को आसमान से टपकाना भी जड़-भरत बनना है; अथवा "रोटी खाइये घी-शक्कर" की कहावत के अनुसार दूसरों को धोखा देना है।

एक बार फिर भूत के उदार गह्वर में हम आपको ले चलना चाहते हैं। एलेक्ट्रॉन को प्रोटॉन (हाइड्रोजन के नाभिकण) के गिर्द निरंतर नृत्य करने के बारे में हम कह आये हैं। पिछले युद्ध के बाद वैज्ञानिक कैसे इस प्रोटॉन के जबरदस्त

किले को भी तोड़ने में समर्थ हुए, इसे दूसरी जगह[१] देखिये। यहाँ संक्षेप में इतना ही समझिये कि वह प्रोटॉन भी तोड़ने पर एलेक्ट्रॉन और पोजिट्रॉन (पोजटिव = धन बिजली) से युक्त मिला, और अब वैज्ञानिकों ने एलेक्ट्रॉन के नाम और वैज्ञानिक बनाते हुए उसे निगोट्रॉन (निगेटिव = ऋण बिजली कण) नाम दे दिया। एलेक्ट्रॉन, निगोट्रॉन, न्यूट्रान इन 'प्रारम्भिक' इकाइयों से कैसे विश्व का विकास हुआ, इसके बारे में भी हम वहाँ दूर तक नहीं जा सकते। ये भिन्न-भिन्न परिमाण में मिलकर (परिमाणात्मक परिवर्तन से) गुणात्मक परिवर्तन करते हुए हाइड्रोजन कार्बन, रेडियम जैसे परस्पर भिन्न स्वभाव वाले ९२ रासायनिक मूलतत्वों (परमाणुओं) को विकसित करते हैं। ये परमाणु मिलकर अणुओं, अणुगुच्छकों तथा भिन्न-भिन्न रसायन-योगों—ज (ओ १ हा २), नमक आदि—को बनाते हैं। खैर, इस योग के बनाने में तापमान का खास महत्व है। तापमान के परिमाण के परिवर्तन से कैसे जल में गुणात्मक परिवर्तन न हो वह ठोस बर्फ तथा गैस रूपी भाप में परिवर्तित हो जाता है, इसे हम बतला आये हैं। लेकिन इस ताप को ढूँढ़ने के लिये मशाल लेकर बाहर भटकने की जरूरत नहीं। भूत (भौतिकतत्व) की गति का ही नाम ताप है; और वह गति भूत में स्वाभाविक है—गतिरहित भूत कहीं नहीं पाया जा सकता है। एलेक्ट्रॉन १,८२,५२८ मील प्रति सेकेन्ड की चाल से चक्कर काटता है। रेडियम से स्वत: सदा निकलने वाले कणों में एक अल्फाकण भी है, यह एलेक्ट्रॉन की गति के सामने छकड़ा है—सिर्फ १० से १५ हजार मील प्रति सेकेन्ड चलता है; किन्तु जानते हैं; वह कितना गरम होता है—५० अरब डिग्री सेंटीग्रेड (फार्नहाइट करने में और ज्यादा डिग्री होगा), उसके सामने सूर्य की नाभि पर की ४ करोड़ डिग्री वाली गर्मी हिमालय की सर्दी है। हाँ; तो गति = गर्मी संघर्ष = समागम कराती है। परिमाण के परिवर्त्तन से गुण में परिवर्त्तन होता है। पृथिवी दो अरब वर्ष पहले बहुत संतप्त थी, ताप गिरने के साथ गुणात्मक परिवर्त्तन शुरू हुए और अन्त में जीवन की आगमनी के लायक तापमान हुआ।—जीवन ०° सेंटीग्रेड (३२° फार्नहाइट) से १००° (२१२° फार्नहाइट) तक जीवित रह सकता है। और १००° सेन्टीग्रेड पर थोड़े समय तक के लिए जीवित रहने वाली वैक्टीरिया और विरस हैं, जिन्हें भूत और जीव की बीच की कड़ी माना जाता है। तापमान जीवन पर क्या प्रभाव रखता है, इसे मैं अपनी पुस्तक 'विश्व की रूपरेखा' से उद्धृत करता हूँ—करना ही चाहिये नहीं तो आप लोग

१. 'विश्व की रूप रेखा।'

समझने लगेंगे कि अपनी पुस्तक का विज्ञापन देकर उसे बिकवाना तथा नफा कमाना चाहता है। नफे की बात किसी हिन्दी-लेखक से पूछिये और उद्धृत करने का यह एक भी मतलब है : क्या जाने दुनिया के इस महातूफान में 'विश्व की रूपरेखा' कहाँ रहे और 'वैज्ञानिक भौतिकवाद' कहाँ?—

"प्रोफेसर हर्टविग ने मेढकों पर तापमान का प्रयोग किया है। उन्होंने एक ही मेढक के एक ही दिन दिये अंडों को चार भागों में बाँटा। चारों भागों को क्रमशः ११५°, १५°, २०° और २४° सेंटीग्रेड तापमान के पानी में पाला। तीन दिन के बाद देखा गया कि जहाँ प्रथम भाग दानादार भी नहीं बन सका, वहाँ चतुर्थ भाग अंडा फोड़कर बाहर निकलने वाला था और बाकी दो भाग बीच की अवस्था में थे। इसका अर्थ यह हुआ कि ऊँचे तापमान में जीवन का विकास शीघ्रता से होता।

'प्रोफेसर लोएब ने ड्रोसोफिला मक्ख पर प्रयोग किया है। उससे पता लगा है कि ३०° सेंटीग्रेड तापमान में रखने पर मक्खी को अंडा फोड़कर बाहर निकलने से मरने तक में २१ दिन लगे; २२° सेंटीग्रेड में आयु ५४ दिन रही और १०° सेंटीग्रेड १७७ दिन अर्थात् आठ गुनी से भी ज्यादा।

"तापमान जीवन की खेती को शीघ्रता से तैयार करता है, ऊपर ड्रोसोफिला के प्रयोग में हर १०° डिग्री पर जीवन की अवधि ढाई और तीन गुनी बड़ी है। यह भी खयाल रखना चाहिये १०° सेंटीग्रेड से ऊपर जीवन की अवधि (१००° सेंटीग्रेड) तक तापमान में हर १० डिग्री पर रासायनिक तत्त्वों के प्रभाव भी दुगुने-तिगुने हो जाते हैं।

"तापमान का आयु पर जिस तरह का प्रभाव हम मक्खियों, मेढकों तथा दूसरे निम्न प्राणियों पर पाते हैं, वहीं चिड़ियों, स्तनधारियों, मनुष्यों पर नहीं पाया जाता। कारण उनके शरीर की बनावट ऐसी है कि उनके शरीर का तापमान एक खास परिमाण से ऊपर नहीं जाने पाता। गर्मियों में एक की जगह तीन-तीन गिलास पानी जो हम पीते हैं, वह टेम्परेचर को ९६°, ९७° फार्नहाइट तक रोक रखने में खर्च होता है।"

तापमान का जीवन पर प्रभाव कैसा होता है, यह तो समझ गये। पृथिवी पहले अत्यन्त उष्ण थी, फिर गर्मी कम होते-होते जब ऐसे तापमान में आई, जहाँ कि जीवन का गुजर हो सकता है, जो जीवन उत्पन्न हुआ और पृथ्वी के तत्वों से ही उत्पन्न हुआ। कैसे हुआ, इसके लिए हम मजबूर हैं, 'विश्व की रूपरेखा' को देखने की सलाह देने के लिये। अ-जीव रासायनिक रसयोग से गुणात्मक

परिवर्त्तन के साथ एक नया तत्व 'विरस'[१] या बैक्टीरिया पैदा हुआ। फिर क्रमश: एक सेल वाला प्राणी अस्तित्व में आया। फिर एकसेलीय आमोय्बा और अनेक-सेलीय क्षुद्र कीट से अरबों सेलोंवाले मनुष्य तक। आज भी हमारे शरीर के किसी सेल को शरीर से बाहर जिन्दा रखा जा सकता है। सेल के जिन्दा रखने की एक प्रक्रिया वह है, जिसे संतान प्रसव कहते हैं; जिसमें पति, पत्नी के एक-एक सजीव सेल आपस में मिलते हैं और उदर में तथा बाहर आहार प्राप्त कर पुत्र या पुत्री के रूप में साकार हो हमारे प्रेम, तथा योग्यता के अधिकारी बनते हैं। दूसरा तरीका डाक्टर केरेल (अमेरिका) जैसे वैज्ञानिक इस्तेमाल कर रहे हैं—डाक्टर केरेल ने मुर्गी के हृदय के एक सेल को एक खास रस में २० साल से जीवित रखा है, उसकी जिन्दगी एक सेल वाले आमोय्बा जैसी है।—स्मरण रखना चाहिये, मुर्गी की औसत आयु सिर्फ पाँच साल की होती है।

इसी गुणात्मक प्रक्रिया से मानव तक के विकास के समझने के लिये हमें प्राणि-शास्त्रियों के प्रयोगसिद्ध एक महत्वपूर्ण सिद्धांत जाति-परिवर्तन[२] को थोड़ा-सा समझ लेना चाहिये।

(५) जाति परिवर्तन—हमने अन्यत्र[३] इसके बारे में लिखा है—"आनुवंशिकता का प्राणी के निर्माण में' बहुत हाथ है, तो भी उसकी दीवार में कुछ छिद्र हैं, जिसके कारण नयी जातियों या श्रेणियों का प्रादुर्भाव होता रहता है। व्यक्ति में नये रूप-गुण का प्रादुर्भाव दो तरह से होता है—एक अभ्यास या कृत्रिम रीति से—जैसे अशिक्षित व्यक्ति अध्ययन और अध्यवसाय से शिक्षित बन जाता है, अथवा दुर्घटना से आदमी लँगड़ा-लूला हो जाता है। ये परिवर्तन ऊपरी तथा एक शरीर (पीढ़ी) तक ही सीमित रहते हैं। डाक्टर का लड़का सिर्फ इसलिए डाक्टर नहीं हो सकता कि वह डाक्टर का लड़का है। इसका मतलब यह है कि अभ्यास और अध्यवसाय द्वारा प्राप्त गुण आनुवंशिक नहीं बनते। एक दूसरी तरह का परिवर्तन है, जो कि स्थायी होता है। इसे **जाति-परिवर्तन** कहते हैं। यह परिवर्तन ऊपरी नहीं, प्राणी के अंतस्तम जनक बीज (जेनस[४])—में होता है; जिससे नवीन वस्तु का प्रादुर्भाव होता है। नवीनता का प्रादुर्भाव ही विकास का

१. Virus.

२. Mutation.

३. ज्यादा जानने के लिये देखिए 'विश्व की रूपरेखा।'

४. Genus.

आधार है।

''मेंडल[१] की जाति-परिवर्तन संबंधी गवेषणाएँ डार्विन को अज्ञात थीं, इसलिए विकास का अर्थ वह अविच्छिन्न शान्त प्रवाह—सर्पगति—लेता था। विकास वस्तुत:, अविच्छिन्न नहीं है, बल्कि विच्छिन्न कुदान है।''

जनक-बीज या जेनस ही एक पीढ़ी के आनुवंशिक गुणों को दूसरी पीढ़ी में पहुँचाते हैं। इन्हीं जनक बीजों में परिवर्तन जब और जितने परिमाण में होता है, तब और उसी मात्रा में जाति में परिवर्तन होता है। जनक-बीज और जाति-परिवर्तन के विषय में हम दूसरी जगह[२] लिख चुके हैं। मनुष्य का शरीर अरबों सेलों का एक परिवार है। हर सेल में एक नाभिकरण होता है। हर 'नाभिकरण' में रस्सी के टुकड़ों जैसी कोई चीज (क्रोमोसोम) होती—(सेल की भाँति इसका रूप भी बदलता रहता है)। इसकी संख्या मनुष्य में ४८ है (खून या मांस की परीक्षा कर क्रोमोसोमों की गिनती से वह किस प्राणी का मांस या खून है इसे बतलाया जा सकता है। क्रोमोसोम के धागे से कुछ हजार छोटे-छोटे मनके पिरोये रहते हैं, जिन्हें कि जनक-बीज (जेनस) कहते हैं। अमेरिकन वैज्ञानिक मोर्गन ने फलों की मक्खी ड्रोसोफिला केप्रयोग से जनक-बीज के रहस्य को खोज निकालने में बहुत सफलता पाई है। महीने में दो और साल में २४ पीढ़ी तैयार हो जाने से ड्रोसोफिला के पीढ़ी से पीढ़ी में जनक परिवर्त्तन का अध्ययन बहुत सुगम है। मोर्गन ने कितनी ही लाख मक्खियों की आनुवंशिकता का लेखा तैयार किया है। जनक-परिवर्त्तन से जो आनुवंशिकता-परिवर्त्तन होता है, इसे ही जाति-परिवर्त्तन कहते हैं। मोर्गन ने अपनी इन मक्खियों में चार सौ के करीब जाति-परिवर्त्तन देखे, इन चार सौ जाति-परिवर्त्तनों में से बहुतों का अध्ययन करने से मालूम हुआ कि वहाँ जनक-बीजों (जनकों) के चार समूह हैं—अर्थात् समूहों की उतनी ही संख्या है, जितने कि डोसोफिला के नाभिकण में क्रोमोसोम होते हैं। एक-एक समूह में जनक-बीजों की संख्या क्रोमोसोम की लम्बाई के अनुसार होती है और उसे अणुवीक्षण से हम देख सकते हैं।

ड्रोसोफिला में हर लाख पर २८ से ६१ तक जाति-परिवर्त्तन वाले व्यक्ति पाये गये हैं। लेखा लगाने से पता लगता है कि एकहजार वर्ष के समय में ड्रोसोफिला के

---

१. आस्ट्रिया का एक प्राणिशास्त्री।

२. 'विश्व की रूपरेखा।'

सभी जनक-बीज बदल जाते हैं। १५ दिन में नई पीढ़ी, तैयार करने वाली, तथा सन्तान-प्रसव में लासानी ड्रोसोफिला मक्खी में जाति-परिवर्त्तन की प्राकृतिक गति बहुत तीव्र है। मुलर ने एक प्रयोग द्वारा जाति-परिवर्त्तन की प्राकृतिक गति को १५० गुना तक कर दिया, और इस प्रकार एक लाख पर ४२०० से ९१५१ जाति-परिवर्त्तन किये जा सके—अर्थात् ऐसा होने पर छः वर्ष में सारी मक्खियों के जनक-बीज बदल जायेंगे। ड्रोसोफिला की सारी जाति के जाति-परिवर्त्तन में कितना समय लगता है, हमें यहाँ उससे मतलब नहीं है, मतलब इससे है कि जाति-परिवर्त्तन होता है और सिर्फ सर्पगति से नहीं, बल्कि मेढक कुदान की तरह यकायक होता है।

(६) मनुष्य और उसके समाज में गुणात्मक परिवर्त्तन—समाज में गुणात्मक-परिवर्त्तन होता है, इसी को हम सामाजिक-क्रान्ति कहते हैं। यह जब से पृथिवी पर मनुष्य आया तब से हो रहा है, यद्यपि मस्तिष्क का मालिक मनुष्य प्रकृति के काम में अकसर बाधा डालना चाहता है, किन्तु वह होता ही रहता है। हमने इस परिवर्त्तन को अपने 'मानव-समाज' में सविस्तार दिया है। इस तरह के परिवर्त्तन को और नजदीक से देखना चाहते हों, तो अपने सामने मौजूद किसी घर की तीन पीढ़ी को गौर से देखिये। मेरा अपना उदाहरण लीजिये—

१. नाना (रामशरण पाठक, पल्टन के सिपाही)—"हमारी पल्टन का बलिया जिले वाला राजपूत डाक्टर क्रिस्तान था, उसकी स्त्री ने उसे छोड़ दिया क्यों? वह अंग्रेजों के साथ चाय पीता था।"

२. पिता (गोवर्धन पांडे[१])—पूजा-पाठ के बहुत पाबन्द, किन्तु अपने हलवाहे चिनगी चमार की लाश को लोगों के बुरा मानने पर भी ४० मील दूर गंगा तट पर फूँकने के लिए ले गये थे, और

३. बंदा (राहुल सांकृत्यायन)— आप लोगों के सामने नंगा खड़ा है। न हिन्दुओं के भक्ष्याभक्ष्य को मानता, न धर्म-अधर्म, न जात-पाँत को। बेचारा बलिया वाला डाक्टर तो अंग्रेजों के साथ चाय पीता था, यहाँ अंग्रेजों को भी पी जाने के लिये तैयार हैं। और? रामशरण पाठक और गोवर्धन पांडे के एक--एक सेल

---

१. दादा को न देखने तथा समझ होने से पहले माँ के मर जाने से उनका दृष्टान्त नहीं दे सका।

की परम्परा को आगे ले जाने के लिये लीला को उसने सहयोगिनी बनाया, जो कि पाठक जी, पांडे जी दोनों के विचार से सोलहों आना 'क्रिस्तान' म्लेच्छ रूसी स्त्री है।

मानव समाज में गुणात्मक-परिवर्त्तन के लिए उसके जंगली, बर्बर, सभ्य (सभ्य में सामन्तवाद, पूँजीवाद, समाजवाद) अवस्थाओं को देखने से मालूम होगा कि इन अवस्थाओं में गुजरने पर किस तरह रूढ़ियाँ, आर्थिक, धार्मिक ढाँचे बदलते गये हैं।

३. प्रतिषेध का प्रतिषेध

द्वन्द्ववाद के ध्वंस-रचना कार्य की तीसरी सीढ़ी प्रतिषेध का प्रतिषेध है। विनष्ट-विलीन वस्तु (घटना-प्रवाह) के उत्तराधिकारी या स्थानापन्न को प्रतिषेध, निषेध कहते हैं। यद्यपि प्रतिषेध का नाम कर्णकटु-सा प्रतीत होता है; किन्तु साथ ही उसका महत्व बहुत बड़ा है; यह इसी से पता लगेगा कि विश्व की हर एक प्रगति, हर एक विकास में इसका होना जरूरी है। एक पीढ़ी पहली पीढ़ी का प्रतिषेध करती है, फिर इस नयी पीढ़ी (प्रतिषेध) का प्रतिषेध अलग करती है। वैज्ञानिक भौतिकवाद की ही ओर देखिये—

पुराण भौतिकवाद

|

यांत्रिक भौतिकवाद

|

वैज्ञानिक भौतिकवाद

प्राचीन भौतिकवाद का प्रतिषेध सत्रहवीं अठारहवीं सदी के यांत्रिक भौतिकवाद ने किया और उसका प्रतिषेध वैज्ञानिक भौतिकवाद ने; गोया वैज्ञानिक भौतिकवाद प्रतिषेध का प्रतिषेध है।

और,

अलग-अलग वैयक्तिक सम्पत्ति—

पूँजीवादी वैयक्तिक सम्पत्ति—

समाजवादी सामूहिक सम्पत्ति—

पूँजीवाद ने अलग-अलग छोटे-छोटे व्यवसायियों, शिल्पियों को हटा कर उत्पादन के साधनों तथा व्यवसाय को पूँजीवादी संगठनों के हाथ में दे दिया।

समाजवाद उसका प्रतिषेधकर प्रतिषेध का प्रतिषेध बना। मार्क्स ने इस नियम के काम को दिखलाते हुए कहा है[१]—

"एक पूँजीपति कई (पूँजीपतियों को) मारता है। चंद (पूँजीपतियों) द्वारा बहुत से पूँजीपतियों के इस प्रकार के हो रहे हड़पन या केन्द्रीकरण के साथ-साथ वह लगातार बढ़ते हुए पैमाने पर आगे बढ़ता जाता है—श्रम-का सहयोगी (सामूहिक) तौर पर प्रयोग, जान-बूझकर साइंस की यंत्रचातुरी का विनियोग, भूमि का ठीक तौर से कर्षण, श्रम के साधनों का सिर्फ साझे में (सम्मिलित) तौर पर ही इस्तेमाल होने लायक बन जाना, सम्मिलित सदमाजीकृत श्रम के उत्पादन-साधनों के उपयोग द्वारा सभी उत्पादन-साधनों में मितव्ययिता का इस्तेमाल!...उत्पादन-साधनों का केन्द्रीकरण (चंद हाथों में एकत्रित होता) तथा श्रम का समाजीकरण (वैयक्तिक नहीं व्यवस्थित समाज के रूप में उपयोग) आखिर में एक ऐसे स्थान पर पहुँच जाता है, जहाँ पर वह अपनी पूँजीवादी खोल के प्रतिकूल हो जाता है। यह खोल फट जाता है। पूँजीवादी वैयक्तिक संपत्ति का (मरण) घंटा जाता है और हड़पक हड़पित हो जाते हैं।"

सामन्तवादी युग की वैयक्तिक सम्पत्ति को पूँजीवाद ने हड़पा, उसका प्रतिषेध किया, उसने पूँजी—लाभ—को—वैयक्तिक रख श्रम को समाजबद्ध किया। एक ही जगह दो विरोधी व्यवस्थाओं का समागम हुआ। दोनों में टक्कर लगी। गुणात्मक परिवर्तन से एक नया समाजवादी समाज-शोषक शोषित-रहित समाज...पैदा हुआ, जिसने पहले के प्रतिषेध (पूँजीवाद) का प्रतिषेध कर दिया।

विरोधि-सम-गम होने पर ही संघर्ष द्वारा गुणात्मक परिवर्तन होता है, जिसका परिणाम प्रतिषेध का प्रतिषेध होता है। यह विरोधी-समागम में जिस अंश, जिस-जिस रूप में होगा, उसी के अनुसार वह अपनी असली क्रियाओं को कराने में सफल होगा। प्रश्न हो सकता है...जिस तरह पूँजीवाद का समाजवाद ने प्रतिषेध किया, क्या इस प्रतिषेध (समाजवाद) का भी कोई प्रतिषेध नहीं होगा, क्या यहाँ प्रतिषेध-प्रतिषेध का नियम लागू नहीं है?—

लेकिन यह प्रश्न गलती से किया गया है। प्रतिषेध-प्रतिषेध के सवाल को हम बीच से नहीं उठा सकते। हमें उसे विरोधि-समागम से पहले ही शुरू करना होगा। प्रश्न होगा—समाजवादी—या उससे आगे के साम्यवादी—समाज में

---

१. Capital (Kerr Edition), Vol. I, p. 936-37.

क्या विरोधी-समागम होगा? निश्चय ही (शोषक-शोषित) वर्गहीन साम्यवादी समाज से वर्ग-संघर्ष नहीं होगा, इसलिए वहाँ इस तरह के विरोधि-समागम की संभावना नहीं। वहाँ विरोधी-समागम उस वक्त की साइंस-यंत्र-चातुरी तथा प्राकृतिक शक्ति और क्षमता के साथ होगा, जिसका परिणाम मानव की क्षमता का अधिक और अधिक विकास होगा। किस तरह, किस दिशा में?—यह प्रश्न गुणात्मक-परिवर्तनवादी से नहीं किया जा सकता, यदि आपका वैसा विश्वास है, तो इसे किसी भृगुसंहिता वाले के पास ले जाकर अपनी अकल का दिवाला बुलवाइये।

'प्रतिषेध का प्रतिषेध' कठघोड़े के नाच की तरह उसी चक्कर पर नहीं बल्कि चक्करदार सीढ़ी की भाँति ऊपर और ऊपर जाते पथ पर होता है, यह बतलाते हुए मार्क्स ने बतलाया[१]—

"पहली (पूँजीवाद की सफलता की) अवस्था में थोड़े से (परस्वत्व) अपहरण करने वालों द्वारा जनता की एक अत्यन्त भारी संख्या को वंचित करना (हड़पना) था; दूसरी (समाजवाद की सफलता की अवस्था) में... **जनता की एक अत्यन्त भारी संख्या द्वारा चन्द** अपहरण करने वालों को वंचित करना है।"

प्रतिषेध-प्रतिषेध के नियम को दर्शन के इतिहास में देखें तो इसके बहुत से नमूने मिलेंगे। याज्ञवल्क्य (७०० ई० पू०) से असंग (४०० ई०) के ग्यारह सौ सालों में प्रतिषेध-प्रतिषेध निम्न तौर से चल रहा था।—

वैदिक कर्मकांड—याज्ञवल्क्य—कपिल—बुद्ध—अफलातूँ—असंग और आगे—

असंग	—दिग्नाग—धर्मकीर्त्ति
	—गौड़पाद—शंकराचार्य

और भारतीय न्यायशास्त्र में प्रतिषेध के प्रतिषेध—

नागार्जुन————————————
(१७५ ई०)
————————————अक्षपाद
(२५० ई०)

१. Capital, Vol. I, p. 289.

वात्स्यायन
(४०० ई०)

दिग्नाग
(४२६ ई०)

उद्योतकर
(५०० ई०)

धर्मकीर्त्ति
(६०० ई०)

ज्ञानश्री
(७२५ ई०)

वाचस्पति
(८४१ ई०)

उदयन
(९८४ ई०)

वादरहस्यकार
(११०० ई०)

हाँ, यहाँ प्रतिषेध-प्रतिषेध का मतलब यह न समझिये कि एक ने दूसरे के सारे दर्शन का प्रतिषेध कर दिया, प्रतिषेध उसी अंश में हुआ, जितने में विरोधि-समागम हुआ था।

■

पारिभाषिक शब्द

अति भौतिकवादी
अति भौतिकशास्त्री } Metaphysician
अध्यात्मवादी

अनीश्वरवाद—Atheisn

अनुदार— Conservative

अवयवी—Whole

आकृति— Forn

आचार-विचार— Morality

आचार-शास्त्र—Ethics

आत्मा—Soul, Spirit

आनुवंशिकता—Heredity

उदारवाद—Liberalism

उपयोगितावाद— Utilitarianism

ऋण— Negative

ऋणात्मक बिजली— Negotron

एलेक्ट्रोन—Negotron का ही पुराना नाम

कल्पनामय— Abstract

कार्य—Effect

कार्यकारणसम्बन्ध— Casuality

गति— Motion

गुण— Quality

गुणात्मक परिवर्त्तन—Qualitative Change

गुहामानव—Cave-man

घटना—Events

घटना-प्रवाह—Process

चिंतन—Contemplation

जगत्—Universe

जनक, जनकबीज—Genus

जाति—Universal

जाति-परिवर्त्तन— Mutation

जीवकोष—Cell (सेल)

जीवन—Life

तत्व— Elements

तर्कशास्त्र—Logic

तापमान— Temperature

दर्शन—Philosophy

देवशास्त्र—Theology

धन— Positive

धर्म— Religion

नारा— Slogan

नास्तिकवाद—Atheism

नियतिवाद—Determinism

निराकार—Abstract

नेगोट्रोन—Negotron (परमाणु के गर्भ में स्थित तत्त्व)

न्यूट्रोन—Neutron (परमाणु के गर्भ में स्थित तत्त्व)

परम, परम तत्व, परमार्थ—Absolute

परमाणु—Atom

''—वाद—Atomism

परिमाण—Quantity

परिवर्त्तन—Change

''—शील—Changeable

''—शीलता—Changeability

पूँजीवाद—Capitalism

पूँजीवादी—Capitalist

पोजिट्रोन—Positron (परमाणु के गर्भ में स्थित तत्त्व)

प्रकृति—Nature

प्रतिक्रिया, प्रतिगामिता—Reaction

प्रतिवाद—Antithesis

प्रतिषेध—Negation

प्रतीयमानजगत्—Phenomena

प्रत्यक्ष—Perception

प्रभाववाद—Pragmatism

प्रयोग—Practice

प्रयोजनवाद—Teleology

प्रवाह—Continuity

प्राकृतिक नियम—Natural Law

प्रामाण्य—Validity of knowledge

प्रायिकता—Probability

प्रोट्रॉन—Protron (परमाणु के गर्भ में स्थित तत्त्व)

बहुपति विवाह—Polyandry

बहुपत्नी विवाह—Polygamy

बाह्य जगत्—Phenomena

बैक्टीरिया—Bacteria

भूत, भौतिक तत्व—Matter

भौतिकवाद—Materialism

मजहब—Religion

मतवादीय—Scholastic

मन—Mind

मनुष्य मापवाद—Pragmatism

मानवता—Humanity

मानस-प्रतिबिम्ब—Reflection

मूर्धाभिषिक्त—Sovereign

यूथविवाह—Group-marriage

यंत्रचातुरी—Technique

वैज्ञानिक भौतिकवाद—Mechanical Materialism

लक्षण—Character

वस्तुवाद—Realism
वाद—Thesis, Theory
वास्तविकता—Reality
विच्छिन्न प्रवाह—Discontinuous
विज्ञान—Science, Mind
''—वाद—Idealism
विरस—Virus
विरोधि-समागम — Unity of Opposites
विरोधि-अन्तर्थापन—Opposites
विश्लेषण—Analysis
विश्व—Universe
वेदना—Sensitivity
वैज्ञानिक भौतिकवाद—Scientific Materialism
वैयक्तिक, व्यक्ति—Individual
शारीरिक ब्रह्मवाद—Pantheism
श्वेतपरिषद्— White Lodge (थ्योसोफी)
सत्य—Truth
सदाचार—Morality
समाजवाद—Socialism
सम्पूर्ण—Whole
संघर्ष—Struggle
संतसंति, तान—Continuity
सम्मिलित—Co-operative
संवाद, संश्लेषण—Synthesis
संसारी—Secular
साइन्स—Science (विज्ञान)
साकार—Objective
साक्षी—Co-operative
सापेक्ष—Relative
''—ता—Relativity
साम्यवाद—Communism
साम्यवादी—Communist
सार—Content
सिद्धान्त—Theory
स्वचालित यन्त्र, स्वयंवह यन्त्र — Automachine
स्वभाव, स्वरूप — Character
हाइड्रोजन—Hydrogen
हेतुता, हेतुवाद — Casuality

ग्रन्थ-सूची

Karl Marx	Thesis on Feuerbach, Capital, On Hegel's Philosophy of Law
Fredrich Engels	Anti-Duhring, Ludwig Feuerbach, Socialism Scientific and Utopian
Marx and Engels	The Dialectics of Nature German Ideology Holy Family
Lenin	Materialism & Empirio Criticism
Hegel	Science of Logic
Ludwig Feuerbach	Atheism, Essence of Christianity Philosophical Dictionary
Voltaire	Philosophy for a Modern Man
H. Levy	Introduction to Philosophy (1937)
John Lewis	Text Book of Marxist Philosophy
David Guest	Dialectical Materialism
T. A. Jackson	The Logic of Marxism
J. B. S. Haldane	Marxst Philosophy and The Science
Sir James Jeans	Mysterious Universe
Sir S. Radhakrishnan	History of Indian Philosophy , 2 Vols.
धर्मकीर्त्ति	प्रमाणवार्त्तिक
शान्तिदेव	बोधिचर्यावतार

श्रीहर्ष	खंडनखंडखाद्य
अल्बेरूनी	अल-हिन्द
बुद्ध	दीघ-निकाय (हिन्दी)
	मज्झिम निकाय (हिन्दी)
	विनय-पिटक (हिन्दी)
राहुल सांकृत्यायन	बुद्धचर्या, विश्व की रूपरेखा, मानव समाज, दर्शन-दिग्दर्शन, भगवद्गीता तथा महाभारत